JEAN-CLAUDE CARRIÈRE

Né en 1931 à Colombières-sur-Orb dans l'Hérault d'une famille de viticulteurs, Jean-Claude Carrière, ancien élève à l'École normale supérieure de Saint-Cloud, a suivi une formation d'historien. C'est néanmoins vers l'écriture qu'il se tourne en publiant en 1957 son premier roman, *Lézard.* Parallèlement, il commence aux côtés de Pierre Étaix une carrière de scénariste, qui l'amène à collaborer avec les plus grands cinéastes, parmi lesquels Luis Buñuel, dont il signe la plupart des scénarios, Volker Schlöndorff (*Le tambour ; Un amour de Swann*), Jean-Luc Godard (*Sauve qui peut la vie*), Milos Forman (*Valmont*), et Nagisa Oshima (*Max mon amour*). Il s'est aussi consacré au théâtre en tant que dramaturge ou adaptateur, et a notamment travaillé avec Jean-Louis Barrault et Peter Brook.

Romancier, auteur de *La controverse de Valladolid* (1992), *Simon le mage* (1993), il a apporté sa contribution aussi bien au *Dictionnaire de la bêtise* (1992) et au *Dictionnaire des révélations* (1999), qu'à des entretiens sur des questions de mystique ou de métaphysique, notamment *La force du bouddhisme* (1994), *Conversations sur l'invisible* (1996), ou les *Entretiens sur la fin des temps* (1998). Dans *Le vin bourru* (2000), il nous raconte son enfance languedocienne.

LE MAHABHARATA

ŒUVRES DE JEAN-CLAUDE CARRIÈRE
CHEZ POCKET

LE CERCLE DES MENTEURS
LA CONTROVERSE DE VALLADOLID
LA PAIX DES BRAVES
SIMON LE MAGE
ENTRETIENS SUR LA FIN DES TEMPS
LE VIN BOURRU

en collaboration avec G. Bechtel
LE DICTIONNAIRE DES RÉVÉLATIONS

en collaboration avec le Dalaï-Lama
LA FORCE DU BOUDDHISME

JEAN-CLAUDE CARRIÈRE

LE MAHABHARATA

BELFOND

ISBN : 2-266-04682-9

Présentation

Œuvre à la fois savante et populaire, Le Mahabharata *est un des plus grands livres du monde. Il est en tout cas le plus long poème jamais composé. Ecrit en sanscrit, il compte plus de cent mille stances. Il est environ quinze fois plus long que* la Bible.

Les premières rédactions, qui recueillaient de très anciens récits, remontent au IVe ou Ve siècle avant notre ère. Cette rédaction s'est poursuivie pendant sept ou huit cents ans, pour ne trouver une forme à peu près définitive qu'au IIIe ou au IVe siècle de notre ère. Tout au long de cette composition, de nombreuses additions furent apportées au récit premier, et jusqu'au XXe siècle des variantes de toutes sortes se sont multipliées, selon les provinces, les traditions, les interprètes, les collèges de rédacteurs.

Le Mahabharata, *que la tradition indienne appelle simplement « l'épopée », est la pièce maîtresse de la très riche littérature en langue sanscrite. Ce poème est à l'origine de mille croyances, légendes, réflexions, leçons, personnages qui font encore aujourd'hui partie de la vie quotidienne de l'Inde. Une tradition indienne nous dit : « Tout ce qui se trouve dans* Le Mahabharata *est autre part. Ce qui n'y est pas n'est nulle part. »*

Le Mahabharata *est l'Inde même.*

Pour des raisons qui tiennent à cette forteresse culturelle que l'Occident a longtemps constituée, expédiant volontiers ses chefs-d'œuvre aux quatre coins du monde, mais refusant la réciproque, ce grand poème épique fut totalement inconnu en Europe jusqu'au XVIIIe siècle. Une première édition de La Bhagavad-Gita, *qui fait partie de l'épopée, fut publiée à Londres en 1785, dans une traduction de Charles Wilkins, et à Paris en 1787, traduite de l'anglais en français par M. Parraud.*

A la même époque, un étonnant chevalier d'aventures, le colonel de Polier, jeune Suisse de Lausanne, partit pour les Indes, se mit au service des Anglais et se tailla un vrai royaume. De retour à Lausanne avec son harem et ses nombreux enfants, il confia à sa cousine, la chanoinesse de Polier, des notes qu'il avait prises au cours de ses voyages et dont certaines racontaient Le Mahabharata. *Le colonel mourut assassiné dans la région d'Avignon sous le Directoire. Sa cousine publia scrupuleusement ses notes sous le titre* Mythologie des Indous, *en 1809. Cet ouvrage, qui constitue le premier vrai récit du* Mahabharata *(et du* Ramayana, *l'autre grand poème épique indien) en Occident, fut totalement ignoré des Indianistes. Georges Dumézil l'a très justement republié, en 1986*[1].

Au XIXe siècle, un orientaliste français, Hippolyte Fauche, entreprit la tâche colossale de traduire en français l'œuvre entière. Il n'avait pour le soutenir que deux cents souscripteurs. Après de longues et dures années de labeur, il mourut. Son travail fut repris par le docteur L. Ballin, qui mourut lui aussi peu avant d'atteindre la fin. Cette traduction, la

1. *Le Mahabharat et le Bhagavat du colonel de Polier*, présenté par Georges Dumézil, Gallimard.

première à être entreprise dans une autre langue que les langues indiennes, est parfois très belle, souvent inexacte ou incompréhensible. Elle est inachevée, mais de peu. Et introuvable.

Aujourd'hui, on peut lire de larges extraits du poème original, dans une traduction de Jean-Michel Péterfalvi, avec une introduction et d'excellents commentaires de Madeleine Biardeau[1]. Il existe aussi plusieurs résumés du poème en espagnol, en russe, en anglais, en japonais. Une seule traduction complète existe en langue anglaise. Elle a été faite au début de ce siècle, par des Indiens, à Bombay.

Le récit que voici est le résultat de seize années de recherche, et de travail, en compagnie de Peter Brook, de Marie-Hélène Estienne et de nombreux collaborateurs. Ce travail, lancé par notre émerveillement commun devant les récits que nous fit un ami, Philippe Lavastine, dès 1973, nous a conduits, après de longues lectures, discussions, voyages d'études en Inde, à la création d'une pièce, Le Mahabharata, en 1985, au festival d'Avignon.

Longue de neuf heures, cette pièce pouvait se jouer en trois soirées différentes, mais aussi quelquefois d'un seul élan, pendant toute une journée, ou toute une nuit, ce que d'ailleurs préféraient les acteurs – au nombre de vingt-cinq, ils appartenaient à seize nationalités différentes.

Le spectacle s'est joué durant plus de trois ans, en français et en anglais, un peu partout dans le monde, devant des salles combles et très chaleureuses. Il nous apparut très vite qu'au-delà du charme de l'histoire, de la beauté de la mise en scène de Peter Brook, du talent des interprètes, quelque chose de profond, dans ce récit venu de loin, touchait immédiatement, directement et durablement un public occidental non préparé.

1. *Le Mahabharata*, 2, Flammarion.

Est-ce le sentiment précis d'une menace pesant sur le monde? Est-ce la recherche obstinée du sens véritable de l'action droite? Est-ce le jeu subtil et parfois féroce qui se joue avec le destin? Est-ce peut-être cette vision, drôle ou pathétique, de personnages qui oublient leur origine divine pour affronter ce que les Grecs, à la même époque, appellent les problemata, *ces questions et conflits de chaque jour qui peu à peu effacent le mythe et font naître la tragédie?*

Il y avait sans doute, dans ce contact fertile et chaque jour renouvelé avec un public, un peu de toutes ces raisons, et par-dessus tout la qualité extraordinaire des histoires, d'étonnantes ruptures de ton, passant de l'horreur et de la farce aux plus hautes expressions de la spiritualité indienne.

Après la pièce, nous avons travaillé à un film, et à une série de télévision, qui seront vus partout dans le monde.

Voici enfin, si l'on peut dire, le roman du Mahabharata. *Depuis longtemps je rêvais de l'écrire, afin de permettre une lecture facile de l'ensemble de l'histoire, sans rien perdre des différents niveaux; et aussi pour réintroduire, ici et là, certains épisodes (comme l'histoire du faucon et du pigeon, ou des nuages d'Utanka), certains détails, certains commentaires que nous avions dû sacrifier.*

Maha, *en sanscrit, signifie « grand » et « total ». Un* Maha-rajah *est un grand roi.* Bharata *est d'abord le nom d'un sage légendaire, puis celui d'une famille, ou d'un clan. Le titre peut se comprendre comme* La Grande Histoire des Bharata. *Mais il faut ajouter que* Bharata, *par extension, signifie hindou, et plus généralement homme. Il s'agirait donc de « la Grande Histoire de l'Humanité ». Ni plus, ni moins.*

En fait, comme on va le lire, ce « grand poème du monde » raconte principalement la longue et furieuse querelle qui opposa deux groupes de cousins, les Pandavas, qui sont cinq frères, et les Kauravas, qui sont cent. Cette querelle de famille, qui éclate et se développe à propos de l'empire du monde, s'achève par un immense combat qui met en jeu le sort de l'univers tout entier.

Les événements que raconte le poème ont probablement une source historique. La plupart des spécialistes l'admettent. La tradition indienne fait même remonter la grande bataille de Kurukshetra à l'an 3200 avant notre ère. Certains historiens veulent voir dans le poème épique un reflet plus ou moins fidèle des guerres qui opposèrent les Dravidiens et les Aryens, au cours du deuxième millénaire avant notre ère. D'autres contestent cette interprétation historique et insistent sur les aspects mythiques du poème. D'autres soulignent l'importance des livres d'enseignement (politique, social, moral, religieux) et voient dans Le Mahabharata *un long traité d'initiation royale.*

Des commentateurs font aussi remarquer que toutes les pages — elles sont nombreuses — qui chantent les louanges supérieures des brahmes paraissent avoir été ajoutées à une date assez tardive, pour lutter à la fois contre les prétentions temporelles des princes et contre l'hérésie bouddhique.

Pour Georges Dumézil, qui voyait dans le poème épique une sorte de transposition d'un cinquième Véda (aujourd'hui disparu), il ne faisait pas de doute qu'un auteur unique — d'ailleurs présent et actif dans le récit sous le nom de Vyasa — avait, à un certain moment, existé. On voit difficilement, en effet, comment une structure aussi dense, aussi complexe, aussi magistralement charpentée, aurait pu naître d'un long travail de collèges d'auteurs, se succédant au long des siècles.

Je ne crois pas qu'on doive s'arrêter à ces commentaires, si intéressants qu'ils paraissent. Je partage personnellement l'opinion de Georges Dumézil, et je salue avec reconnaissance sa mémoire, car, outre l'aide que tous ses travaux nous apportèrent[1]*, il montra la plus grande bienveillance pour notre entreprise.*

Mais, comme il le disait lui-même, « l'essentiel est que ce soit beau ». A nos yeux, l'immense poème, qui déroule avec une majesté raffinée le cours d'un fleuve aux richesses inépuisables, défie toute analyse, structurale, thématique, historique ou psychologique. Des portes s'ouvrent sans cesse, qui conduisent à d'autres portes. Impossible de tenir Le Mahabharata *dans le creux de la main. Des ratifications multiples, parfois contradictoires en apparence, se succèdent et s'enchevêtrent sans que jamais se perde l'action principale, qui est une menace : nous vivons le temps de la destruction. Tout l'indique avec force. Cette destruction, peut-on l'éviter?*

Très vite, au début de notre travail, il apparut que nous devrions nous séparer de la plupart des histoires secondaires, qui souvent sont très belles. L'auteur ou les conteurs du Mahabharata *aimèrent arrêter par moments le grand fleuve pour raconter, comme dans un méandre calme, une autre histoire, avec d'autres personnages, pour illustrer ou compléter l'action principale. Certaines de ces histoires peuvent occuper plus de cinquante pages, comme celle qui dit les amours de Nala et de Damayanti.*

1. Voir en particulier *Mythe et épopée*, éd. Gallimard.

D'autres sont plus brèves, comme celle qui montre le courage rusé de Savitri arrachant son époux à la mort. D'autres n'occupent qu'une page, comme celle qui évoque les amours d'Arjuna et de la fille du roi des serpents. Il y a même dans Le Mahabharata *une version abrégée du* Ramayana.

A plusieurs reprises, dans le récit que voici, j'ai pu remettre certaines des histoires que nous avions dû couper, soit dans la pièce, soit dans le film. Délivré du souci de la production proprement dite (longueur et coût), je me suis constamment senti plus libre de vagabonder à mon tour, de préciser ceci, d'éclairer cela. J'ai gardé pour l'essentiel les aventures et les vœux des lointains ancêtres mythiques. De même, j'ai gardé précieusement le conteur-auteur, Vyasa, même si les personnages qu'il a doublement créés (car par un étonnant artifice il est à la fois leur auteur et leur père) parfois lui échappent, même si Ganesha et plus tard Krishna contestent par moments la réalité de son invention. En effet, de l'homme ou du dieu, qui a inventé l'autre?

En cours de route, en plus de certaines éliminations, j'ai procédé à quelques resserrements. Il y a, dans le poème, deux exils des Pandavas dans la forêt. Je n'en ai fait qu'un. De même pour les scènes de tournois : je n'en ai gardé qu'une. Dans le vaste déroulement de la bataille, tout en supprimant les interminables descriptions — répétitives et incantatoires — des combats proprement dits, j'ai gardé minutieusement le développement stratégique et ce très curieux mélange d'armes humaines et d'armes célestes, de magie irrésistible et d'héroïsme de tous les jours.

Par moments, j'ai dû ajouter des scènes, qui me semblaient indispensables au récit, comme la rencontre entre Bhishma et Krishna juste avant la partie de dés, ou bien encore la scène entre Kunti et Gandhari, au cours de l'exil dans la forêt, et la rencontre d'Amba et des Pandavas. J'ai longuement développé, en m'inspirant de Tagore, la dernière scène du roi aveugle et de sa femme, au bord du fleuve, juste avant leur mort. J'ai utilisé le séjour des Pandavas à la cour du roi Virata – où ils vivent déguisés pendant une année – pour glisser là quelques histoires merveilleuses, comme celle de Bhima et du grand singe Hanuman.

Et ainsi de suite. Le récit dramatique et cinématographique d'abord, le récit romanesque aujourd'hui imposent des procédés de construction, d'écriture, de mise en scène, qui n'ont aucun rapport possible avec la composition du poème épique. Cela va de soi. Il faut toujours trahir la lettre pour rester fidèle à l'esprit.

Le Mahabharata *compte seize personnages principaux. Chacun de ces personnages a un caractère nettement dessiné, souvent déroutant et complexe, et une histoire particulière qui participe, de près ou de loin, à l'action principale. J'ai conservé ces seize personnages – et bien d'autres – en effaçant quelque peu le très sage Vidura, demi-frère de Pandu et de Dhritarashtra, qui ne prend part à l'action que pour prononcer des paroles d'apaisement qui ne sont jamais écoutées.*

Krishna pose un problème particulier.

En Inde comme ailleurs, il est aujourd'hui presque impossible de séparer le Krishna du Mahabharata *(où il apparaît pour la première fois dans la littérature indienne) de son immense légende postérieure, qui se développa surtout au Moyen Age. Le Krishna du Mahabharata n'a rien à voir avec l'enfant espiègle, voleur de beurre, ou le séduisant joueur de flûte qui fait le désespoir de Rhada. Tous ces éléments postérieurs de la légende n'existent pas encore ici.*

Quand il apparaît, Krishna est un jeune adulte, et il vieillit comme ses amis, ses cheveux blanchissent, il se fatigue, il est parfois « surpris » par les événements, et « angoissé ». Des révoltes sanglantes et mystérieuses déchirent la ville où son frère est roi. Et il meurt tué par un chasseur, dans une forêt; mort abrupte, traitée avec une incroyable brièveté.

Ces éléments ont fait dire à certains commentateurs, et font dire à certains des personnages, que Krishna n'est nullement cette descente, cet avatar du dieu Vishnu, venu sous une forme humaine pour rétablir un ordre menacé. Il ne serait qu'un homme prodigieusement doué, Vasudeva, le meilleur, le plus haut des hommes – qui ne peut exister qu'en un seul exemplaire à la même époque – et non pas Dieu.

A y regarder de plus près, cette attitude ne tient pas. La plupart des personnages, et Vyasa lui-même, disent bien que Krishna est la divinité sur la terre. Le Mahabharata *est souvent même considéré comme une grande œuvre vishnouïque, où le dieu Shiva – le grand rival, et pourtant le semblable – n'apparaît que furtivement. Le poème décrit les prodiges de Krishna. Il allonge indéfiniment la robe de Draupadi, quand on veut la lui arracher. Il fait croire aux ennemis, par une illusion, que le soleil s'est couché avant l'heure. Il possède une arme irrésistible, un disque, dont il se sert pour décapiter le très insolent Sisupala. Et surtout, juste avant la bataille, il donne à son ami Arjuna la précieuse* Bhagavad-Gita, *texte complexe et magnifique où il s'exprime clairement comme la divinité, montre sa forme universelle et dit pour la première fois à un homme l'amour d'un dieu.*

Quant à l'écriture proprement dite, tout langage archaïque ou archaïsant nous parut dès l'approche inacceptable, aussi bien dans la pièce que dans ce récit, car il eût fait surgir immanquablement des images encombrantes de notre Moyen Age et de nos anciennes tragédies. Aucun mot n'est innocent. Glaive *entraîne immédiatement l'image d'un légionnaire romain,* chevalier *celle d'un combattant noble du Moyen Age. Les mots* péché, âme, prophète, incarnation, vie éternelle *sont beaucoup trop étroitement liés à nos propres traditions religieuses. Autant de mots, autant de viols.*

De l'autre côté, tout langage moderne, familier, parisien, argotique, était à l'évidence impossible. Le Mahabharata *parle assez souvent de l'*inconscient, *mais ce mot lui-même se révèle inacceptable car il s'accompagne aujourd'hui d'une escorte de libido qu'il ne connaissait pas autrefois. Le sanscrit parle par exemple des « secrets mouvements de l'atman ». Comment dire, sans tomber dans le charabia du traduidu? J'ai cru trouver une solution dans l'expression* le cœur profond, *que j'ai empruntée à* Wangrin, *le merveilleux livre de Hampaté-Ba.*

Il me fallut aussi rejeter tous les mots polis et usés par le français classique ou néo-classique, comme tourments, affligés, courroux, *et autres mots à la modernité plus clandestine, comme* silhouette *ou* désarçonné. *Ne restait qu'un vocabulaire restreint, simple, et qui peut même paraître simpliste, qui repose sur quelques mots monosyllabiques aux sens rayonnants, parfois multiples, comme* cœur, sang, fin, voie, mort. *Je me suis efforcé de pallier cette relative pauvreté en juxtaposant et en opposant des mots qui d'ordinaire ne se fréquentent pas.*

Tout en conservant les noms des personnages, auxquels il faut un moment de patience pour s'habi-

tuer, j'ai choisi d'éliminer la plupart des mots sanscrits, et de trouver des équivalences. A quelques exceptions près : le mot mantra, *qui est assez bien connu, le mot* astra, *qui désigne une arme céleste, le mot* kshatrya *qui dans l'Inde ancienne désigne une des quatre catégories sociales (le mot* caste *est un mot portugais, encore un piège) qui paraissaient fondamentales à l'Inde ancienne. Il s'agit ici des guerriers, parmi lesquels se comptent les héros du poème.*

Enfin j'ai gardé le mot Dharma *parce qu'il est au centre de tout. C'est même pour « inscrire le Dharma dans le cœur des hommes » que Vyasa a composé son poème. Cette notion est une invention véritable de l'Inde ancienne. Le* Dharma *est la loi qui régit l'ordre du monde. Il est aussi l'ordre secret et personnel que chacun porte en soi, et auquel il doit obéir. Le* Dharma *de chaque individu constitue, s'il est respecté, le garant de l'ordre cosmique. Et vice versa : car le* Dharma, *s'il est protégé, protège. S'il est détruit, il détruit.*

C'est dans cette singulière réciprocité entre l'un et le multiple, entre le particulier et le général, que se trouve le cœur même de la pensée indienne, telle qu'elle s'exprime dans le poème. Réciprocité qui soulève, aujourd'hui comme hier, une multitude d'échos.

Pour finir, je cite une phrase d'Henri Michaux qui me paraît définir l'idéal même du conteur : « Si tu racontais cette histoire à un vieux bâton, il reprendrait feuilles et racines. »

J.-C. C.

Le brouillard du commencement

On vit apparaître un homme qui sortait du profond des bois. Vieux, sale et mal vêtu, les cheveux et la barbe tressés de terre et de brindilles, il marchait silencieusement, comme si son esprit vivait en même temps dans plusieurs mondes. Insensible à la pluie et au vent, piétinant sans souffrir les épines, il cherchait quelqu'un.

On dit aussi — mais plus de quarante siècles ont glissé sur ces souvenirs — que cet homme rencontra d'abord un enfant, dont on ignore le nom. Cet enfant, qui suivait des oiseaux dans la campagne, s'allongea sur le bord d'un étang, pour se désaltérer.

Quand il se releva, il aperçut l'homme qui le regardait. Tous les deux, face à face, ils restèrent un moment sans parler. L'enfant n'avait aucune peur. Il n'essaya pas de s'enfuir.

Alors, à travers la masse grise de ses poils, l'homme essaya de sourire et demanda :

— Est-ce que tu sais écrire ?

— Non, dit l'enfant. Pourquoi ?

Plus tard, on fit plusieurs remarques sur ce début. Certains commentateurs soulignèrent l'urgence de la question, qui précédait toutes les questions d'usage, sur le nom, l'âge, le village.

D'autres dirent qu'en ce temps-là seuls les enfants de roi savaient écrire, et que la question du vieil homme n'aurait jamais dû se poser. A quoi d'autres rétorquaient que l'homme sortait à pas lents de l'ombre des bois, où tout s'oublie.

Mais si tout s'oublie, disaient les premiers, pourquoi le vieil homme savait-il encore parler ?

Cessant de sourire, il dit à l'enfant :

— J'ai composé un grand poème. J'ai tout composé, mais je n'ai rien écrit. J'ai besoin de quelqu'un pour écrire ce que je sais.

— Comment t'appelles-tu ?

— Vyasa.

— De quoi parle ton poème ?

— Il parle de toi.

Sur ce point également, les commentateurs se sont divisés, et certains même ont rejeté cette réplique. Mais nous n'allons pas nous arrêter à chaque phrase, car si le monde existe depuis longtemps, aucun homme ne peut être sûr qu'il achèvera la lecture de ce livre avant la destruction inévitable de la terre.

L'enfant s'étonna de ce que le vieil homme venait de lui dire.

— Ton poème parle de moi ?

Voici la réponse — certaine, cette fois — de Vyasa :

— Oui. Il raconte l'histoire de ta race, comment tes ancêtres sont nés, comment ils ont grandi, comment se déroula une très vaste guerre. C'est le grand poème du monde. Si tu l'écoutes attentivement, à la fin tu seras un autre, car c'est une histoire pure et totale, qui efface les fautes, qui avive l'intelligence et qui donne une longue vie.

A peine le vieux sage avait-il prononcé ces paroles très ambitieuses qu'on entendit une musique invisible. Ils se retournèrent, l'homme et l'enfant, et ils virent Ganesha qui s'approchait d'eux. Il marchait à la fois avec lourdeur et avec grâce. Son visage d'éléphant souriait derrière la trompe. Il tenait un gros livre sous le bras.

— Qui est-ce ? demanda l'enfant.

— C'est Ganesha, répondit Vyasa.

— Ganesha lui-même ?

Le dieu à tête d'éléphant répondit d'une voix ronde et douce :

— En personne. Tu ne me reconnais pas ?

Impossible de ne pas le reconnaître. On le voyait partout, dans tous les temples, dans tous les lieux sacrés. Ganesha, que Parvati, l'épouse du grand dieu Shiva, créa elle-même, par ses propres moyens. Il était à sa naissance un superbe garçon. Sa mère lui demanda de garder la porte de sa demeure, de ne laisser entrer personne, car elle désirait prendre un bain. Alors Shiva survint, ignorant la présence de cet enfant. Il voulut entrer dans sa demeure. Ganesha lui barra le passage : ma mère m'a demandé de ne laisser entrer personne, personne n'entrera ! Shiva, rendu furieux, convoqua ses troupes féroces, il leur commanda de déloger cet enfant obstiné, mais Ganesha leur résista, il les repoussa, les dispersa, les écrasa. Il éclatait d'une force surnaturelle. Même les hordes de démons échouaient à forcer le passage, car l'enfant défendait sa mère.

Shiva ne put le vaincre que par ruse. Il se glissa derrière lui et subitement lui coupa la tête, qu'il jeta au loin. Alors, Parvati, trouvant son fils décapité, fut possédée de fureur et menaça de détruire toutes les forces du ciel. Shiva savait que sa colère était si haute, et si juste, qu'elle avait le pouvoir de supprimer les dieux. Vite, pour l'apaiser, il ordonna de fixer sur le corps de l'enfant la tête de la première créature rencontrée sur le chemin. C'était un éléphant. Ainsi naquit le dieu des écrivains, des musiciens, quelquefois même des voleurs, Ganesha, gourmand, ironique et tendre, celui qui calme les querelles.

Il est à supposer que Vyasa et l'enfant marquèrent un moment de surprise, comme chaque fois qu'on rencontre un dieu. Ganesha, qui portait un casque doré tout brillant de pierres précieuses, s'assit tranquillement à même le sol et dit Vyasa :

— J'ai entendu dire qu'on cherchait un scribe pour le grand poème du monde. Eh bien, me voici.

— Es-tu vraiment venu pour écrire mon poème ?

— Je te l'ai dit.

— Sur l'ordre de qui ? demanda Vyasa.

Ganesha se permit une légère hésitation avant de répondre. Il ouvrit son grand livre à la première page, il plaça son encrier près de lui. Puis il dit :

— Brahma m'a envoyé vers toi.

Vyasa se prosterna jusqu'à la terre en entendant le nom du créateur. Ganesha arracha sa défense droite, celle dont il se servait pour écrire, il la trempa dans l'encrier. Après quoi, la main suspendue, il dit à Vyasa :

— Je suis prêt, tu peux commencer, mais je te préviens : ma main ne peut pas s'arrêter pendant que j'écris. Tu dois dicter sans une hésitation, sans un arrêt.

Vyasa se redressa et s'assit auprès du dieu en lui disant :

— De ton côté, avant d'écrire, tu dois d'abord comprendre le sens de ce que je dis.

— Compte sur moi.

L'enfant s'assit entre les deux, très attentif. Ils se trouvaient à peu de distance de la forêt, près d'un fleuve calme. Le premier soleil du matin réchauffait la terre. Autour d'eux les conversations des oiseaux, le passage du vent dans l'herbe, l'activité multiple des insectes.

— Nous attendons quelqu'un? demanda Ganesha après un moment de silence.

— Non.

— Eh bien?

— Les commencements sont souvent secrets. Je ne sais que dire, au début.

— Vyasa, puis-je te faire une suggestion? demanda le dieu.

— Je t'en prie.

— Puisque tu te dis l'auteur de ce poème, si tu commençais par toi-même?

— Soit.

Vyasa se redressa. Peut-être n'attendait-il que cette suggestion. Un certain nombre d'esprits secs, beaucoup plus tard, ont mis en doute la véracité de ce récit. Ils ont prétendu que Vyasa s'était targué d'une origine imaginaire. D'autres répondirent que Vyasa, semblable à son personnage principal, portait en lui l'incapacité de mentir. Sans doute, leur fut-il objecté, mais il avait la tête chavirée par trois ans d'ascèse et il ne savait plus ce qu'il disait. Comment pouvez-vous prétendre que Vyasa radotait, répliquaient vivement les autres, alors qu'il allait nous donner le plus grand poème du monde? Et ainsi de suite. Les ergoteurs ne tarissent jamais. Ils préfèrent la mort à la soumission dans une dispute.

Quoi qu'il en soit, voici comment Vyasa parla de lui-même. Ces paroles nous furent transmises par la main rondelette de Ganesha, qui courait sur le papier brun :

— Un roi qui chassait dans une forêt s'endormit. Il rêva de sa femme et son sperme jaillit.

— Ça commence très bien, dit le dieu en hochant la tête.

— Quand le roi se réveilla, et qu'il vit ce sperme sur une feuille, il appela un faucon et lui dit : Porte vite mon sperme à la reine. Mais le faucon fut attaqué par un autre faucon, le sperme tomba dans un fleuve, un poisson l'avala. Quelques mois plus tard, un pêcheur ramena ce poisson, il l'ouvrit et trouva dans son ventre une toute petite fille, qu'il appela Satyavati. Elle grandit, elle devint très belle, mais par malheur elle dégageait une épouvantable odeur de poisson.

Tout en écrivant, Ganesha s'étonnait, souriait, balançait sa trompe et laissait échapper des bruits de gorge qui montraient le plaisir qu'il prenait déjà à l'histoire.

Tout autour, en revanche, les oiseaux se taisaient et même l'eau du fleuve paraissait prise de silence.

Vyasa poursuivait :

— La jeune fille à l'odeur repoussante restait inabordable et triste. Un jour, elle rencontra un ermite vagabond qui lui dit : Tu me plais, faisons l'amour ici, tout de suite, et de ton odeur écœurante je ferai, je te le promets, le plus enchanteur des parfums. Elle s'écria : Non, pas maintenant ! Ici, au grand jour, je ne peux pas ! Alors l'ermite, avec un geste simple, fit naître un épais brouillard, qui engloutit le fleuve et la campagne, ils allèrent jusque dans une île, Satyavati s'ouvrit à l'ermite et son odeur, tout à coup, fut irrésistible.

— Ils eurent un fils ? demanda l'enfant, qui posait sa première question.

— Oui, moi. Vyasa. Satyavati revint près du pêcheur, qu'elle appelait son père. Et l'ermite me prit avec lui. J'ai grandi dans la solitude.

Vyasa se tut un moment, les yeux mi-clos au

souvenir de son enfance. Une musique légère semblait animer la forêt. Une musique sans musiciens visibles.

Ganesha frappa sur son livre du plat de la main et s'écria, si vivement que Vyasa sursauta :

– Allons ! Dépêche-toi ! Tu n'as pas encore commencé ! Je t'ai dit que sa main ne peut pas s'arrêter ! Au début, fils du brouillard, que se passait-il ?

Vyasa respira profondément avant de dire :

– Je commence.

Les premiers vœux

Il passa rapidement sur les débuts de l'espèce humaine, sur Manu, le faiseur de lois, sur les forces divines qui eurent pour mission de s'incarner dans les héros terrestres, sur le grand sage Bharata, qui donna son nom à la lignée, sur les guerres et les déchirures qui suivirent, sur Yayati précipité dans les abîmes, sur le sacrifice des serpents, sur tous ces événements du passé où se lisait déjà la violence des hommes et se devinaient par moments les intentions voilées des dieux.

Vyasa commença véritablement avec Santanu, l'excellent roi Santanu. Sous son règne, la terre connut un âge d'or, sans trouble, sans misère. On le disait aimé des dieux, et plus précisément de la déesse Ganga, divinité du fleuve. Celle-ci, par pur amour du bien, lui avait donné un fils, le futur Bhishma, un fils parfait, né tout armé, invincible et savant. Sa puissance égalait sa science et son énergie. Tous l'aimaient, l'admiraient, et voyaient en lui leur futur roi, un prodige de roi.

— Je sens l'approche d'un premier malheur, dit Ganesha.

— Tu ne te trompes pas. Sans malheur, où serait l'histoire ?

Santanu revenait assez souvent, presque tous les

jours, sur les bords du fleuve, à l'endroit même où, vingt ans plus tôt, Ganga lui était apparue, surgissant de l'écume. Il ne restait de ce temps-là que le souvenir d'une merveille, et cette promenade mélancolique au bord de l'eau.

Soudain, ce jour-là, l'air s'emplit d'une odeur captivante. Le roi suivit cette odeur et aperçut une femme exquise. Il lui demanda son nom. Satyavati, répondit-elle. Je suis la fille du roi des pêcheurs.

Très étonné, Ganesha demanda à Vyasa :

— Satyavati ? Ta mère ?

— Oui, ma mère.

— Ta mère va jouer un rôle dans ton histoire ?

— Et pourquoi pas ?

— En effet, pourquoi pas ? Continue.

— Santanu mit un genou à terre et dit à la femme odorante : Depuis des années je vis seul, j'ai contrôlé mon cœur, j'ai pris soin de mon peuple. Aujourd'hui, je suis envahi par ton parfum, il me soûle, il m'enchaîne, il coule dans mon sang. Satyavati, sois mon épouse.

Elle répondit qu'il fallait d'abord demander sa main à son père. Santanu se rendit aussitôt dans le village des pêcheurs, il parla au roi. Celui-ci reconnut que sa fille était en âge de se marier, et que Santanu lui paraissait digne. Mais il ajouta :

— Pour te donner Satyavati, j'exige une seule promesse : l'enfant que vous aurez, après toi, sera roi.

— Je ne peux pas, répondit Santanu, j'ai déjà un fils. Il est jeune, il est fort, il est le futur roi.

— Alors adieu, regagne ton palais, oublie ma fille.

Santanu revint à Hastinapura, sa capitale, et vécut quelques jours dans l'abattement. Bhishma, son fils, s'étonna de cette tristesse. Il en connut rapidement la cause. A son tour, il se rendit auprès du roi des pêcheurs et lui dit :

— Tu es en train de tuer mon père. Si tu lui refuses ta fille, il va laisser son corps se vider de sa vie. Accepte ce mariage, je te le demande.

— Bhishma, lui répondit le roi des pêcheurs (un vieil homme au regard plissé), tu es le meilleur des fils, le premier des héros. On te voit partout les armes brandies et personne ne te résiste. Aucun de tes ennemis n'est sûr de sa vie. Que je donne ma fille, ou que je la refuse, je vois le même danger.

— Quel danger ?

— Si je la refuse, je prévois ta fureur. Si je la donne à ton père, ils auront des enfants qui seront tes rivaux, que tu détesteras.

Bhishma parut accepter et comprendre les arguments du vieux pêcheur. Après une brève réflexion, il lui dit avec fermeté :

— Je te fais une promesse : le fils qui naîtra de ta fille sera notre roi.

— Tu renonces à tes droits ?

— Oui, pour toujours.

— Je suis surpris.

— Je te donne ma parole.

Le pêcheur réfléchit un instant, regarda Satyavati qui se tenait debout derrière lui, déjà joyeuse à l'idée d'être reine.

Puis il dit à Bhishma :

— Je te parle avec le cœur d'un père. Sois attentif. Je ne mets pas en doute ta parole, mais il se peut qu'un jour te viennent des enfants. Que feront-ils de ta promesse ? Ils seront puissants comme toi. S'ils veulent conquérir le royaume par la force, comment leur résister ?

Bhishma mesura la force de ce nouvel argument. Il se trouvait devant un choix définitif, et il l'acceptait avec calme.

— Je te comprends, dit-il au pêcheur, et je te rassure. Pour éviter toute querelle, et pour l'amour de mon père, je vais prononcer la renonciation suprême. Ecoute-moi, je parle clairement : je jure que jamais je ne connaîtrai l'amour d'une femme.

— Dis encore une fois ce que tu viens de dire.

Bhishma se leva, tendit une main vers le ciel et répéta avec le même calme :

— Je jure que jamais je ne connaîtrai l'amour d'une femme.

A ce moment, l'enfant crut entendre des voix qui semblaient crier dans les cieux : Bhishma ! Bhishma !

L'enfant et Ganesha lui-même relevèrent un instant la tête.

— Oui, leur dit Vyasa, sans s'étonner du phénomène. Ils entendirent tous ces voix célestes, et ils virent des fleurs qui tombaient sur la terre, des fleurs que les hommes ne connaissaient pas. Pour les trois mondes, le vœu de Bhishma paraissait extraordinaire.

— Est-ce qu'il aimait vraiment les femmes ? demanda Ganesha.

— On ne l'a jamais su, mais en récompense de son vœu, quand il ramena Satyavati au palais, à la grande joie de son père, il reçut le pouvoir de mourir au jour qu'il choisirait lui-même.

— Il devenait donc immortel ?

— S'il le désirait.

— C'est possible ? demanda l'enfant.

— C'était possible en ce temps-là.

L'enfant tourna la tête. Il aperçut non loin de là une haute silhouette d'homme, debout sur un char tiré par deux chevaux. A côté de l'homme se tenait une jeune femme, et le vent portait tout autour les vagues d'un parfum inconnu. Bhishma et Satyavati, se dit l'enfant. Serait-il possible que les personnages prennent vie devant nous ? Ou s'agit-il d'une coïncidence ? D'un homme et d'une femme qui passent ?

L'enfant regarda Vyasa, mais celui-ci continuait son récit sans paraître un instant distrait. Ganesha trempait sa défense dans l'encrier, comme s'il n'avait rien remarqué.

L'homme de haute taille et la femme parfumée disparurent sans bruit dans les bois.

— Santanu et Satyavati eurent deux fils, reprit Vyasa. Le premier mourut au combat. Puis Santanu mourut.

— Comme nous mourons tous, murmura Ganesha sans lever la tête.

— Il ne restait qu'un fils, malingre et de faible santé. Bhishma veillait sur lui comme s'il eût été son propre fils. Quand le jeune roi fut en âge de se marier, vingt ans après le vœu prononcé par Bhishma, celui-ci décida de conquérir une épouse à sa place. Cela nécessitait force et adresse, car il s'agissait de surpasser d'autres prétendants, dans un grand tournoi, et même, quelquefois, de les combattre à mort. Le jeune roi se voyait bien incapable de concourir. Bhishma combattit à sa place, il gagna tout, il massacra même les princes qui essayèrent de s'opposer à lui, et il revint avec trois épouses au lieu d'une.

Vyasa voulut se lancer dans une description du combat, mais Ganesha lui conseilla de se hâter. Il s'agissait, aux dires de Vyasa lui-même, d'un très long récit, semé d'autres combats.

— Va à l'essentiel, lui dit Ganesha.

— Dans ce que je dis, rien n'est secondaire.

— Alors, évite-nous le sang et les armes. Tous les poètes adorent les couleurs et les bruits des batailles. Je me suis toujours demandé pourquoi.

— Qu'est-il arrivé aux trois princesses ? demanda l'enfant, qui jetait des regards autour de lui.

Vyasa reprit le cours de son récit.

En rentrant à Hastinapura, Bhishma s'aperçut qu'une des trois princesses, qui s'appelait Amba, pleurait en silence. Il voulut connaître la raison de ces larmes. Elle lui dit ceci :

— Avant ce tournoi où tu m'as gagnée, Bhishma, j'avais déjà choisi en secret mon époux. C'est le roi Salva. Il le sait et il m'aime. Comment toi, qui révères la fidélité, peux-tu me marier à ton demi-frère, moi qui suis liée par l'amour d'un autre ? Salva m'attend. Laisse-moi le rejoindre.

Malgré sa force et son autorité, Bhishma mettait au-dessus de tout la justice, cette application à vivre selon la loi universelle, selon le Dharma. Rien ne lui paraissait supérieur à l'ordre impeccable des choses, si souvent méprisé, ou mal compris, par les humains. Aussi répondit-il à la princesse, après une brève réflexion :

— C'est juste, Amba. Tu peux partir.

Elle sortit en toute hâte du palais et se fit transporter aussitôt chez l'homme qu'elle tenait pour son époux. Elle le trouva qui riait, et s'en étonna.

— Pourquoi ris-tu ?

— Bhishma t'a relâchée ?

— Oui.

— Retourne auprès de lui. Je ne veux plus de toi.

— Qu'est-ce que tu dis ?

— Il t'a conquise, il t'a souillée. Je ne peux pas, pour rien au monde, faire pénétrer dans mon palais une femme qui appartient à un autre.

— Mais je ne lui appartiens pas ! Il ne m'a pas touchée ! Pas même effleurée ! Pas même désirée !

Salva, je suis vierge, et je n'ai jamais vu un autre homme que toi.

— Va-t'en, Amba.

— Je ne peux pas m'en aller. Où irai-je ?

— Je te l'ai dit, je ne veux plus de toi. Bhishma me fait peur et il t'a conquise. Tu n'existes plus. Va-t'en.

Amba n'insista pas davantage, ce qui montrait déjà ce caractère extraordinaire qui devait s'affirmer avec les années. D'ailleurs, en parlant de sa peur, Salva venait de s'avouer lâche, disparaissant ainsi du cœur de la jeune fille.

Elle revint en toute hâte auprès de Bhishma. Elle lui dit :

— Bhishma, tu dois me sauver. L'homme que j'aimais me rejette. Le malheur m'arrive à cause de toi. Tu ne peux pas me laisser seule et perdue sur la terre. Tu m'as gagnée, je suis ta femme, épouse-moi.

Nombreux sont ceux qui, aujourd'hui encore, soutiennent qu'Amba était prise d'amour pour Bhishma depuis le tournoi, depuis leur première rencontre. D'autres — rappelant que Bhishma avait alors près de cinquante ans — cherchent des raisons plus obscures et plus profondes. Quelques-uns, et je les approuve, respectant le mystère de la jeune princesse, se refusent à expliquer son cœur.

— Je ne t'épouserai pas, lui répondit Bhishma. Tu le sais. Toute ma vie je resterai sans femme. Puisque Salva t'a rejetée, tu es libre, retourne chez ton père.

Amba répondit avec force :

— Non, je ne suis pas libre, et je ne retournerai pas chez mon père, qui m'a mise en vente comme un animal. Ecoute ce que je ferai : je marcherai droit devant moi dans mes vêtements déchirés, mendiant ma vie, et je n'aurai qu'une pensée, nuit et jour, une pensée fixe : trouver quelqu'un pour se battre contre toi, et te tuer.

Vyasa s'interrompit un instant et leva la tête, comme s'il attendait un signe du ciel. A ce moment, un nuage inattendu passa devant le soleil. Toute la campagne devint grise.

– C'est ainsi quc cela se passa. Ceux qui se trouvaient là virent un changement dans la lumière.

– Et que dit Bhishma ? demanda l'enfant.

Bhishma, fermement fixé sur son vœu, dit à Amba :

– On ne peut pas me tuer. C'est impossible.

– Je le ferai quand même, répondit-elle d'une voix ferme et basse.

Elle leva la main vers le ciel, comme Bhishma lui-même. Elle dit :

– Oui, je prononce un vœu moi aussi : dans un des mondes je trouverai quelqu'un qui te tuera. Il y a maintenant sur la terre une femme qui pensera toujours à toi. Ne m'oublie jamais, Bhishma. Je porte ta mort.

Sans un mot de plus, elle s'en alla.

Dans le ciel, le nuage s'évanouit. L'air redevint clair.

L'enfant tourna brusquement la tête. Il venait d'entendre des pas, non loin de là. Il vit une jeune fille au visage sombre qui s'avançait seule dans la campagne. Elle passa à peu de distance et les regarda. L'enfant ne devait jamais oublier ce regard rapide.

Etait-ce Amba ? Il ne savait pas. Il n'osait pas poser cette simple question.

Vyasa gardait souvent les yeux fermés. On sentait dans tout son être les éléments d'une vaste histoire minutieusement disposée, comme la trame d'un tissu complexe. Il semblait ne pas avoir remarqué le passage de la jeune fille, qui s'éloignait à grands pas, sans se retourner. Il méditait déjà sur les prochains événements.

Etait-ce Amba ? se demandait l'enfant. Etait-ce vraiment elle ? Où commence, où s'arrête la puissance de celui qui raconte ?

Substitution, magie, malédiction

Ils entendirent alors une musique funèbre.

Un cortège s'avançait vers le fleuve, au bord duquel se dressait un bûcher. Des serviteurs portaient un corps humain sur une civière de bambou, posée sur leurs épaules. Satyavati suivait, en pleurs, accompagnée d'autres personnages, parmi lesquels Bhishma, la tête basse, et les deux princesses déjà veuves.

— Qui est mort ? demanda Ganesha.

— Le jeune roi, répondit Vyasa.

— Il est mort sans enfant ?

— Oui, il est mort le jour de ses noces.

— Ton demi-frère ? Le dernier fils de Satyavati ?

— Exactement.

— Il ne reste plus un seul descendant ?

— Non, plus un seul.

Ils se levèrent tous les trois et firent quelques pas vers le bûcher, qu'on allumait. Les brahmanes tournaient autour des flammes en priant, en jetant des fleurs et un peu de lait. Bhishma tenait Satyavati par l'épaule.

Ganesha semblait avoir oublié sa promesse, sa main qui ne devait jamais s'arrêter d'écrire. Vyasa, au spectacle du feu, restait fermé, impénétrable.

Ganesha lui demanda :

— Mais alors, sans enfant, ce récit ne peut pas continuer?

— C'est exact, dit Vyasa.

— Il faut absolument faire des enfants aux princesses, sinon...

— Oui, mais des enfants légitimes.

Bhishma s'était écarté du bûcher. Il s'approchait d'eux, grand, fort et paisible, les pieds fermement posés sur cette terre qu'il ne pouvait quitter qu'à son propre désir. Il semblait connaître Vyasa, qu'il salua de la tête. Puis il s'inclina devant Ganesha, dont la présence ne le surprenait guère, lui, le fils de Ganga, la déesse du fleuve.

Bhishma demanda à Vyasa :

— Qui pourrait engendrer ces enfants?

— Mais toi, Bhishma! s'écria Ganesha. Tu es le seul homme de la famille!

— Non, je ne briserai pas mon vœu.

— Il s'agit de la destinée d'une race! Tu peux tout de même oublier ton vœu, une seule fois!

— Ganesha, ce vœu est le pilier de ma vie.

Bhishma s'exprimait avec une telle force que Ganesha lui-même, si prompt à se moquer, s'immobilisa et se tut, comme pris d'un respect véritable.

— De longues nuits j'ai lutté contre la tentation de le briser, et j'ai triomphé. Aujourd'hui j'ai près de cinquante ans. Briser ce vœu serait tuer mon esprit et je serais pire que mort. Je ne veux plus un mot là-dessus.

Ganesha fit soudain demi-tour, referma bruyamment son livre, l'encrier, remit en place sa défense et dit, prêt à partir, et presque mécontent de s'être dérangé pour si peu :

— Ainsi le grand poème du monde est déjà fini. Je vous salue tous.

Il fut arrêté par Satyavati. S'étant écartée du

bûcher, elle aussi, pour écouter ce qui se disait, elle tendit la main vers le dieu à tête d'éléphant, qui s'en allait, son livre sous le bras, et lui dit :

— Non, attends un instant, ne t'en va pas.

Ganesha resta sur place. Il hésitait.

Satyavati fit alors quelques pas vers Vyasa, qui depuis un moment, silencieux, gardait ses yeux fixés sur le bûcher.

— Vyasa, lui dit-elle, tu oublies quelqu'un qui peut féconder les princesses.

— Qui ?

— Toi, Vyasa. Toi-même.

Ganesha, apparemment choqué, fit un demi-tour rapide.

— Et pourquoi Vyasa ? D'où vient cette idée ?

Ce fut Bhishma, soudain soulagé, qui lui répondit :

— Satyavati a raison. Vyasa est son premier fils. En quelque sorte il est de la famille.

— Mais il est l'auteur du poème !

— Précisément. C'est à lui de faire le nécessaire.

— En ma qualité de scribe, cela me semble inadmissible.

Satyavati se tourna vers le dieu et lui dit avec sérénité :

— Ganesha, n'as-tu pas dit, autrefois : « Je suis celui qui calme les querelles » ?

— Mais il est sale, vieux ! Il est nauséabond !

— Justement, dit Satyavati. Si les princesses supportent son odeur aigre, son corps terreux, les enfants qu'elles porteront n'en seront que plus admirables. Mon fils, es-tu en bonne santé ?

— En très bonne santé, ma mère, répondit Vyasa.

— J'en suis heureuse. Le destin de toute une race dépend maintenant de toi. Aucune faiblesse ne t'est permise. Je vais donner des ordres pour qu'on prépare les chambres des princesses. Va, mon fils, continue ton œuvre.

Des montagnes de commentaires, étonnés et scandalisés, et quelquefois même amusés, se sont amoncelés sur la décision de Vyasa. Comment un auteur peut-il être en même temps le père de ses personnages ? Comment un homme de chair peut-il se mêler physiquement à des êtres de papier, de pensée ? Voilà à coup sûr une invention acrobatique et un vieux mensonge de plus.

D'autres répondaient que, dans certains territoires, la réalité et l'invention ne sont pas aussi durement séparées qu'on veut bien le dire. Pour tirer tout le bien possible de cette histoire surprenante, il faut oublier — ne serait-ce que pour quelques heures — nos catégories raisonnables. Il faut s'ouvrir au lieu de se fermer, pour essayer de voir, comme le fit Vyasa, un peu plus bas que d'habitude dans les profondeurs qui nous composent.

Il suivit sa mère jusqu'au palais, heureux de la retrouver après tant d'années. Ganesha et l'enfant, quittant les bords du fleuve, accompagnèrent le poète. La race des Bharata allait-elle trouver un sauveur en la personne même de celui qui en racontait l'origine ?

Satyavati fit prévenir les princesses qu'un nouvel époux leur était donné. Elle s'occupa de tout, des bains, des parfums, des robes de soie transparente.

La nuit tombait, le bûcher du jeune roi achevait à peine de se consumer, quand Satyavati prit à part la première princesse et lui dit :

— Tu vas recevoir aujourd'hui les caresses de ton beau-frère. Ressuscite ta famille et réjouis-toi.

Elle se retira, laissant la princesse dans une angoisse joyeuse, et elle fit entrer Vyasa.

Le poète n'a pas raconté très précisément ce qui se passa. La scène n'eut aucun témoin — pas même divin — et nous devons nous contenter de ce que

Vyasa, une demi-heure plus tard, dit à Satyavati, et écrivit dans son poème :

— Je me suis approché d'elle sans désir, avec la seule idée de perpétuer ma race. A ma vue, elle a fermé les yeux de dégoût, et les a maintenus fermés pendant que j'accomplissais ma promesse. En me relevant je lui dis : Pourquoi as-tu fermé les yeux? Pour ne pas me voir? Parce que mon corps est couvert de boue, ma barbe jaunissante? Puisque je t'ai donné mon sperme, tu auras un fils. Il s'appellera Dhritarashtra. Mais puisque tu as fermé les yeux en me voyant, ton enfant naîtra aveugle.

Satyavati s'écria :

— Un roi ne peut pas être aveugle!

— Et moi je ne peux pas retirer ma parole.

— La seconde princesse t'attend. Donne-nous un second fils, je te le demande!

Vyasa a brièvement relaté son accouplement avec la seconde princesse. Celle-ci, prévenue, maintint ses yeux ouverts. Mais elle fut si sensible à la mauvaise odeur du poète que ses joues perdirent toute couleur.

— Pourquoi ces joues livides? lui dit Vyasa en se retirant. Je te répugne? Je sens mauvais? Tu auras un fils, toi aussi, mais il naîtra blanc comme le lait, et on l'appellera Pandu, le Blême.

Une peau blanche n'était alors un signe ni d'intelligence ni de santé. C'est pourquoi, cette même nuit, Vyasa fit un troisième fils à une servante, qui reçut le poète sans défaillir. Mais cet enfant, appelé Vidura, né d'une servante, ne pouvait prétendre devenir roi. Homme sage, ami de Bhishma, il se contenta, sa vie durant, de donner des conseils de prudence, qui ne furent point écoutés.

Vyasa rejoignit l'enfant et Ganesha, qui l'attendaient hors du palais. Pour cette nuit indispensable, la rédaction s'était interrompue. Avant de la reprendre, tout en préparant son écritoire, Ganesha complimenta le poète et lui dit :

— Je voudrais te poser une question, Vyasa.

— Je t'écoute.

— Ne disais-tu pas, au début, en tout cas j'ai cru l'entendre : mon poème renferme une très vaste guerre ?

— Si, je l'ai dit.

— Ces enfants, que tu viens de créer, vas-tu les conduire au massacre ?

Vyasa ferma les yeux et ne répondit pas. Il garda le silence pendant un assez long moment, comme s'il essayait de voir en lui-même les obscurités, les contradictions, les brutalités de sa propre histoire. Il était très difficile, même pour lui, de répondre à la question du dieu. Aussi se contenta-t-il de demander, en rouvrant les yeux :

— Ne m'as-tu pas fait promettre, Ganesha, de ne pas m'arrêter en chemin ?

— Soit. Reprenons.

Ils reprirent le cours hésitant du récit, à la recherche d'un enfant, d'une descendance, d'une durée, d'une stabilité. Ils passèrent rapidement vingt ans. Surveillés par Bhishma et par Satyavati, les deux frères royaux atteignirent l'âge d'homme. Aveugle, Dhritarashtra ne pouvait espérer le trône. Aussi couronna-t-on Pandu, bien qu'il fût le deuxième né.

— On a marié Pandu ? demanda l'enfant.

— Oui. Bhishma lui choisit deux femmes, Kunti et Madri. Regarde.

Vyasa montra quelque chose d'un signe de tête. Ganesha et l'enfant regardèrent et virent une femme seule qui marchait lentement près du fleuve. Tantôt elle levait ses yeux vers le soleil, tantôt elle semblait chercher, parmi les roseaux de la rive, un objet perdu.

— C'est Kunti, dit Vyasa, s'adressant à l'enfant. Sans le savoir, elle porte dans son ventre le destin de toute la terre. Elle sera la mère de ceux qu'on appellera les fils de Pandu, les Pandavas, les cinq frères. Des enfants merveilleux, sans qui tu ne serais pas là, et de qui je dirai la vie.

— Pourquoi, demanda Ganesha, regarde-t-elle si obstinément le soleil ?

— C'est un secret.

— Quel secret ?

— C'est un secret fondamental.

— Dis-moi, sinon je dois cesser d'écrire.

Vyasa suivait des yeux la jeune femme qui allait et venait sur les rives du fleuve. Il dit alors :

— Kunti possède un mantra, un pouvoir magique, que lui donna un ermite tout-puissant, pour la récompenser de l'avoir bien servi. Elle n'avait alors que quinze ans.

— Quel pouvoir lui donne ce mantra ?

— Le pouvoir d'évoquer un dieu, à sa volonté, et d'avoir un enfant de lui.

— L'a-t-elle déjà mis à l'épreuve ? dit Ganesha. Oui, je suis sûr qu'elle l'a fait. Comment ne pas céder à la curiosité ?

— Tu as raison. A peine gratifiée de son mantra, toute jeune encore, presque une enfant, elle appela un dieu.

— Lequel ?

— Le Soleil. Et le Soleil apparut aussitôt.

Au bord du fleuve, Kunti s'était immobilisée, comme si elle devinait qu'on parlait d'elle. Une lumière claire l'enveloppait, ne laissant apparaître aucune ombre sur la terre.

— Tu m'as évoqué et je suis venu, lui dit le Soleil. Que veux-tu de moi, jeune fille ?

Elle essaya de se dérober, de dire qu'il s'agissait

d'une erreur, d'une maladresse, qu'elle voulait à peine éprouver son mantra. Mais l'astre fut inébranlable. Il dit qu'on ne dérangeait pas inutilement le Soleil, que Kunti devait se blottir dans ses bras brûlants, et qu'il lui donnerait tout aussitôt un fils.

— Un fils ! Mais je ne peux pas, je suis intacte ! Retourne dans le ciel ! Oublie ce que j'ai fait ! Il faut toujours défendre les femmes, même coupables !

— Je sais tout cela, Kunti. Mais je ne peux pas me retirer. Tu vas être aimée par le Soleil, tu auras un fils et je te rassure : ta virginité restera intacte. Calme toute crainte et viens contre moi.

Il ouvrit ses bras dorés et Kunti se sentit attirée vers lui par une force indéfinissable. Pendant l'extase, elle perdit le sens de toute réalité, le sens de l'espace et du temps. La sensation brûlante et délicieuse se retira d'elle, le Soleil s'élança de nouveau vers le ciel — un moment obscurci — et Kunti vit à côté d'elle un jeune enfant brillant, qui portait une cuirasse d'or.

— Son nom ? demanda Ganesha.

— Karna.

— Pourquoi cette tristesse dans les yeux de Kunti ? demanda Ganesha.

— Je vais te le dire. Ecoute-moi bien. Voici le premier geste irréparable.

A la naissance de Karna, Kunti prit peur. Consciente d'avoir commis une faute grave, elle se sépara de son fils. Incapable, à son âge, d'imaginer les conséquences de ce geste, elle l'abandonna dans une corbeille au gré du fleuve, non loin d'ici. Un cocher le recueillit, l'éleva.

— Nous le reverrons ? dit l'enfant.

— Nous le reverrons souvent. Il est, de mes héros, le plus radieux et le plus sombre. On l'appellera — et il s'appellera lui-même — le fils du cocher.

Quelques années après l'abandon de son enfant, Kunti épousa donc le roi Pandu. Celui-ci prit une seconde femme, nommée Madri. L'avenir de la famille royale paraissait enfin assuré.

Or, le roi Pandu, par passion de la chasse, le jour même de son mariage, partit avec ses hommes dans les bois. Qui pouvait alors soupçonner qu'une partie de chasse déciderait du sort du monde ? Le roi, dans une clairière, aperçut deux splendides gazelles au moment agité de l'accouplement. Tout à leurs amours, les deux animaux ne sentirent pas venir les chasseurs. Pandu les abattit lui-même, le mâle comme la femelle. Les deux gazelles tombèrent enlacées sur la terre et l'une d'elles — en qui certains crurent reconnaître la forme vague d'une femme, d'autres d'un homme — dit d'une voix qui mourait :

— Les hommes, même ravagés par la colère, par la folie, s'abstiennent de répandre le sang. Du moins le disent-ils. Mais la science ne détruit pas le destin, c'est le destin qui détruit la science.

Bien que frappé par le prodige — qui plaquait ses hommes contre la terre — Pandu, non sans courage, s'approcha des bêtes à l'agonie. Il n'avait pas très bien compris les paroles de sa victime.

— Que veux-tu dire ?

— Comment toi, Pandu, un homme de haute connaissance, as-tu pu nous tuer, mon amant et moi ?

— Les hommes ont le droit de tuer les gazelles, dit alors Pandu, qui voulait comprendre. Les hommes, et surtout les rois. Pourquoi me blâmes-tu ?

— Je te blâme pour avoir dédaigné mon plaisir d'amour. Tu nous as frappés dans ce moment si doux pour toutes les créatures. Tu sais pourtant que le plaisir des femmes est supérieur à tout autre plaisir. Que t'avais-je fait ?

La gazelle se redressa pour ajouter, avec sa dernière force :

— Homme impitoyable, je n'ai pas de pitié pour toi. Tu sentiras la fureur de l'amour sans que tu puisses l'apaiser, car si un jour tu prends dans tes bras une de tes femmes, aussitôt tu mourras, comme moi maintenant.

Et les deux gazelles moururent.

En ce temps où les humains et les bêtes se parlaient et se comprenaient quelquefois, en ce temps où toute parole droite et forte commandait au destin lui-même, Pandu ne douta pas un seul instant de l'accomplissement de la malédiction. Déjà, il sentait inscrite en lui-même cette mort inévitable qui le frapperait dans l'acte d'amour. Déjà, il était sûr que tout enfant lui serait interdit.

Il décida de s'enfuir, de se perdre dans les forêts, dans les déserts. Kunti et Madri, qu'il avait voulu répudier, s'acharnèrent à le suivre, comme deux menaces permanentes. Ils partirent tous les trois, à pied, marchand vers le nord, vers le froid.

Avant de partir, Pandu remit les insignes royaux à son frère Dhritarashtra.

Le roi du monde était aveugle.

Des naissances-prodiges

Une jeune princesse du nord, qui s'appelait Gandhari, fut choisie par Bhishma pour être l'épouse du grand roi, dont on gardait l'infirmité secrète. Elle vint avec son escorte joyeuse, traversant tout le pays au milieu des fêtes, des chants, des jets de poudres de couleur. Arrivée à Hastinapura, en attendant le jour des noces, elle s'installa à l'écart. Sa servante favorite, chaque jour, visitait la ville célèbre. Ensuite elle racontait à la reine mille merveilles.

Un jour, à son retour de promenade, cette même servante parut soudain bouleversée. Gandhari lui demanda :

— Où es-tu allée ? Qu'est-ce que tu as vu ?

La servante eut de la peine à répondre avec sincérité. Elle dit enfin qu'elle avait pénétré dans le palais des princes, en se dissimulant, et qu'elle avait aperçu Dhritarashtra, le futur époux de la princesse.

— Tu l'as vu ? demanda Gandhari. Dis-moi vite : comment est-il ? Il est beau ? Il est fort ?

— Il est fort, oui, il est très fort.

— Alors pourquoi pleures-tu ? Parle-moi !

La jeune servante laissa les mots forcer ses lèvres et avoua :

— Princesse, on vous a trahie. Dhritarashtra est aveugle.

— Que dis-tu ?

— Aveugle de naissance.

Gandhari parut d'abord décidée à rire, comme si la servante voulait la taquiner.

— C'est impossible. Un roi ne peut pas être aveugle. Tu as dû te tromper.

— J'ai demandé à un vieux garde, dit alors la servante avec plus d'assurance. Dhritarashtra est aveugle. Ses yeux ne s'éclaireront jamais.

Gandhari respira un moment en silence. On eut l'impression qu'en quelques instants son esprit — sinon son corps — venait de vieillir de plusieurs dizaines d'années. Soudain, elle n'était plus une enfant.

— Et on me l'a caché ? dit-elle. On a préparé mes noces, on les annonce, mon époux aux yeux vides s'avance en tâtonnant dans les ténèbres... Non, ce n'est pas possible... Aveugle, un roi ne pourrait régner que sur la nuit, sur les monstres qui respirent hors de notre vue, parmi les cris d'un peuple malsain, déchiré, d'un peuple qui n'est plus un peuple...

La servante répéta d'une voix basse et têtue :

— Il est aveugle. Je l'ai vu.

Gandhari respira encore un moment en silence. On l'entendit ensuite évoquer l'inutilité de ses fards et de ses bijoux, si son époux ne devait jamais la voir. Pourquoi ses cheveux ? Pourquoi sa chair ?

— Donne-moi mon voile, dit-elle soudain.

La servante lui tendit un petit châle noir, que Gandhari aimait particulièrement. La princesse le roula pour en faire un bandeau, puis elle fixa ses yeux sur sa servante, qui se trouvait agenouillée devant elle.

La servante lui demanda :

— Que regardez-vous ?

— Je te regarde, toi, ma dernière image dans ce monde.

Gandhari éleva le bandeau vers ses yeux.

— Que faites-vous ?

— Je pose un bandeau sur mes yeux, répondit la jeune princesse d'une voix calme. Je le noue fermement, je ne l'enlèverai jamais.

Elle noua le bandeau avec soin. A l'évidence, elle avait cessé de voir, elle entrait dans sa longue nuit. Tendant l'une de ses mains vers la servante, elle lui dit :

— Prends ma main, conduis-moi auprès de mon époux. Ainsi je ne pourrai jamais lui faire reproche de son malheur.

Le geste de Gandhari, son choix de l'ombre, suscita des critiques et de l'admiration. On y vit un excès d'obéissance. On y vit aussi une claire marque d'amour. D'autres soupçonnèrent la princesse d'amertume déçue, de rancœur, de révolte obscure, de tristesse.

Dhritarashtra n'y vit que tendresse et fidélité. Dès le lendemain, le roi aveugle reçut comme sa femme la princesse aveuglée. Il toucha le bandeau avec ses doigts, et chacun vit son émotion.

La cérémonie terminée, main dans la main, guidés par Bhishma, ils se dirigèrent lentement vers la chambre royale, où ne brûlaient que trois ou quatre lampes inutiles.

L'enfant dit alors à Vyasa :

— Mais tu m'as dit : Kunti aura des enfants merveilleux. Puisque Pandu est maudit par la gazelle, comment fera-t-elle ?

Le poète, que Ganesha avait appelé Fils du

Brouillard, se recueillit un moment, comme s'il appelait toutes les forces de son esprit.

— Voici maintenant le prodige, annonça-t-il.

Ganesha inclina brièvement sa lourde tête, saluant ainsi la venue des dieux, qu'il sentait nécessaire et proche. Quand il releva la tête, il frissonna. Autour d'eux, par la simple force du poète, le paysage venait soudainement de changer. Ils se trouvaient tous les trois dans le vent glacé d'une haute montagne, sous un ciel noir, à la limite des neiges éternelles. Des éclats de tonnerre les entouraient.

Apeuré, l'enfant s'approcha de Vyasa.

Vyasa dit :

— Pandu et ses deux femmes parvinrent sur le toit du monde, au sommet de l'Himalaya, dans le froid brutal, dans la tempête perpétuelle. Constamment, le roi pleurait de vivre sans enfant. Il proposa même à Kunti de faire l'amour avec un autre, comme cela se pratiquait dans les jours anciens, lorsque les femmes n'étaient pas encore attachées à un seul et même homme.

Mais Kunti refusa. Elle ne voulait, elle n'aimait que lui. Alors, devant la détresse de Pandu, elle lui avoua qu'elle possédait un mantra, qui lui donnait le pouvoir d'évoquer un dieu à sa volonté. Sans rien révéler de la naissance et de l'abandon de Karna, elle offrit à Pandu de mettre ce mantra à l'épreuve.

Pandu accepta aussitôt. Il lui demanda même d'évoquer Dharma, le dieu de la droiture, de la loi, de la marche correcte du monde. Kunti se recueillit, prononça son mantra, on vit à l'instant même une lueur courir dans le ciel, écartant les ténèbres, on entendit frémir les montagnes et un premier-né leur apparut. Le fils de Dharma. Ils le nommèrent Yudishsthira et ils surent qu'il était né pour être roi, pour être le meilleur des rois. Ils s'inclinèrent avec respect devant leur premier fils.

Mais d'autres signes se lisaient au-dessus d'eux, comme si le ciel tremblait d'impatience.

— Donne-nous un autre fils, dit Pandu à Kunti. Evoque maintenant Vayu, le dieu du vent.

Kunti dit son mantra pour la deuxième fois. On sentit un éboulement dans les montagnes blanches, une grande force coucha les arbres, la même lueur se précipita vers eux à travers le ciel et un autre fils apparut. Kunti tendit ses bras vers lui, fit un faux mouvement. L'enfant tomba sur un rocher — mais ce fut le rocher qui se brisa.

— Voici Bhima, le fils du Vent, dit Kunti. Bhima, notre deuxième né, à la force immense, incomparable. Bhima, le soutien de notre famille, le plus puissant des hommes.

Le jeune Bhima, qui avait déjà cassé la grosse branche d'un arbre pour en faire une massue, vint s'asseoir auprès de son frère aîné.

Alors Kunti prit une initiative. Elle osa appeler Indra lui-même, le roi des dieux, pour lui demander un fils parfait, noble et fort, le meilleur des princes. Indra obéit au mantra. Une troisième fois, la lueur parcourut le ciel, un frissons agita les montagnes et un troisième fils apparut auprès des deux autres. Il tenait un arc à la main, il était beau et calme. Kunti sut, à l'instant même, qu'il s'appellerait Arjuna.

Arjuna l'invincible, le conquérant, le meilleur combattant du monde. Arjuna, auquel ni homme, ni femme, ne devait jamais résister.

A ce moment, la seconde femme du roi Pandu, Madri, désireuse à son tour d'engendrer des enfants divins, supplia Kunti de lui prêter son mantra.

— Comment puis-je rester stérile? lui dit-elle. Ne vois-tu pas que notre époux va m'enlever son affection? Il faut que j'aie un enfant, moi aussi!

Avec l'accord de Pandu, Kunti chuchota le mantra à l'oreille de Madri. Celle-ci évoqua aussitôt les dieux de son choix, les Aswins, les jumeaux aux yeux dorés. Et par une seule invocation — ce dont Kunti lui tint quelque rigueur — elle donna naissance à deux enfants superbes, des jumeaux, qui furent aussitôt nommés Nakula et Sahadeva. Beaux comme leurs pères célestes, ils devaient aussi se faire connaître, tout au long de leur vie, pour leur dévouement, leur prudence.

Yudishsthira, Bhima, Arjuna, Nakula et Sahadeva. Cinq fils venus des dieux. Sachant qu'on les appellerait désormais les Pandavas, les fils de Pandu, celui-ci ne pouvait calmer son étonnement. Il observait la vigueur et les yeux brillants des cinq frères. Il s'émerveillait de voir le futur de sa race pris en charge par la main des dieux.

Revenant au frère aveugle, Dhritarashtra, et répondant aux curiosités de l'enfant, Vyasa dit alors ceci :

— Quand Gandhari, la reine au bandeau noir, fut enceinte, elle porta son fruit pendant deux ans. Rien ne se présentait. Son ventre était pesant, très dur. Elle apprit alors que Kunti, dans les hautes montagnes, venait de donner mystérieusement naissance à un premier fils, nommé Yudishsthira, et que les devins s'accordaient à dire que cet homme était né pour devenir roi de la terre.

Cependant, épouse légitime du roi en titre, Gandhari pouvait espérer, non sans bonnes raisons, que la couronne royale irait à son propre fils — ce fils qui, par une obscure décision du destin, tardait à naître.

Aussi décida-t-elle de brutaliser le cours des choses. Elle appela sa servante, lui demanda de saisir une barre de fer et de frapper avec force sur son ventre énorme, qu'elle tendait en avant. La servante, horrifiée, refusa. Gandhari lui donna l'ordre précis de la frapper, sans aucune faiblesse.

La servante leva la barre de fer et frappa le ventre de la reine. Elle frappa plusieurs fois, de plus en plus fort, en suivant les ordres de Gandhari, jusqu'à ce que celle-ci, en poussant un cri, tombât sur le sol. Une étrange boule, qui ressemblait à du métal, venait d'apparaître entre ses jambes.

— Qu'est-ce qui vient de sortir de mon ventre ? demanda-t-elle, le souffle rapide.

— Une boule de chair.

— Elle crie ? Elle bouge ?

— Non. Elle est froide et dure.

— Jette cette boule dans un puits et laisse-moi seule.

Nombreux sont les commentateurs qui ont pensé, et qui ont dit, qu'il eût sans doute mieux valu obéir à cet ordre de la reine, quand on sait ce qui devait sortir de cette boule métallique. Mais Vyasa, pour des raisons qu'il ne nous appartient pas de discuter et qui tiennent à quelque nécessité intérieure, en décida tout autrement. Savait-il exactement ce qu'il faisait ? Suivait-il un ordre secret ou un caprice personnel, comme on le lui a quelquefois reproché ? Chacun répond selon soi-même.

Il apparut à Gandhari et lui dit avec fermeté :

— Non, ne jette rien ! Coupe cette boule en cent morceaux, mets-les dans cent jarres de terre cuite, arrose-les d'eau fraîche, il naîtra cent fils.

Cent fils ! On eût dit que le poète venait de réveiller chez la reine aveuglée quelque rêve impossible : la multiplication des fils. Soumise, elle lui obéit. On coupa la boule, on mit les morceaux dans les jarres, on les arrosa.

Et cent fils naquirent de cette magie.

Le premier reçut la lumière en hurlant comme un âne féroce. Des cris épouvantés lui répondirent dans les rues de la ville, dans la campagne, dans les bois. Les chiens hurlaient de peur et de rage, mais aussi les chacals, les oiseaux sauvages, et même le vent.

Ce premier fils fut appelé Duryodhana, qui signifie le Dur à vaincre. Mais que devait-on lire dans ces hurlements de naissance? Interrogé, Bhishma, qui connaissait la plupart des présages, dit qu'il fallait, à l'instant même, sacrifier cet enfant malfaisant.

— Un individu, dit-il, peut être sacrifié pour le bien d'une famille, une famille pour le bien d'un village, un village pour un peuple, et la terre elle-même pour la sauvegarde du Dharma.

Mais le roi et la reine refusèrent très clairement.

— Tu n'as jamais tenu un enfant dans tes bras, lui dit Dhritarashtra. Tu ne sais pas ce que veut dire : je fais couler mon propre sang. Bhishma, je ne peux pas tuer mon fils!

Et Gandhari dit aussi, en serrant entre ses bras son enfant qui criait encore :

— Même hurlant, même apportant la terreur et la haine, on ne tuera pas mon premier-né sans me tuer moi-même.

Duryodhana survécut, l'aîné de cent frères porteurs de violence.

Pandu mourut ce printemps-là.

Un matin, écoutant le bruit de la vie dans la forêt, sentant une odeur de miel, écoutant le chant des oiseaux et l'agitation des insectes, tandis que les fleurs s'ouvraient une à une, il s'approcha de Madri, sa plus jeune épouse, qui baignait ses jambes dans une eau claire.

Elle essaya de le repousser, de lui rappeler qu'il ne pouvait pas l'aimer sous peine de mourir. Pandu lui répondit que ce matin-là il préférait l'amour à la vie.

— Ne tente pas la mort ! C'est elle qui te séduit ! lui dit-elle.

— Toi, tu ne risques rien. Allonge-toi dans l'herbe.

— Non ! Tu devras me prendre de force !

Il la prit de force et il mourut, comme la gazelle l'avait établi. Il mourut avec un sourire. Peut-être songeait-il, en délaissant la vie sur le corps de sa femme, aux cinq enfants qui vivraient après lui.

Madri appela Kunti, qui accourut et lui fit d'abord des reproches.

— Ne devais-tu pas veiller sur lui ? Comment as-tu pu, dans ce lieu solitaire, l'exciter ? Comment a-t-il pu se raidir et te prendre ? Qu'as-tu fait ?

— J'ai voulu le sauver. Son destin l'emportait au-delà de mes forces.

— Ah ! dit soudain Kunti, tu es plus heureuse que moi, car tu as vu son visage transfiguré par le plaisir. Je vais le suivre dans la mort, comme je le dois.

— Non, lui dit fermement Madri. Puisque c'est dans mes bras qu'il eut son dernier souffle, c'est moi qui mourrai. J'irai dans le territoire de la mort pour calmer enfin son désir. Je te confie mes fils, qui n'ont plus de père sur la terre.

— Les jumeaux seront comme mes fils, dit Kunti. Ils partageront toujours tout.

— Tu brûleras mon corps avec celui du roi. Viens m'aider à mourir.

Les deux femmes s'éloignèrent, main dans la main, pour donner l'ordre à leurs serviteurs de préparer le bûcher funèbre au milieu des bois.

Kunti passa auprès de Madri la dernière nuit de la jeune reine. Le lendemain, en présence des enfants et de quelques ermites, on allongea le corps mort du roi et le corps vivant de son épouse.

On mit le feu au bois et Madri, sans une plainte, laissa sa jeune vie au cœur des flammes.

Bhishma et Satyavati, avec une escorte, étaient venus de Hastinapura pour assister à cette fin.

Quand il ne resta que cendres, Satyavati, dont la démarche s'était alourdie avec l'âge, dont les cheveux avaient blanchi, mais qu'enveloppait toujours la même odeur incomparable, s'approcha lentement de son fils Vyasa, lui aussi présent à la disparition de son fils Pandu, qu'il avait lui-même appelé le Blême.

Satyavati dit à Vyasa :

— Madri s'est jetée dans le feu. Moi, je suis vieille, accablée de tristesse, et je me demande : pourquoi cette mort ?

— Parce que la terre a perdu sa jeunesse, qui est passée comme un rêve heureux. Maintenant, chaque jour nous rapproche du dessèchement, de la destruction.

— Mon fils, quel est ce combat terrible que tu annonces ?

— Un combat universel et impitoyable, inadmissible pour l'intelligence. Les héros mourront sans savoir pourquoi.

— Qui sera le vainqueur ?

— Je ne sais pas, car tout dépend du cœur des hommes et je n'y vois pas clairement.

— Puis-je t'aider ?

— Tu m'as aidé suffisamment, ma mère.

Eloigne-toi maintenant dans la forêt, disparais au milieu des arbres.

— Toi, tu vas continuer?

— Jusqu'à la fin.

Satyavati, une dernière fois, effleura de la main le visage de son fils, dont elle respectait les secrets.

Puis elle se détourna et s'en alla, avec son odeur.

Le bûcher s'éteignait. Il ne restait que quelques flammes courtes et des fumées faibles.

Vyasa regardait sa mère qui disparaissait dans les bois.

Jeunesse violente

Bhishma tenta de donner une éducation commune, et exemplaire, aux fils de Pandu – qu'on appelait les Pandavas – et à ceux de Dhritarashtra, nommés les Kauravas. Mais dès la naissance tout les opposait. Leur enfance ne fut qu'une longue suite de rivalités et de luttes. Poussé par le plus venimeux des cent frères, qui s'appelait Dushassana, Duryodhana voulut même, à plusieurs reprises, mettre à mort les fils de Pandu, qu'il voyait comme des ennemis.

Ils essayèrent d'empoisonner le vin que buvait Bhima, le plus fort, le plus redoutable des cinq frères ; et leur stratagème réussit. Ils jetèrent à la rivière le corps inanimé du jeune colosse, qu'ils appelaient la Grosse Bête, ou encore Ventre-de-loup, car il mangeait tout ce qui tombait sous sa dent. Mais on raconte que des serpents venimeux, sous l'eau, mordirent le corps de Bhima et que leur venin lui rendit la vie.

Bhima, de son côté, ne cessait de harceler ses cent cousins, de les brutaliser, de les tirer par les cheveux. Un jour, dans leur terrain de jeux, au cours d'une très sérieuse bataille où Bhima venait de saisir la gorge de Duryodhana et menaçait de l'étouffer, pour débarrasser la terre de ce malheur, on vit arriver un homme calme, d'une quarantaine d'années, très simplement vêtu de noir. Il s'approcha des adolescents emmêlés, plaça ses mains d'une certaine façon, pivota sur lui-même avec un petit cri, et les uns et les autres roulèrent sur le sol, disloqués et meurtris. Seul l'homme en noir restait debout et souriant.

Bhima sauta sur ses pieds en criant de colère. Il déracina un arbre, le souleva au-dessus de sa tête et s'élança vers le nouveau venu. Celui-ci fit un petit pas tranquille et précis sur le côté, se baissa, donna un léger coup de bâton sur les jarrets de celui qui l'attaquait, et Bhima, de nouveau, se retrouva lourdement sur la terre.

– Qui es-tu ? demanda Yudishsthira.

– Je suis le nouveau maître, répondit l'homme en aidant Bhima à se relever.

– Comment t'appelles-tu ? Qui t'envoie ?

– Je m'appelle Drona. Personne ne m'envoie. Je suis ici pour votre éducation.

Bhishma survint à ce moment-là. Il se montra tout particulièrement heureux de la venue de cet inconnu, et les jeunes gens apprirent alors qu'il s'agissait du plus célèbre maître d'armes que la terre ait jamais porté. Drona connaissait la complète science de toutes les batailles – aussi bien que Bhishma, comme celui-ci l'admit aussitôt – et il possédait même le secret des armes divines. Un personnage froid, simple et dur, qui parlait peu, avec des gestes courts.

A l'instant même, il donna sa première leçon de tir à l'arc, selon des méthodes nouvelles. Au sommet d'un arbre, il plaça un vautour, fait de paille serrée et de chiffons. Puis il demanda à ses nouveaux élèves, avec des ordres secs et brefs, de prendre leurs arcs et de viser. A tous, lorsqu'il les jugeait dans une position correcte, il demandait ce qu'ils voyaient.

A ceux qui répondaient qu'ils voyaient le vautour mais aussi la branche de l'arbre, ou un nuage traversant le ciel, Drona donnait l'ordre de rentrer aussitôt dans les rangs, en ne faisant que ce commentaire :

— Inutile de tirer.

Arjuna fut le dernier à prendre la position de tir. Au calme de son allure, à l'harmonie de ses attitudes, le maître d'armes avait peut-être déjà senti quelque qualité particulière.

Drona lui demanda, comme aux autres :

— Qu'est-ce que tu vois?

— Un vautour.

— Décris-moi ce vautour.

— Je ne peux pas, répondit Arjuna, sans qu'on sentît un frémissement dans son arc tendu.

— Pourquoi?

— Je ne vois que sa tête.

— Lâche ta flèche.

Arjuna obéit à Drona et le vautour de paille, transpercé, tomba devant eux.

Drona prit les mains d'Arjuna et lui dit :

— Je ferai de toi le meilleur archer du monde.

— Tu m'enseigneras tout ce que tu sais?

— Tout ce que je sais.

— Même les armes divines?

— Non, répondit le maître d'armes en se détournant d'Arjuna, je garderai pour moi le secret des armes divines, qu'il ne faut jamais lâcher sur les hommes.

— Pourquoi des armes, si tu ne peux pas t'en servir?

Drona baissa la voix et regarda le sol pour répondre :

— Parce que, même lancées avec une faible lumière, elles consumeraient la terre.

De nouveau, il trouva les yeux d'Arjuna et dit encore :

— Arjuna, aucun de mes élèves, jamais, ne t'égalera. Mais je te demande une promesse : si un jour le destin nous met face à face, si tu me vois courir menaçant contre toi, tu dois te battre contre moi, et tu dois te battre pour me tuer.

Apparemment, s'il y avait dans la voix du maître d'armes une totale fermeté, on n'y trouvait aucune trace de sentiment, de pitié, aucune faiblesse. Les choses, semblait-il dire, sont ainsi. Qu'on le veuille ou non.

Arjuna, qui n'avait qu'une quinzaine d'années, mit quelques instants à le comprendre. En silence, lentement, il mit un genou à terre devant Drona, son nouveau maître, et il lui dit de sa voix d'enfant grave :

— Oui, je promets.

Ici se situe un étrange épisode qui, comme beaucoup d'autres, est diversement interprété.

Quelques mois plus tard, on vit apparaître un très jeune homme, qui avait quatorze ou quinze ans, un corps superbe et dans les yeux une flamme tenace. Dès son arrivée, alors que Drona travaillait dans la salle d'armes avec ses élèves royaux, le nouveau venu se prosterna devant lui.

— Tu es mon maître, dit-il. Je le sais. Je viens de l'autre bout de la terre pour recevoir tes leçons. Ma vie n'a de sens que par toi. Accepte-moi dans ton école !

Après un rapide regard, Drona répondit :

— Non.

— Pourquoi ? Comme toi, Drona, je peux renoncer à toute richesse et à tout plaisir. Je ne demande qu'à connaître.

— Non, j'ai assez d'élèves. Va-t'en.

Le maître d'armes tourna les épaules et se remit à son rude travail.

L'adolescent rejeté sentit qu'il ne servait à rien d'insister. Il se retira au fond d'un bois et là, seul, il façonna une statue de pierre à l'image même de Drona. Chaque jour, il vénérait très fidèlement cette idole, il lui offrait des sacrifices, et il s'entraînait devant elle.

Pénétré de cette ascèse guerrière, et prodigieusement doué, le jeune homme, sous le regard de la statue, acquit une adresse extraordinaire. Il parvint même, par la vitesse extrême de son tir, à planter sept flèches d'un coup dans la gueule d'un chien qui hurlait.

Le bruit de cette prouesse parvint à Arjuna. Celui-ci s'en plaignit à Drona. Il lui dit même :

— Tu n'as pas tenu ta parole.

— C'est-à-dire ?

— Tu m'as assuré que tu ferais de moi le meilleur. Aucun de tes élèves ne devait m'égaler. Cet inconnu, seul dans la forêt, a planté sept flèches d'un coup dans la gueule d'un chien, et cet inconnu se dit ton élève.

— Viens, lui dit aussitôt Drona.

Les deux hommes se rendirent dans la forêt et découvrirent le jeune homme au milieu de ses exercices, devant la statue de pierre. A la vue de Drona, il s'allongea sur le sol et dit avec une évidente soumission :

— Maître, je baise la terre devant toi. Je suis ton élève. Ta visite m'apporte une joie inespérée.

— Si tu es mon élève, lui dit Drona, tu dois me payer pour mes leçons.

— Demande-moi ce que tu voudras, je te dois tout.

— Donne-moi le pouce de ta main droite.

— Le voici.

Le jeune homme saisit son sabre. Sans une hésitation, il coupa le pouce de sa main droite et il le tendit à Drona, en souriant.

Le maître d'armes enveloppa le pouce sanglant dans un morceau de toile, salua le jeune homme de la tête et se retira, suivi d'Arjuna, sans un mot de plus.

Lorsque Vyasa raconta cet épisode, l'enfant, qui l'écoutait, montra de l'étonnement et de la colère.

— Il s'est coupé le pouce?

— En souriant, sans hésiter.

— Et il a perdu son adresse?

— Evidemment. Son adresse et sa force.

— Et Arjuna fut satisfait de cet acte de cruauté?

A cette question, Vyasa ne répondit pas. Il se contenta de fermer doucement les paupières, comme il le faisait à chaque passage difficile, sombre, inaccoutumé. Que fallait-il penser du jeune homme au pouce coupé, dont l'adresse était stupéfiante, l'obéissance totale, et qui adorait une idole?

Ganesha crut bon de dire à l'enfant, de sa voix douce :

— Ce n'était peut-être pas de la cruauté.

— Et quoi, alors?

— De la prudence.

Jeunesse, chasse, amours, rires, batailles, fatigues : plusieurs années passèrent. Vyasa en vint alors au récit d'une rencontre qui frappa pour longtemps les mémoires.

Il s'agissait d'un de ces tournois où Arjuna, maître de l'arc et des armes, dominait sans effort, comme d'habitude, tous ses adversaires. Tous l'admiraient et l'applaudissaient, à l'exception des

Kauravas. Soudain, à l'entrée de la lice, on vit apparaître un inconnu. Sombre et fort, la démarche puissante et calme, il s'avança vers Arjuna et lui proposa un défi.

— Tout ce que tu viens de faire, lui dit-il, je peux l'accomplir aussi bien que toi. Regarde.

Il prit son arc et le banda au-dessus de sa tête, la flèche pointée vers le ciel. Mais le visage de l'inconnu restait fixé sur un bassin, devant lui. Il visait à l'envers, dans l'eau.

Un oiseau passa. La flèche jaillit. L'oiseau transpercé tomba sur le sol tandis que l'homme disait :

— Je l'ai frappé à l'œil gauche.

On se précipita. La flèche était fichée dans l'œil gauche de l'oiseau mort. Exploit très étonnant, qui fit l'admiration de Drona lui-même. Arjuna aurait-il pu le réaliser ? Nul ne pouvait répondre.

Cet homme était Karna, le fils secret de Kunti et du Soleil. Personne ne le connaissait, à l'exception de Kunti elle-même. Duryodhana le prit dans ses bras, le complimenta avec chaleur, lui demanda son nom. Pour le combat qui s'annonçait avec Arjuna, il lui prêta même ses armes.

Kunti s'avança entre les deux hommes qui se préparaient à se battre. Sentant qu'une haine soudaine les animait, et qu'ils pouvaient véritablement s'entre-tuer au cours de l'assaut, elle demanda au roi aveugle d'arrêter ce combat, de l'interdire.

— Pour quelle raison ? demanda Dhritarashtra.

Kunti ne pouvait pas répondre. Elle ne pouvait pas dire : parce que ce nouveau venu, lui aussi, est mon fils. Les mots d'aveu semblaient incapables de passer par sa bouche entrouverte. Elle parut perdre le souffle et tomba évanouie sur la terre battue, à la grande surprise de tous.

Pendant qu'on l'emportait, Karna disait à Arjuna :

— Arjuna, tu me trouveras toujours au-dessus de toi. Qu'attends-tu pour prendre les armes ? Moi, je suis prêt.

Arjuna devait combattre, à moins de choisir une vie de honte. Drona, devinant un danger, essaya de s'interposer, disant qu'Arjuna, né Kshatrya, membre d'une famille princière, ne pouvait pas se battre avec n'importe qui. Interrogé par Drona sur ses origines, Karna ne put dire le nom de son vrai père et de sa vraie mère, car il ne les connaissait pas. Aussi resta-t-il silencieux.

Prenant ce silence pour un aveu de basse naissance, Arjuna lui dit alors, non sans quelque dédain — et cette phrase trop légère devait pour toujours frapper le cœur sensible de Karna :

— Retire-toi. Tu n'es pas à ta place.

Karna fit demi-tour. A ce moment-là, aux yeux de tous, Duryodhana, l'aîné des cent frères, courut vers lui, l'arrêta, lui prit les mains, lui dit :

— Karna ! S'il faut être prince pour se battre, je vais moi-même te sacrer ! Je te donne le pays d'Anga. Je te nomme roi.

Une courte cérémonie prit place dans la lice, à l'instant même. Karna mit un genou à terre devant Duryodhana et reçut les insignes de sa nouvelle royauté. En se relevant, il demanda au jeune homme qui venait de le sacrer :

— Que te donnerai-je en échange ?

— Ton amitié.

— La voici. Pour toujours fidèle.

Ils s'embrassèrent avec force. Quelques-uns, dans l'assistance, Bhishma, Drona, et peut-être aussi le couple royal, malgré leur vie d'obscurité, sentirent confusément qu'à ce moment-là s'installait dans la famille, et pour longtemps, une menace mortelle.

Duryodhana donna le signal du combat entre les deux hommes. Arjuna ne pouvait plus échapper à la redoutable confrontation. Mais les surprises de la journée n'étaient pas encore accomplies, car on vit apparaître alors un homme modeste, un cocher, qui entra sur la place d'armes en appelant son fils, Karna.

— Où est mon fils ? disait-il. Il a quitté notre maison avec ses armes. Où est mon fils ? Je suis inquiet.

Il vit Karna et le prit dans ses bras, tout heureux de le retrouver.

— C'est ton père ? demanda Drona.

— Oui, c'est mon père, répondit clairement Karna.

On entendit alors un rire massif éclater du côté des Pandavas. Bhima, montrant Karna du doigt, criait :

— Le fils d'un cocher ! Allez, qu'on lui donne un fouet, et une pelle pour le crottin ! Qu'on attelle des ânes à son char ! On vient d'asseoir le fils d'un cocher sur le trône d'Anga !

Karna, sous la volée d'insultes, réussit à rester calme. Mais Duryodhana s'emporta, il se jeta une fois de plus sur Bhima, et le prenant au dépourvu, réussit même à le renverser. Les deux jeunes hommes allaient apparemment se battre jusqu'à la mort, eux aussi, quand Drona saisit les doigts de Duryodhana en une prise secrète, l'immobilisant aussitôt.

Duryodhana, paralysé, n'avait plus que des mots à adresser à Bhima :

— Tais-toi, et ne parle pas de naissance. Une naissance est une source obscure. Les hommes sont comme les fleuves, dont l'origine est souvent inconnue.

Tous furent frappés par ces paroles, qu'on n'attendait pas dans la bouche toujours violente du fils du roi. Il tourna son visage vers Karna et dit encore :

— Je regarde Karna et je ne me trompe pas. Je vois autour de lui une force, un mystère, et pour toujours il sera mon ami. Lâche-moi, Drona. Le soleil qui se couche semble me donner raison, comme s'il me parlait tout bas. Karna, la fête s'achève, viens avec moi.

Drona lâcha sa main. Duryodhana calmé rejoignit Karna et ses autres frères. La journée se terminait dans une lumière rougeâtre et certains racontèrent, plus tard, qu'ils avaient aperçu des présages sanglants dans ce crépuscule.

Avant de quitter la place d'armes, Karna se retourna vers Arjuna et lui dit :

— Arjuna, tu m'as rejeté. Nécessairement nous nous affronterons un jour, et je t'abattrai.

Les cinq Pandavas restèrent ensemble. L'aîné, Yudishsthira, l'homme réfléchi et clairvoyant, celui que les autres respectaient comme leur chef, comme leur maître, aperçut Drona qui donnait des ordres pour qu'on remît la lice en état, en vue d'un prochain tournoi.

Yudishsthira dit à Drona :

— Cet homme, pour la première fois de ma vie, m'a fait connaître la peur. J'ai le sentiment secret que Karna est irrésistible. Que penses-tu de lui ?

Drona répondit après un court silence :

— D'irrésistible, je ne connais que le destin.

Le mariage et le royaume

On connaissait, dans un royaume voisin, une princesse que tous les voyageurs disaient incomparable. Fille du roi Droupada, elle s'appelait Draupadi. Des légendes insistantes racontaient que sa naissance avait pris place dans un brasier, où elle apparut soudain avec un frère tout armé. Des pareilles entrées dans le monde indiquaient une vie de bataille et de sang. On disait aussi que le frère et la sœur portaient la mort d'un personnage redoutable. Mais qui était ce personnage ? Personne ne le savait avec certitude.

Quand Draupadi fut en âge de se marier, un tournoi fut organisé, comme à l'ordinaire. Cependant, montrant déjà la décision de son esprit, Draupadi déclara fermement qu'elle n'accepterait le vainqueur qu'à condition de le choisir elle-même. Elle ajouta, par une claire allusion à Karna, dont la réputation guerrière se développait de jour en jour, qu'elle n'accepterait jamais « le fils d'un cocher ».

Karna dédaigna de se présenter au tournoi.

En son absence, Arjuna triompha dans toutes les épreuves. Et Draupadi, avec le sourire, le choisit.

Ils partirent ensemble.

A cette époque de leur vie, les cinq frères et Kunti, leur mère, vivaient à l'écart du palais royal, dans une demeure assez modeste. Duryodhana, qui commençait à exercer la réalité du pouvoir par l'influence qu'il possédait sur son père aveugle, les tenait à l'écart, presque dépourvus de ressources.

Quand Arjuna revint, avec Draupadi sa conquête, sa mère tournait le dos à la porte, occupée à préparer des légumes.

— Mère, dit Arjuna, devine ce que j'ai gagné !

Sans se retourner, et fidèle à la promesse faite à Madri (« tes fils seront comme mes fils, ils partageront toujours tout »), Kunti dit à Arjuna :

— Tu partageras avec tes frères.

— Mais c'est une femme !

Kunti se retourna et vit Draupadi. On ne sait ce qui se passa à ce moment-là, quand ces deux femmes exceptionnelles se regardèrent pour la première fois. A ce propos, aussi, les commentateurs se sont affrontés. Certains ont même parlé de l'habileté de Kunti, de son désir immédiat de marquer son autorité. D'autres, au contraire, ont fait confiance à sa droiture, à son incapacité de mentir.

— Qu'est-ce que j'ai dit ? demanda-t-elle, tandis que les autres frères s'approchaient.

— Tu as dit : tu partageras avec tes frères.

— Je ne peux pas retirer ma parole. Il faut faire ce que j'ai dit.

— Pourquoi ?

— Je ne peux pas prononcer le contraire d'une vérité. Ce que je dis est vrai. Vous devez partager cette femme entre vous cinq, mais sans que le malheur la frappe.

Ce qui étonne beaucoup, dans cette scène extraordinaire qui ne connaît aucune équivalence dans l'histoire du monde, c'est le silence de Draupadi. Etant donné la vivacité et la fermeté de son caractère, qu'elle devait affirmer si souvent par la suite, ce silence doit surprendre, d'autant plus que son attitude montrait très clairement qu'elle aimait déjà Arjuna. Mais sans doute percevait-elle, dans les paroles étranges de Kunti, la présence dissimulée d'une volonté supérieure.

Yudishsthira, l'aîné, fit un pas en avant et demanda :

— Je pose une question : est-ce que nous aimons tous cette femme ?

— Oui, répondit aussitôt Bhima, moi je sens déjà que je l'aime.

— Moi aussi, dit Nakula.

— Moi aussi, dit Sahadeva.

— Moi, je l'aime profondément, dit Arjuna.

Yudishsthira reprit la parole, en regardant la silencieuse Draupadi.

— Moi aussi, je l'aime, je le sens. L'amour est apparu comme une lumière au milieu de nous. Puisque notre mère ne peut pas avoir prononcé un mensonge, puisque nous aimons tous Draupadi, nous devons l'épouser tous les cinq.

Bhima posa une question à sa mère :

— Son père ne s'en irritera pas ?

— Vous lui direz que la division ne doit pas surgir entre vous.

— Et si la division nous vient de cette femme ? demanda Nakula. S'il en est un de nous qu'elle préfère ? Un qu'elle méprise ? Si la jalousie nous déchire à cause d'elle ?

— Ce que j'ai dit est dit. Le destin s'est glissé dans ma voix par surprise. Elle doit être votre épouse, elle le peut. Chacun de vous l'aura pour femme à tour de rôle pendant une semaine. Que pour cette première nuit un sommeil commun nous unisse. Draupadi, donne-moi ta main.

Kunti saisit la main de Draupadi et l'unit aux

mains des cinq frères. Le jour même, l'étonnante cérémonie de mariage fut célébrée. On l'annonça comme une volonté des dieux, ce qui fit taire les langues imprudentes.

Vyasa, Ganesha et l'enfant, au milieu de la nuit, s'avançaient à travers la forêt. Ils parvinrent jusqu'à la demeure des Pandavas. Vyasa les fit entrer. En silence, il les conduisit jusqu'à la chambre, où les cinq frères reposaient côte à côte, tandis que Draupadi dormait à leurs pieds, et Kunti à leur tête. A la lumière douce d'une lampe, ils semblaient entourés, bordés, protégés par leur mère et leur femme.

L'enfant s'accoutumait à la présence physique des personnages, autour de lui, car toute magie très rapidement devient familière et cesse d'étonner l'esprit.

On le vit s'avancer jusqu'aux sept corps endormis et les regarder un moment. Image paisible et solide.

Puis il revint auprès de Vyasa et lui demanda à voix basse :

— Vyasa, pourquoi ma famille s'est-elle entretuée ?

— Parce que l'essentiel a été oublié.

— Et rien ne pourra la sauver ?

— Ecoute.

L'enfant prêta l'oreille. On entendait au loin, dans la forêt, le son d'une flûte légère.

— Krishna va faire son apparition, dit alors Vyasa.

— Krishna ?

— Krishna lui-même.

— Krishna joue un rôle dans ton histoire ?

— Il joue, comme toujours, le premier rôle.

L'enfant se tut. Il écoutait la flûte qui s'avançait sinueusement à travers les arbres. Autour de lui, le décor se troublait. Il sentait le vent sur sa peau. Etait-il dehors, dans la forêt ? Etait-il encore dedans, dans la chambre ?

Il ne pouvait pas le dire.

Ganesha posa son livre et s'approcha de l'enfant. Le moment semblait venu de lui dire certaines choses.

— Ecoute, dit le dieu-éléphant, de sa voix profonde : les mondes sont peuplés d'une infinité de créatures, celles qu'on voit, celles qu'on ne voit pas, les serpents nagas qui vivent dans les profondeurs de la terre et peuplent d'immenses palais au fond des eaux, les rakshashas, monstres des nuits de la forêt, mangeurs de chair humaine, les Gandharvas, créatures légères qui vont et viennent entre le ciel et nous, les Apsaras, les Danavas, les Yakshas, et la longue guirlande des dieux, sur qui pèse la mort, comme sur tous les êtres.

Dans la nuit, l'enfant suivait avec gravité la parole douce du dieu. Il connaissait certains des mots qu'il entendait, mais jamais il ne les avait entendus tressés tous ensemble. Il se sentait pénétré de savoir, sans effort, tandis que les lieux continuaient à changer autour de lui, comme s'il était emporté dans un voyage imperceptible et incessant.

Ganesha disait :

— Trois dieux dominent l'univers, trois dieux qui n'en sont qu'un, Brahma le créateur, on ne le voit jamais, on croit qu'il sommeille, caché, parmi l'océan sans limites, Shiva le destructeur, l'ardent Shiva, toujours attentif à la fin des âges. Il est partout où on ne l'attend pas. Le troisième est Vishnu, qui fait justement le contraire. C'est lui qui maintient, c'est lui qui fait durer les mondes. Quand le chaos menace, comme en ce moment, Vishnu prend une forme terrestre et descend parmi nous pour jouer son rôle.

Ganesha dit encore, en baissant la voix :

— Certains murmurent qu'il serait descendu comme Krishna.

— C'est vrai ? dit l'enfant.

— On ne peut pas en être sûr, mais tu as entendu parler de ses prodiges ? Du disque terrifiant, qui vient quand on l'appelle, et qui peut tout détruire ?

— Mais je vais voir Krishna ? C'est sa flûte que j'entends ? Il va venir ?

— Il est peut-être déjà là, dit Ganesha, en jetant des coups d'œil autour de lui.

— Sous quelle forme ?

— Sous sa forme d'homme, car il est un homme.

— Et qu'est-ce qu'il va faire ?

— Observe attentivement son action. Elle est subtile, mystérieusement claire. Au même instant, dit-on, il peut être partout, ici, là, il est l'eau et la feuille qui tremble, il est toi, il est le feu, il est le cœur des choses invisibles.

— Il est toi aussi ?

— Silence. Regarde.

L'enfant suivit du regard le geste du dieu à tête d'éléphant. Et il vit qu'ils étaient parvenus, par la magie de la parole, dans un palais qu'il ne connaissait pas. Le jour se levait à peine, révélant des murailles blanches. Et l'enfant vit même les cinq Pandavas, les cinq frères, qui pénétraient dans ce palais avec Draupadi, leur épouse.

A l'intérieur, Krishna dormait encore.

Il avait à peu près l'âge d'Arjuna et de Duryodhana, un peu plus de vingt ans, à ce moment-là. A

Dvaraka, où il résidait, il n'exerçait pas le pouvoir royal, réservé à son frère, mais un prestige étonnant l'entourait. On racontait à son sujet des anecdotes invérifiables qui peu à peu, dans les siècles à venir, allaient se fortifier, jusqu'à devenir le support officiel d'un culte.

Qu'il fût un esprit large et brillant, qu'il eût, dès son jeune âge, un trésor de sagesse en lui, personne ne le mettait en doute. Etait-il la divinité descendue sur terre pour nous protéger du chaos? Cela se discutait avec agitation. Quand on lui posait la question, il ne répondait que par un sourire, ou par une esquive.

Il avait la peau sombre, les yeux noirs, souvent à demi fermés. Un demi-sourire flottait sur ses lèvres, même quand il dormait.

Quand les cinq frères et Draupadi s'approchèrent de lui, il se réveilla, il les salua. Yudishsthira lui demanda aussitôt :

— Pourquoi nous as-tu appelés?

Krishna réfléchit un instant avant de répondre :

— J'ai entendu la terre se plaindre.

— Que disait-elle?

Il était admis que la terre se comportait comme une personne vivante, avec ses espoirs et ses craintes, et que certains savaient se mettre à son écoute.

— Elle disait : les hommes ont pris de l'arrogance, ils m'accablent chaque jour de blessures. Ils sont innombrables et violents, animés par l'esprit de conquête. Je tremble sous les pas de l'homme dépourvu de sagesse et je me demande : « Que va-t-il encore me faire? »

Krishna parlait toujours avec cette simplicité apparente, comme s'il était en contact direct et constant avec toutes choses vivantes, dont il percevait clairement les voix.

Vyasa, Ganesha et l'enfant s'étaient introduits dans le palais. Ils se tenaient à l'écart. Ganesha écrivait à toute vitesse. L'enfant voulait l'interroger, lui demander ce qu'il fallait penser de cet homme en qui certains voyaient une force divine, mais il n'osait pas, pas encore.

Yudishsthira demanda à Krishna :

— Comment sauver la terre ?

— J'ai envoyé dans la foule des hommes aux très larges oreilles, répondit Krishna. Ils m'ont dit ceci : le peuple veut un roi qui soit calme et ouvert. Un roi légitime. Et la terre dit aussi : je veux ce roi. Je le demande. Sans lui je suis perdue.

— Est-ce que je suis ce roi ?

— Qui d'autre ?

— Je suis trop imparfait, trop peu désireux de cette couronne.

— Ne te trompe pas sur toi-même. Toutes les créatures t'aiment, tu es le fils de Dharma, tu as profondément réfléchi. Tu dois être roi.

Arjuna prit alors la parole pour dire à son frère hésitant :

— Et tes frères sont autour de toi comme un corps. Bhima est ton cou et tes épaules, Nakula et Sahadeva sont tes membres, je suis ton œil et ta main.

— Ils sont nombreux, contre tous les dangers, ceux qui n'ont que toi, lui dit Krishna avec une soudaine gravité.

— Quels dangers ? Les vois-tu clairement ?

— On ne voit pas venir la destruction avec une arme brandie. Elle vient en faisant croire mauvais ce qui est bon, et bon ce qui est mauvais.

— Je ne veux soudain que me retirer dans les bois, vivant de peu, dit Yudishsthira en secouant la tête.

— Si tu te retires, un autre roi se lèvera, car les prétendants sont multiples. Mais aucun n'est roi de lui-même, si ce n'est toi.

Yudishsthira se retourna vers Vyasa, dont il avait perçu la présence, et il sembla s'adresser à lui pour dire :

— Si j'accepte ce titre, mon oncle et mes cousins se croiront attaqués. Ils se jetteront dans la guerre. Comment peut-on dire, si je condamne la terre à la tuerie, que je suis un roi légitime ?

— Dhritarashtra nous appelle ses fils, lui dit Arjuna. Il sera fier de voir un de ses fils sur le trône du monde.

— Invite-le à ton couronnement, dit Nakula.

— Décide-toi, dit Bhima.

Et Krishna ajouta en posant une main sur son épaule :

— Résiste à ce qui résiste en toi. Deviens toi-même.

— Krishna, lui demanda Yudishsthira avec une sorte d'angoisse, que dois-je faire maintenant ?

— La nuit, le roi aveugle pense à vous. Le temps d'une décision est venu, il le sait, puisque vous avez plus de vingt ans. Il sait que tu es le seul vrai roi. Mais son cœur est secoué par l'incertitude. Il aime son royaume invisible, et il est ivre de son fils aîné.

Yudishsthira se leva brusquement. Sa décision, longue de conséquences, était prise. Il regarda ses frères et leur dit :

— Allons voir le roi.

Avant de quitter Dvaraka, ils prirent le temps de se reposer, de manger. Depuis quelques années, une amitié très forte unissait Arjuna et Krishna. Les deux hommes se voyaient souvent. Ils parlaient aussi bien des femmes, qui ne résistaient ni à l'un ni à l'autre, que des menaces qui s'affirmaient, qui se précisaient. Ils parlaient de tout et de rien, comme font les amis véritables.

Ce jour-là, Arjuna rencontra Subhadra, la sœur de Krishna. Aux premiers regards qu'ils se donnèrent, il fut évident qu'ils n'échapperaient pas à l'amour. Subhadra, sous l'œil amusé de son frère, remit une bague à Arjuna. Celui-ci, tout aussitôt séduit, pria Krishna de le garder quelques jours près de lui. Son désir était clair.

Krishna perdit à l'instant son sourire.

— Tu abandonnerais ton frère, dit-il à Arjuna, au moment où il voit sa vie ? Parfois tu me fais peur. Ta famille, tes amis, la terre entière à chaque instant peuvent avoir besoin de toi.

— Oui, tu as raison, lui dit Arjuna. Nous avons des ennemis qui se développent dans l'ombre. Je ne peux pas les oublier. Mais comment ignorer le sourire insistant d'une femme ?

Krishna partageait cette question. Comment ignorer le sourire d'une femme ? Il n'avait pas de réponse.

Arjuna dit encore :

— Si la guerre, comme un orage indécis, nous menace et ne crève jamais, dois-je perdre toute ma vie à la préparer, et mourir à la fin inutile et déçu ?

— Arjuna, je te le dis avec certitude : tu n'auras pas le choix entre la paix et la guerre.

— Quel sera mon choix ?

— Entre la guerre et une autre guerre.

Krishna venait de dire une de ces phrases qui surprenaient toujours ceux qui l'écoutaient, comme s'il touchait, avec ses paroles, un territoire profond, peu fréquenté et essentiel.

— Cette autre guerre, demanda Arjuna, où va-t-elle se dérouler ? Sur le champ de bataille ou au fond de mon cœur ?

— Je n'y vois pas une vraie différence.

Arjuna hocha la tête et ne posa plus de question. Il se retira silencieusement et se rendit auprès de Subhadra, qui ne fit aucune difficulté pour lui ouvrir sa porte.

Du simple point de vue de la légitimité des princes, on se trouvait devant une situation très complexe, et il était bien difficile de dire à qui revenait le royaume.

Dhritarashtra, le roi aveugle, était le premier né, comme on se rappelle. Sa cécité lui interdisant le royaume, on le remit à son frère Pandu. A son tour, maudit par une gazelle, celui-ci rendit le royaume à son frère. Après quoi, les dieux lui donnèrent cinq fils.

Qui devait être roi ? Yudishsthira, le premier-né, fils de Pandu, lequel avait renoncé à la couronne ? Ou bien Duryodhana, premier-né des cent frères, et fils du roi régnant ?

Vyasa avait si minutieusement tissé les fils de son histoire que Yudishsthira et Duryodhana semblaient avoir d'égales raisons d'être roi. Quant au désir de l'être, il était à coup sûr beaucoup plus vif chez Duryodhana. Celui-ci ne cessait de proclamer, à très haute voix, qu'aucune parcelle de terre ne devait revenir aux Pandavas. Malgré les avis de Bhishma, et aussi de Drona, il affirmait que jamais il n'accepterait une partition du royaume.

Ce fut pourtant la solution choisie par le roi aveugle. Pour éviter une guerre, il accorda à ses neveux, aux cinq frères, les terres de Khandavas-Prastha. Il le fit au cours d'une audience publique, où Bhima explosa de rage, criant qu'il s'agissait là de marécages puants, de forêts lugubres, et que Yudishsthira ne devrait en aucune manière accepter cette aumône sordide. Il arracha un arbre, en menaça les Kauravas. Yudishsthira, aidé par Bhishma, eut beaucoup de peine à le contenir.

— Pourquoi te rouler à leurs pieds? lui criait Bhima, brandissant son arbre. Ils n'ont qu'une pensée : nous rejeter de ce royaume où nos droits sont pareils aux leurs! Et toi tu dis merci, je m'incline, je suis heureux! Que places-tu plus haut que la justice? Plus haut que notre destin? Quoi? Tu peux me le dire?

Il fallut une heure d'efforts pour calmer la fureur du colosse. A la fin, mais sans lâcher l'arbre qu'il faisait tournoyer sans effort autour de sa nuque, il se retira, la menace aux lèvres. Ses frères le suivirent. Ils quittaient Hastinapura. Ils se dirigeaient vers les terres mauvaises où, désormais, se situait leur nouveau royaume.

Après leur départ, Duryodhana dit au roi aveugle :

— Mon père, tu as cru établir la paix, tu as lancé la guerre. Bhima ne nous lâchera jamais.

Le perfide Dushassana reprit au vol les paroles de son frère :

— Il faut détruire Bhima par surprise! Il faut les séparer de Krishna par la ruse. Ils ont une femme pour cinq : appelons les experts en science érotique, demandons-leur comment créer la jalousie!

Alors Karna, qui se trouvait avec eux ce jour-là (d'ailleurs, quittant son royaume d'Anga, il venait assez souvent leur rendre visite), dit à Dushassana :

— Ne les méprise pas. Le plaisir et la peine sont inscrits dans notre sang depuis longtemps et notre volonté vient de loin. Rien ne peut les séparer de Krishna, qui est leur ami. Aucun stratagème ne les abattra, aucune ruse.

S'adressant à Duryodhana, Karna dit encore :

— Si tu veux les détruire, je te l'ai toujours dit, attaque-les à force ouverte.

Et Karna ajouta, non sans une véritable arrogance (car la modestie n'était pas la plus évidente de ses qualités) :

— Je suis ton ami. De quoi as-tu peur?

Les frères sortirent. Karna les suivit.

Resté seul avec Gandhari, la reine au bandeau, et avec ses deux conseillers habituels, en qui reposait toute sa confiance, le roi aveugle demanda :

— Bhishma, ai-je bien agi?

— Oui

— Les fils de mon frère Pandu sont comme mes fils.

Gandhari lui dit alors :

— Mais tu as dans le cœur une préférence secrète.

— Toi aussi, Gandhari.

— Et quand on préfère ses propres enfants aux enfants des autres, la guerre est proche.

Un silence suivit cette phrase de Gandhari. Ils pensaient tous à ce que la reine venait de dire.

Le roi demanda :

— Bhishma, en cas de guerre, de qui prendrais-tu le parti?

— Je te serais malheureusement fidèle, tu le sais.

— Et toi, Drona?

Le maître d'armes, un instant, resta silencieux. Peut-être pensait-il à Arjuna, son merveilleux élève, qu'il serait un jour forcé de combattre.

Il répondit au roi :

— Je suis à ton service.

L'étrange mort de Sisupala

Dans leurs terres arides, en quelques années, les Pandavas purent faire croire à la renaissance de l'âge d'or. Le désert fleurissait, les champs se recouvraient d'une épaisse chevelure de blé. Chacun venait en aide à son voisin. La vie et la mort semblaient calmes. Ainsi paraissait se confirmer la vieille parole des sages, selon laquelle un bon roi apporte la pluie à son peuple, et met les épidémies en déroute.

Draupadi unissait les cinq frères comme un ciment. Elle leur donna un fils à chacun. Subhadra, la sœur de Krishna, devenue la seconde femme d'Arjuna, vivait elle aussi avec eux. Elle était mère d'un fils, qui s'appelait Abhimanyu. Draupadi – le fait paraissait rare et beau – chérissait Subhadra comme une jeune sœur.

Après six années de règne et de prospérité, Yudishsthira convia tous les rois qu'il connaissait – et en premier lieu son oncle et ses cousins – pour leur montrer son nouveau palais. La légende – que rien ne peut calmer – racontait que ce palais avait été construit par Maya lui-même, l'architecte suprême, à l'aide de ses ouvriers artificieux et invisibles, qui volent dans l'air. Il s'agissait, à en croire certains, d'un palais magique, « où les pensées pouvaient prendre corps ». Personne ne pénétrait le sens exact de ces paroles.

A cette occasion se situe un événement très particulier, la mort de Sisupala, qui à vrai dire ne fait pas véritablement partie du cours principal de l'histoire, mais que Vyasa prit le temps de raconter, pour apporter à son récit quelques lumières différentes.

Sisupala, jeune roi de Tchédi, vivait dans un secret qu'il ne connaissait pas lui-même. A sa naissance, il apparut avec quatre bras et un troisième œil au milieu du front. Il lançait des cris comme un chacal dans le feu. Son père et sa mère, effrayés, songeaient à l'abandonner, quand une voix sans corps leur dit : « Votre fils n'aura peur de rien, sa force sera prodigieuse, mais un jour un roi le prendra sur ses genoux, ses deux bras superflus tomberont sur le sol, son troisième œil s'effacera — et ce sera la mort de votre fils. »

La voix se tut. Tous les rois de la terre vinrent admirer l'extraordinaire nouveau-né. Son père le plaçait en tremblant sur leurs genoux, à tour de rôle. Rien n'arriva. Un jour, on le conduisit auprès de Krishna, qui le reçut avec affection. On le plaça sur les genoux de Krishna. Aussitôt deux de ses bras tombèrent et le troisième œil s'effaça.

La mère, possédée par la peur, dit à Krishna : « Je t'en prie, supporte cent offenses de la part de mon fils, cent offenses dont chacune serait digne de mort. »

Krishna fit cette promesse. Sisupala grandit et connut une vie de violence et de rage, jusqu'à sa mort, qui vint ainsi :

Yudishsthira invita donc tous les rois, qui se montrèrent émerveillés par le palais déjà légendaire. A l'ouverture de la réception officielle, Yudishsthira demanda à Bhishma :

— A qui offrirai-je la place d'honneur ?

Bhishma, qui venait d'atteindre ses quatre-vingts ans, mais qui conservait la plus grande fraîcheur de corps et d'esprit, répondit aussitôt :

— Donne-la à Krishna. Il est le soleil de cette assemblée.

Yudishsthira s'inclina devant Krishna, le prit par la main, le conduisit à la première place.

Alors la colère inexplicable de Sisupala se manifesta.Il s'adressa à Bhishma en ces termes :

— Bhishma, dis-tu cela par flatterie ? Par complaisance ? Krishna n'est pas le plus âgé, il n'est pas le plus fort, il n'est même pas roi. Comment le comparer à Dhritarashtra, à Duryodhana ? A Jayadratha, à Satyaki ? Comment, en présence de Drona, de Karna, comment le placer au-dessus d'eux ? Comment toi, Bhishma, peux-tu mettre Krishna au-dessus de toi ?

Tous les assistants restaient silencieux, frappés par cette audace, cherchant à deviner quelle fatalité secrète se dissimulait sous ces mots.

— Je suis surpris, reprit Sisupala. Il me semble que je te vois nu. Nous a-t-on assemblés ici pour nous humilier ? Pour nous insulter ? Et toi, Krishna, pourquoi acceptes-tu ?

Krishna gardait les yeux baissés, les mains calmes, son demi-sourire aux lèvres.

Sisupala dit en le montrant du doigt :

— On dirait un chien qui vole un os du sacrifice et le dévore dans un coin noir. Te donner cette place, c'est donner une femme en chaleur à un eunuque, ou la beauté à un aveugle. Adieu.

A grands pas, il s'en alla vers la porte. Yudishsthira, qui détestait toute lutte, lui ordonna de rester.

— Tous ici acceptent l'hommage ! s'écria-t-il. Reviens parmi nous !

Et Bhishma ajouta :

— Krishna est honoré par tous ceux qui savent. Il est un maître et un ami.

— Il n'est pas mon ami, et il n'est pas mon maître.

— Je le dis, reprit Bhishma, tout existe par lui. Il est le ciel, les constellations et toute la marche du monde.

— Qu'est-ce que tu radotes ? demanda Sisupala en revenant vers le centre de la pièce.

Alors Bhima se dressa brusquement, leva l'un de ses énormes pieds en l'air et déclara :

— Celui qui refuse à Krishna l'honneur que lui donne mon frère, qu'il s'approche, je lui poserai mon pied sur la tête !

Le silence s'établit. Tous les yeux se tenaient fixés sur Bhima. Mais même le défi du colosse laissait Sisupala dans l'indifférence.

Il demanda, en les regardant un après l'autre :

— Qu'est-ce que vous avez tous à regarder ce pied ? Qu'est-ce qu'il a d'extraordinaire ? Il vous fait peur ? Bhima, tu crois que ton pied me fait peur ?

Bhima ne répondit pas. Il restait dressé sur une seule jambe. Sisupala se retourna soudain vers Bhishma :

— Tu es très vieux et très fatigué, lui dit-il. Tu rabâches toutes les rumeurs des vieillards. Tu es devenu fou. Comment peux-tu placer l'univers tout entier dans un homme ?

Puis, revenant à Bhima :

— Et toi, tu vas rester longtemps comme un héron ? Cesse de rouler tes gros yeux, repose ton pied par terre ! Si je souffle, tu vas tomber.

Bhima posa son pied par terre et, poussant un cri, voulut s'élancer sur Sisupala. Il fallut quatre hommes solides pour le retenir, et les ordres de Yudishsthira :

— Bhima ! Pas aujourd'hui ! Pas ici !

Sisupala tira brusquement son épée, qui traça comme un éclair blanc entre les hommes.

Il semblait provoquer n'importe qui.

— Pose ton épée ! lui dit Bhishma.

— Ne me donne pas d'ordre ! Je ne t'admire pas !

Sisupala reporta sur Bhishma toute sa passion noire. Il l'insulta longuement, férocement. Les assistants ne devaient jamais oublier les paroles de Sisupala, où certains, comme Karna, voyaient quelques parcelles de vérité, amères et blessantes, mais indiscutables :

— Tu parles sans arrêt du devoir et de la justice, disait Sisupala, mais je ne te vois pas honorer une vieille épouse. Tu multiplies les vœux, les conseils, les maximes, mais un fils de toi, je le recherche et je ne le vois nulle part. Ta vie est stérile. Tu es un oiseau vieilli, impuissant, qui mange les œufs des autres, un vieillard qui ressemble à une femme. Dhritarashtra, le malheur de votre famille, c'est lui ! Et ce vœu idiot dont il est si fier ! Debout ! Allumons un feu pour le brûler !

En proposant de brûler Bhishma (que l'on disait invulnérable) Sisupala montrait qu'il ne croyait en rien, que les ordres des dieux ne le concernaient pas. Il affirmait, non sans une vague lucidité dans son délire, la toute-puissance de ses désirs d'homme.

— Sisupala, lui dit Bhishma, sans que tu le discernes, ta pensée court au-devant de la mort. Tu provoques Krishna, tu vas vers la poussière.

Sisupala, totalement emporté, se tourna vers Krishna, lui cria :

— Oui, je te provoque ! Oui, je te défie ! Je te

tuerai et avec toi tous les imbéciles qui t'adorent et qui te prennent pour un dieu ! Car moi je n'adore personne ! Lève-toi ! Viens te battre !

Krishna releva lentement les paupières, comme au sortir d'un songe. Il perdit pour un moment son sourire et dit à l'assemblée des rois :

— Sisupala est mon ennemi de toujours, mon ennemi tenace et fidèle. De lui, de son royaume, ne me sont venus que des attaques, des injures et l'oubli de toute parole. Je n'ai eu pour lui que de la tendresse, mais il n'a cessé de me harceler, il a tué mes hommes, volé mes chevaux, enlevé mes femmes. J'ai supporté, comme promis à sa mère, les cent offenses. Aujourd'hui il m'offense devant vous et je ne le supporte plus.

Les dernières paroles de Sisupala furent celles-ci :

— Que tu le supportes ou non, peu m'importe ! De ta colère ou de ta faveur, que peut-il m'arriver de toi ?

Tous ceux qui participaient à la réunion dirent qu'à ce moment-là, très soudainement, un objet rond et brillant apparut dans la main droite de Krishna. Le disque ! pensèrent-ils aussitôt. Pour la plupart, ils s'allongèrent sur le sol.

L'objet brillant s'élança silencieusement, trancha la gorge de Sisupala, revint se placer dans la main de Krishna et disparut.

Tout cela en un instant. Krishna venait de décapiter Sisupala, sans bouger de sa place. Certains dirent qu'il s'agissait à l'évidence d'un prodige divin — ce disque qui surgissait à la commande même de la pensée, qui tuait rapidement et disparaissait aussitôt. Mais d'autres, pendant longtemps, soutinrent qu'il s'agissait d'une arme réelle connue quelque part dans le sud, et que Krishna savait la manier à merveille.

Les partisans de la divinité ajoutaient qu'à l'occasion de la mort de Sisupala la terre trembla, la foudre tomba d'un ciel pur, soudain obscurci.

Et plus encore : on vit le corps mort de Sisupala projeter dans la salle une immense lumière. Cette lumière parut se lever et s'incliner devant Krishna. Plusieurs des assistants la virent, parmi ceux qui osaient regarder. Puis la lumière se dirigea vers Krishna et fut comme absorbée par lui. Il s'agissait là d'un phénomène qu'on ne connaissait pas, et que les sages expliquèrent longtemps. Les rois virent la lumière devenir véritablement le corps de Krishna. Devant cette union mystérieuse, les uns se mordaient les lèvres, d'autres se broyaient les mains. Ils ne pouvaient pas parler.

Krishna montra le corps de Sisupala et dit :

— Qu'on lui prépare des funérailles dignes de lui.

Alors la pluie tomba, le vent souffla, le ciel redevint bleu.

Yudishsthira fut très profondément troublé par cette mort. Il passa quatre nuits sans dormir. Pourquoi cette rage chez Sisupala? se demandait-il. Quelle force pousse les hommes à détruire et à se détruire? Pourquoi cette course folle à la rencontre inévitable du néant?

Bhishma et son oncle Vidura lui répondaient qu'à son avis la mort était entrée dans le cœur des rois. On ne l'en délogerait plus. Il fallait désormais s'attendre à la souffrance, à la folie, partout.

— N'aie pas peur de tes rêves et surveille la terre, lui disait Bhishma. Reste ferme.

Mais Yudishsthira, à qui répugnait avec force l'idée même de la guerre, des coups portés et du sang humain répandu, avouait parfois à Kunti, sa mère :

— Je devrais sans doute mourir au lieu de détruire les autres.

La partie de dés

« Un palais où les pensées pouvaient prendre corps. »

Duryodhana, invité chez ses cousins comme les autres princes, fit la dure expérience du génie de Maya. Les Pandavas lui offrirent une visite du palais, assez malignement organisée, au cours de laquelle il perdit la tête. Tout lui semblait réel et irréel à la fois, vrai et faux, invisible et palpable. Arjuna lui montrait des murs de porphyre, des plafonds de turquoise, des poutres d'or sculptées, Duryodhana levait la tête et il les voyait. Il voyait, quand on lui disait de les voir, un sable de perles dans les jardins, des terrasses en pierre de lune. Il s'avançait, émerveillé, hypnotisé.

Soudain, il heurta un mur qu'il n'avait pas vu, un mur qu'il ne pouvait pas voir, un mur invisible.

– C'est un chef-d'œuvre de Maya, lui dit Arjuna en riant. Tu penses à un mur, et le mur existe !

– Attention ! lui cria Bhima. Il y a un bassin devant toi !

Un bassin ? Duryodhana ne voyait aucun bassin. Il sentait cependant ses pieds mouillés. D'où procédaient ces hallucinations ?

Il se mit à courir, pris de peur, il voulut ouvrir

une porte mais cette porte était un remarquable trompe-l'œil, il se frappa le corps contre un mur, durement. Draupadi, qui les suivait, fut prise d'un accès de rire et s'écria :

— C'est un aveugle, fils d'aveugles !

Il se précipita, il ne put éviter un escalier, les murs et les colonnes semblaient tourner autour de lui, il dégringola le long des marches — lui, le fils aîné du roi — il tomba dans une citerne. Un palais-illusion, un labyrinthe de mirages. Et les autres riaient, riaient.

Rentré à Hastinapura, on put croire que Duryodhana se laisserait mourir de faim. Il jetait la nourriture que lui apportait sa mère Gandhari. Il ne cessait de dire :

— Tout ce que j'ai vu là-bas me rend fou. J'ai vu tous les rois de la terre entourer Yudishsthira, j'ai vu son peuple heureux, même les enfants, même les vieillards, j'ai vu Krishna trancher une tête d'un geste, Sisupala décapité, Yudishsthira respecté, aimé. Moi je n'aime rien, je ne suis rien, je vais me jeter dans le feu, boire du poison.

Parmi ceux qui le visitèrent se trouvait le frère même de Gandhari, un nommé Shakuni, dont toute la vie se passait à boire, en compagnie quelquefois de danseuses, et surtout à jouer aux dés. Il était d'ailleurs passé maître à ce jeu subtil, où le hasard ne demande qu'à être secrètement contrôlé.

Shakuni dit à Duryodhana :

— Il existe un moyen de dominer Yudishsthira, et je le connais.

— Dis-moi ce moyen.

— Yudishsthira est un homme de vertu et de vérité, incapable d'une fausseté, du plus mince mensonge. Mais, comme tout homme, il est frappé d'une faiblesse : il aime jouer. Faiblesse double, car il aime le jeu et ne sait pas jouer. Jette-lui un défi, invite-le à une partie de dés, il ne pourra pas résister. Moi, personne au monde ne peut me battre. Mon neveu, laisse-moi jouer à ta place, et je vaincrai.

— Il faudra jouer gros.

— Nous jouerons gros.

— Tu crois que Yudishsthira acceptera ?

— Je le crois.

Le roi aveugle, Dhritarashtra, qui venait d'entrer, dit alors :

— Il paraît qu'il joue mal.

— Je ne sais pas, dit Shakuni, je ne l'ai jamais vu jouer.

— Et que voulez-vous mettre en jeu ?

— Ce qu'il proposera.

Dhritarashtra se tourna vers Gandhari, présence permanente à ses côtés, et lui demanda :

— Gandhari, que penses-tu de l'idée du jeu ?

Elle pria son fils d'éloigner l'idée du jeu, qui lui faisait peur.

— Tu n'as trouvé que de l'amour dans ce palais, lui dit-elle, tu es l'aîné, tu commandes à tous. Qu'est-ce qui te manque ?

Duryodhana répondit en mettant la passion dans chacun de ses mots :

— Honte à celui qui dit : j'ai de quoi manger et m'habiller, je n'ai besoin de rien. Honte à celui qui ne connaît pas la colère. Je suis comme un ruisseau tari, comme un éléphant de bois, stérile, seul, exclu, parce que mon père naquit aveugle ! Parce qu'on ne donnait pas le trône à un aveugle ! Je ne serai jamais vraiment le roi. Je ne suis pas un homme, pas même une femme. Oui, tout ce que j'ai vu là-bas fait de moi un fou, les vases d'or massif, les armes, les chars, les pierres rares, les troupeaux qui attendent aux portes, les milliers de femmes, tous les trésors, les rois barbares venus pour rendre hommage, c'est comme un abrégé du monde, et Draupadi a ri, son rire m'a percé, la douleur m'a séparé de la vie, je suis tombé, je me suis évanoui !...

Dhritarashtra lui dit, non sans maladresse :

— Calme-toi et va voir tes femmes.

Mais Duryodhana s'écria :

— Mais je veux être mécontent ! Etre insatisfait ! Le corps d'un homme grandit depuis sa naissance et chacun s'en réjouit. De même son désir, son désir de puissance. J'ai des doutes sur moi-même. Parfois je doute de ma qualité. Il me faut résoudre ces doutes.

Pour résoudre ses doutes, Duryodhana ne voyait que la lutte, l'affrontement, la guerre à n'importe quel prix.

Sa mère lui dit :

— Tu as une ombre dans l'esprit. Elle t'entraîne avec une force incroyable.

Alors Shakuni, le joueur, déroula quelques-uns de ses arguments séduisants. Il dit au roi :

— Mais pourquoi refuser une simple partie de dés ? Les dieux ont créé le monde en jouant, les insectes jouent avec les fleurs et les étoiles jouent dans le ciel un jeu immense aux règles inconnues. Pourquoi, Dhritarashtra, toujours redouter le plaisir ?

Le roi fit appeler son second fils, Dushassana, et le chargea de porter une invitation à Yudishsthira. Shakuni lui demanda de préciser qu'on jouerait à « la porte du paradis », le jeu favori de Yudishsthira.

Dushassana partit à l'instant même.

Tout avait l'apparence d'une courtoisie ordinaire, innocente. Et pourtant Gandhari devinait un danger caché. Dhritarashtra s'efforçait de la rassurer. Il accordait une totale confiance à Bhishma et à Drona.

— Tant qu'ils sont à mes côtés, disait-il, aucun mal ne peut me surprendre.

Deux jours plus tard, à la nuit tombée, Bhishma fut informé que Krishna désirait le voir secrètement.

Les deux hommes se rencontrèrent dans un pavillon abandonné, non loin d'un fleuve. On entendait les oiseaux de nuit, les cris des crapauds. Krishna commença par complimenter Bhishma sur son bel aspect.

— Tu as plus de quatre fois vingt ans, tu vois venir et disparaître les générations, mais ta peau ne se ride pas, ta chair reste ferme, ta voix forte, ton esprit toujours clair et profond.

Bhishma conservait en effet son prestige, son autorité de légende. Personne n'avait jamais réussi à mettre sa vie en danger. Amba, la princesse rejetée qui s'était juré de le tuer, continuait à parcourir la terre, à la recherche d'un personnage qui pourrait affronter Bhishma. Elle ne pouvait trouver personne. On savait seulement, par ouï-dire, qu'elle s'acharnait à chercher cet impossible champion. Par moments, la nuit surtout, Bhishma ne pouvait empêcher ses pensées d'aller vers elle.

Coupant court aux paroles flatteuses de Krishna, dont il savait bien qu'il ne s'était pas déplacé pour cette souriante politesse, Bhishma lui demanda :

— Que veux-tu de moi ?

— Une partie de dés va se dérouler ici.

— Je le sais.

— Yudishsthira ne refusera pas l'invitation.
— Il ne devrait pas venir, dit Bhishma.
Mais Krishna lui affirma :
— Quelles que soient ses raisons de jouer, il viendra.
— Cette partie de dés, dit alors Bhishma, cache des orages que je distingue mal.
Krishna, lui aussi, admit qu'il distinguait assez mal ces orages.
— Que veux-tu ?
— Bhishma, ici ton autorité n'est pas discutée. Je suis venu te parler dans l'ombre pour te demander une faveur : quoi que tu voies au cours de la partie, quoi que tu entendes, tu ne dois pas interrompre le jeu.
— Sous aucun prétexte ?
— Sous aucun prétexte.
Bhishma, pour qui la divinité de Krishna ne faisait aucun doute — mais il le voyait aussi comme un homme, assis là, près de lui —, connaissait les détours surprenants, inexplicables, qu'empruntait quelquefois sa pensée.
Aussi lui demanda-t-il :
— Si comme moi tu distingues mal les conséquences de ce jeu, ne vaut-il pas mieux éviter le pire ?
— Qu'est-ce qui est le pire ?
— La destruction.
— La destruction de quoi ?
Harcelé par les questions précises et rapides de Krishna, Bhishma dit alors :
— De l'action droite et de l'ordre du monde, la destruction du Dharma. C'est ça, le pire.
Krishna hocha la tête. Ils étaient au cœur de la pensée, au centre même de leur vie. Le Dharma : cette force impérieuse qui entraînait les mondes,

cette loi du cosmos, présente en toutes choses et jusque dans la matière humaine, dans chaque individu, reflet et garantie de l'ordre universel. Que l'homme cesse de s'y conformer, que devient alors le cosmos ?

Krishna demanda, en regardant directement Bhishma :

— Et si ta famille, et si ta race devait être détruite pour sauvegarder le Dharma ? Que ferais-tu ? Serais-tu prêt à sacrifier ta race ? Quelle est ta réponse ?

Bhishma se dressa d'un seul mouvement. Soudain très agité, il dit :

— Cette question me tient constamment en alerte. Le sommeil me fuit comme un ennemi. Toute la nuit mon cœur bat vite.

— C'est pourquoi je te le demande : n'interviens pas. Laisse chacun aller jusqu'au fond de lui-même.

Bhishma se retourna pour poser une autre question, mais Krishna venait de disparaître.

A son arrivée dans la salle de jeu, très agréablement préparée, Yudishsthira fut surpris de se trouver en face de Shakuni et d'apprendre que celui-ci s'apprêtait à jeter les dés à la place de son neveu.

— Tu passes ta vie à jouer, lui dit Yudishsthira. On dit que tu connais des ruses fascinantes. Mais la tricherie est un crime. Tu ne vas pas nous attaquer comme un brigand dans une impasse ?

Shakuni, en présence de tous, répondit par un petit discours qu'il avait composé sans doute à cette occasion, et qui resta longtemps dans les mémoires :

— Le joueur profond, dit-il à Yudishsthira, le joueur qui connaît le jeu et qui réfléchit dans le calme, la tricherie ne le trouble pas. Il n'y a ici aucun crime, mais simplement le jeu, tout le jeu. Un homme savant discute avec des ignorants : est-ce qu'on appelle ça de la tricherie ? Un guerrier expérimenté se bat contre des débutants : on appelle ça de la tricherie ? La science n'est pas de la tricherie. On s'engage toujours avec le désir de vaincre. La vie est ainsi. Retire-toi du jeu si tu as peur.

Si vif était son désir de jouer que Yudishsthira, tout en sachant que Shakuni était un maître incontestable, aussi incomparable dans son art que Drona pouvait l'être dans la pratique et la connaissance des armes, accepta la substitution d'adversaire. Il s'assit d'un côté de la table basse, en forme de croix carrée, dont les quatre branches désignaient les points cardinaux. Le premier, il saisit les dés. Le jeu connu sous le nom de « porte du paradis » comptait avec le hasard et la science. Il fallait utiliser les chiffres obtenus pour déplacer habilement des pions sur des cases.

Comme premier enjeu, Yudishsthira posa à même la table un beau collier d'or et de perles. Duryodhana jeta sur la table son propre collier. Yudishsthira lança les dés. Shakuni les ramassa et les jeta à son tour. Il dit aussitôt :

— J'ai gagné.

Il apparut assez vite à tous les assistants que les deux joueurs ne se contenteraient pas d'or et de perles. Au troisième coup de dés, Yudishsthira avait déjà perdu tous ses bijoux et tout son or. Au quatrième coup, il perdit l'ensemble de ses servantes, toutes belles et parfumées, habiles dans les soixante-quatre métiers, instruites au chant et à la danse. Au cinquième coup, il perdit sur un seul coup de dés l'ensemble de ses serviteurs mâles, qui étaient au nombre de cent mille.

Ses frères, qui se tenaient derrière lui, le regardaient avec effroi. Il semblait possédé par la force du jeu, qui paraissait irrésistible. Gandhari, la reine au bandeau noir, dit à Bhishma d'arrêter cette partie folle, dont ils sentaient tous qu'elle conduisait au désastre. Mais Bhishma, se souvenant de Krishna, ne dit rien.

Yudishsthira joua ses chars et ses chevaux. Il les perdit. Il joua ses haras, ses étables, ses vaches, ses taureaux, ses chèvres, ses brebis. Il les perdit.

Que se passait-il dans son cœur ? Quelle passion inexplicable l'amenait à dilapider ainsi, par un simple geste des mains, des années d'efforts, d'intelligence, de générosité ?

Il en vint à jouer sa capitale, ses terres, ses forêts.

— Mon royaume ! s'écria-t-il. Tous mes sujets ! Tout ce que je possède !

Il perdit tout, sur un seul coup.

Dans le silence froid du palais, la voix de Shakuni dit alors :

— J'ai gagné. J'ai tout gagné.

Yudishsthira, la tête baissée, restait assis près de la table, sans prononcer une parole. Il semblait avoir perdu tout ce qu'il lui était possible de perdre, et pourtant il ne bougeait pas, il ne s'en allait pas.

— J'ai tout gagné, répéta Shakuni. Il te reste encore quelque chose ?

— Il me reste mes frères, dit Yudishsthira.

On perçut dans la salle un murmure.

— Nakula et Sahadeva, dit-il, les jumeaux aux yeux dorés, fils de Madri. Ils sont une immense richesse. Je la joue contre moi.

Duryodhana fit un signe à Dushassana, qui s'approcha à demi confiant de la table. Duryodhana acceptait le défi. Il présentait son frère comme enjeu.

Shakuni gagna. Les jumeaux changèrent lentement de place et se tinrent accroupis, désormais captifs, dans un coin de la grande salle.

Alors Yudishsthira joua Arjuna, le toujours-vainqueur, l'irrésistible.

— Quand il pince la corde de son arc Gandiva, dit Yudishsthira, il fait trembler toutes choses vivantes. Il m'est précieux comme ma vie. Je le joue maintenant contre moi.

Shakuni gagna. Sous les regards de tous, Arjuna, la tête baissée, sans s'élever contre les décisions de son frère aîné, rejoignit les jumeaux, captif lui aussi.

Ce fut ensuite le tour de Bhima, l'homme aux épaules de lion, l'homme qui arrachait les arbres à la moindre contradiction.

— Il est la force même. Je le joue contre toi.

Shakuni gagna. Bhima traversa lentement la salle, qui vibrait sous ses pas. Ses yeux profondément furieux se posèrent un instant, au passage, sur Dushassana, qui servait toujours l'enjeu et qui souriait, rassuré.

Shakuni, qui regardait Yudishsthira fixement, avec une attention étrange, comme si quelque chose lui échappait dans l'attitude extraordinaire de son adversaire, lui dit :

— J'ai gagné. Te reste-t-il encore quelque chose ?

— Je reste seul de tous mes frères. Je me joue moi-même, moi, Yudishsthira. Je m'offre moi-même comme enjeu.

En silence, ils jouèrent. Une fois de plus Shakuni gagna.

Yudishsthira se leva pour rejoindre ses frères prisonniers. Mais Shakuni, que sa totale victoire semblait laisser dans une certaine amertume, ou tout au moins dans une insatisfaction véritable, lui dit :

— J'ai gagné, et rien n'est pire que de se perdre soi-même, car la liberté est une richesse qui reste à celui qui a tout perdu. Mais tu possèdes encore quelque chose, et tu l'oublies.

— Quoi donc ? demanda Yudishsthira en s'arrêtant.

— Tu possèdes une épouse. C'est le seul bien que je n'aie pas gagné. Mets Draupadi en jeu et regagne tout grâce à elle.

Yudishsthira, debout, ferma les yeux, et ceux qui se trouvaient près de lui l'entendirent parler ainsi de Draupadi :

— C'est une femme qui n'est ni grande, ni petite, ni pâle, ni sombre. Elle a des vagues de cheveux noir-bleu, des yeux de la couleur du lotus, elle est l'étoile des femmes, elle est la perfection de la terre et tous les désirs vont vers elle, la dernière à s'endormir, la première à se réveiller, avant les bergers. Sa peau est lisse et brillante sous la sueur.

Il se tourna vers Shakuni et lui dit :

— Je la joue contre toi.

Un moment plus tard, Dushassana, le mauvais frère, pénétra dans la pièce où Draupadi, venue à Hastinapura avec ses époux, attendait les résultats de la partie de dés. Comme elle était dans le jour de ses règles, la coutume voulait qu'elle restât à l'écart.

Dushassana lui dit, avec un sourire arrogant :

— On te demande de venir dans la salle de jeu.

— Qui me le demande ? Pourquoi ?

— Parce que Yudishsthira t'a perdue.

— Que veux-tu dire : il m'a perdue ?

— Il t'a perdue en jouant aux dès.

— Il m'a perdue en jouant aux dès? N'avait-il pas autre chose à jouer?

— Il a tout joué et tout perdu, ses richesses, son bétail, son royaume, ses frères. Il s'est joué et perdu lui-même.

Dans le désordre d'idées et de sentiments qui l'enveloppait brusquement, Draupadi saisit cette dernière phrase.

— Il s'est perdu lui-même?

— Je te le dis.

— Avant de me perdre, ou après m'avoir perdue?

— Avant de te perdre.

— Retourne à la salle de jeu, dit alors Draupadi, et demande-lui ceci : est-il vrai que tu t'es perdu toi le premier avant de me perdre? Et si tu t'es perdu, avais-tu le droit de me jouer?

— Tu as été jouée et perdue, tu nous appartiens, viens!

Dushassana tenta de la saisir. Elle lui échappa, elle lui dit :

— Laisse-moi m'habiller! je n'ai qu'une robe et elle est tachée de sang. Je suis dans le jour de mes règles. Ne m'offre pas dans cet état aux yeux des rois!

Dushassana la saisit alors aux cheveux et l'entraîna, malgré ses cris.

— Que tu aies tes règles, ou que tu n'aies qu'une robe, quelle importance! On t'a gagnée au jeu, tu n'es plus maintenant qu'une esclave, mon frère veut te voir aux cuisines avec les laveuses de vaisselle! Allez, viens!

Elle se laissa tomber. Il la traîna sur le sol. Draupadi criait :

— Mais quelle faute ai-je commise? Que m'arrive-t-il? Je te méprise et je te hais! Lâche-moi, ne me traîne pas devant tous ces hommes!

Dushassana la traîna devant tous ces hommes et la jeta violemment sur le sol. Duryodhana et tous ses frères furent pris d'un rire brutal, à la vue de celle qu'ils traitaient déjà comme une nouvelle servante. Karna lui-même, qu'elle avait rejeté naguère, le traitant de « fils de cocher », se prit à rire. Les Pandavas restaient dans leur coin de captifs, sans un mot. Bhishma et Drona regardaient le sol à leurs pieds.

Draupadi se releva, s'appuya sur les mains, vit tous ces princes autour d'elle, et demanda d'une voix brisée s'il restait encore un souffle de vie en Bhishma, en Drona, en Dhritarashtra lui-même. Ils voyaient cette honte et ils ne faisaient rien, ne disaient rien. Qui pourrait apporter quelque clarté dans son malheur ?

Elle se tourna vers Yudishsthira et lui demanda :

— Yudishsthira, avais-tu le droit de me perdre ? Si tu t'es perdu toi-même avant de me jouer, je ne t'appartenais plus. Peut-on appartenir à qui s'est perdu lui-même ? Qui peut me répondre ?

Elle s'adressa à Bhishma, mais celui-ci ne put répondre. La question que posait Draupadi leur apparaissait si complexe qu'une très vive et très précise discussion les opposa. Le silence semblait rompu comme par un charme et chacun donnait son avis. Drona dit que Yudishsthira, venant de perdre sa personne, ne pouvait en aucune façon jouer son épouse. A quoi Duryodhana répondit que, désignée par son nom, elle avait été bel et bien gagnée. Karna ajouta même, par un de ces dépassements de langage qu'il ne maîtrisait pas toujours :

— Draupadi satisfait cinq hommes, elle est très clairement une fille publique. C'est très justement qu'on l'a gagnée, tout le monde ici le sait.

— Tout a été gagné ! s'écria Duryodhana. Tout, même leurs vêtements, même leurs parures !

Et il ordonna de les mettre nus.

Personne ne s'éleva contre l'ordre insultant que Duryodhana venait de donner. On vit même Yudishsthira se redresser le premier et, sans une parole de colère, commencer à défaire ses vêtements. Ses frères l'imitèrent. En un moment, ils furent nus au milieu de la salle de jeu, non loin de la table où leur sort venait si soudainement de se décider.

Dushassana leur montra du doigt le chemin du quartier des serviteurs. Ils sortaient, suivis de Draupadi, quand Karna dit en la désignant :

— Et Draupadi aussi, nous voulons la voir nue.

Elle s'immobilisa. Elle ne pouvait pas concevoir que cet ordre humiliant, sans exemple dans les histoires du passé, venait d'être donné. Elle, fille de roi, qu'on disait née dans un feu et porteuse, par décision du ciel, de la mort d'un homme invincible, on la condamnait à se mettre nue, le jour de ses règles, devant les princes goguenards et devant ses époux perdus.

Duryodhana dit à son frère :

— Dushassana, enlève-lui sa robe !

Il s'approcha, il saisit un des pans de la robe de Draupadi et il tira.

Draupadi s'était agenouillée sur le sol. Ses lèvres tremblaient. Elle murmurait une prière à Krishna, en qui elle croyait de toutes ses forces. Abandonnée par les hommes, elle s'en remettait au bon vouloir du dieu.

Certains dirent qu'ils virent Krishna apparaître dans les airs. D'autres entendirent sa flûte. Tous s'étonnèrent à la vue de la robe de Draupadi, qui paraissait inépuisable. Duryodhana tirait, tirait, des longueurs de tissu s'amassaient sur le sol, et Draupadi était toujours vêtue.

Bhima fit alors un pas vers Dushassana et dit ces mots, qu'aucun des assistants ne devait oublier :

— Ecoutez ce que je vais dire ! Que la route du ciel me soit fermée si je ne tiens pas ma promesse ! Je briserai la poitrine de Dushassana et je boirai son sang sur le champ de bataille ! Je jure que je le ferai ! Je mangerai ses tripes et je boirai son sang !

— Cesse de beugler, lui dit Duryodhana, tu n'effrayes que les mouches. Tu n'as même plus droit à la colère !

Bhishma fut le premier à remarquer qu'un prodige se produisait sous leurs yeux, que la robe de Draupadi semblait interminable, qu'il était impossible, malgré les efforts répétés de Dushassana, de la mettre nue.

— Un prodige ? s'écria Duryodhana, qui ne voyait que ce qu'il voulait voir. Mais où voyez-vous un prodige ? Elle a mis des épaisseurs et des épaisseurs de tissu ! Arrête, Dushassana ! Laisse-la !

Epuisé, Dushassana dut mettre un genou à terre pour reprendre souffle. Duryodhana ordonna d'emmener Draupadi vers les cuisines, où désormais se trouverait sa place. Mais Draupadi, réconfortée par le prodige qui venait de la protéger, résista, posa la même question, voulut savoir si elle était, ou n'était pas, une conquête de jeu. Yudishsthira lui-même, interrogé par Duryodhana, préféra rester dans le silence.

Il appartenait au roi aveugle de confirmer, ou de contredire, les ordres donnés par son fils aîné. Comme à l'ordinaire, il demanda conseil à Bhishma, qui lui répondit :

— Quand la perte d'un homme est décidée, il se défait lentement de son intelligence, sans le remarquer, il ne voit plus les choses telles qu'elles sont. La mort a déjà coupé sa vie.

— Est-ce pour moi que tu parles? lui demanda Duryodhana.

— Oui, dit Bhishma. Pour toi aussi.

— Draupadi, dit alors Duryodhana, si tu cherches un autre homme, regarde ma cuisse.

Il lui montra les muscles de sa jambe avec un sourire. Il fit claquer sa main contre sa peau.

Draupadi reprit la parole pour dire avec force :

— Duryodhana, Dushassana et tous vos frères, et toi aussi Karna, et toi aussi Shakuni, vous êtes perdus. La mort férocement vous saisira, votre sang pénétrera la terre, rien ne pourra effacer mes paroles. Dushassana, je laisserai ma chevelure à l'abandon jusqu'à ta mort. Je laverai mes cheveux dans ton sang. Et toi, Duryodhana, la mort te saisira aux cuisses.

On entendit, à la fin de ces paroles de menace, et comme pour les confirmer, les hurlements d'un animal, hors du palais. Tous se turent.

— Un chacal a hurlé, dit Gandhari.

— Oui, ajouta Bhishma, près du temple.

Pendant quelques respirations, ils restèrent tous silencieux, s'efforçant de chasser, par des gestes ou par quelques mots, ce présage venu du dehors, qui les effrayait. Comme si le cri de l'animal l'aidait à prendre sa décision, le roi aveugle dit à Draupadi de choisir une grâce, à son gré. Elle choisit la liberté de Yudishsthira.

— Il est libre, lui dit le roi.

Puis il lui accorda une seconde grâce. Elle choisit la liberté de ses autres époux.

— Ils sont libres, lui dit le roi. Mais tu mérites une troisième grâce. Choisis.

— Non, je ne veux pas d'une troisième grâce.

— Pourquoi?

— Parce que l'avidité est la perte de tous les

êtres, la ruine du Dharma. Je refuse l'avidité. Sauve mes époux.

— Tu ne demandes rien pour toi-même ? dit Gandhari.

— Non, je ne veux rien, je ne veux surtout pas d'une grâce.

On s'est longuement demandé si la sincérité de Draupadi, à ce moment-là, était entière. Eût-elle accepté une troisième faveur, la restauration du royaume perdu, par exemple, qu'elle eût du même coup anéanti toute perspective de guerre, tout espoir de saluer un jour la mort de ses insulteurs, qu'elle venait à peine d'annoncer. Mais les paroles se disent, les gestes se font, et des années plus tard des intentions surgissent qu'on n'avait pas vues tout d'abord, qui peut-être même n'étaient pas là.

Dhritarashtra dit à ses neveux de reprendre leurs vêtements et de partir libres avec leur épouse.

Ils sortirent de la salle de jeu.

Aussitôt Duryodhana, qui venait de comprendre où se cachait le vrai danger dans cette apparence de victoire, se précipita vers son père et lui dit :

— Ne les laisse pas partir, sinon c'est la guerre ! Nous avons triché, ils le savent, ils ne nous pardonneront jamais. Arjuna déjà caresse son arc, Bhima fait trembler sa massue, ils veulent tout récupérer, ils préparent déjà un massacre ! Rappelle-les, jouons une dernière partie. S'ils la perdent, qu'ils s'en aillent douze ans dans les forêts sauvages, nous aurons le temps de nous fortifier ! Aujourd'hui nous ne sommes pas prêts ! Rappelle-les, mon père, ils marchent déjà vers notre mort !

— Mon fils a raison. Mieux vaut le jeu que la guerre.

— Rejette ce fils qui veut te détruire ! s'écria soudain Gandhari. Retrouve ton autorité, ne vacille plus, tu vas détruire ta famille !

— Eh bien, que ma famille soit détruite, dit le roi. Je ne peux plus l'empêcher maintenant.

Comme à son habitude, dans la confusion de son cœur, le roi aveugle abandonnait la décision à la seule énergie de son fils aîné, ce fils qu'on avait voulu sacrifier dès sa naissance, ce fils violent, sensible, ambitieux, sombre et parfois brillant d'une intelligence exigeante, ce fils qu'il admirait et qu'il aimait plus que lui-même.

On rattrapa les Pandavas dans la cour du palais, on proposa une dernière partie à Yudishsthira et, malgré les supplications de Draupadi et de ses frères, il accepta de jouer, comme s'il voyait là un sursaut caché du destin.

— Je dois jouer, dit-il. Je ne peux pas leur refuser une chance de se sauver.

— Que dis-tu ? demanda Bhima.

— S'ils nous dépouillent, ils se perdent. Shakuni condamne à mort ceux qui lui ont demandé de tricher. Je le répète : je ne peux pas leur refuser une chance de se sauver.

Ils réapparurent dans la salle de jeu.

Shakuni parla clairement.

— Nous allons jouer un seul coup. Si nous perdons, nous passerons douze ans dans les bois, vêtus de hardes, et une treizième année totalement cachés, déguisés, dans un lieu inconnu. Si, au cours de cette treizième année, nous sommes découverts, nous repartons pour douze ans dans les bois. Si vous perdez, à vous l'exil, à vous l'obscurité. A la fin des treize ans, les uns et les autres, nous retrouverons nos royaumes.

— Jouons, dit Yudishsthira.

— Tous nos trésors, toutes nos femmes, toutes nos terres, toutes nos bêtes, contre l'exil dans la forêt.

— Jouons.

Ils lancèrent les dés. Et pour ce dernier coup, une fois de plus, Shakuni gagna.

Dushassana se mit à danser de joie tout autour de la table de jeu en chantant et criant :

— Ils sont perdus, les Pandavas ! Eux qui se croyaient au sommet du monde, ils sont précipités dans la forêt, dans le désert, ils vont ronger des graines et de l'herbe, la peau craquelée, la barbe crasseuse ! Draupadi, ne t'en va pas, choisis un époux parmi nous ! Les tiens sont maintenant des arbres stériles, des animaux empaillés !

— Un jour je te rappellerai tes paroles, lui dit Bhima, et je boirai ton sang, sale porc.

Mais Dushassana, qui voyait devant lui treize ans de pouvoir et de jouissances, ne cessait de danser autour de Bhima, en imitant la lourde démarche d'un bœuf, ses cornes, ses meuglements, et en criant :

— La grosse bête ! Le gros bœuf ! Meuh ! Meuh !

— Dushassana, dit Bhima d'une voix plus calme, je t'ouvrirai le ventre, et Arjuna tuera Karna.

Arjuna s'avança de quelques pas vers Karna. Il le regarda, tendit sa main droite devant lui et dit pour être entendu de tous :

— Oui, je t'abattrai, Karna. Je le dis et je le ferai.

— Tu me trouveras toujours devant toi, lui répondit Karna. N'oublie pas d'emporter ton arc dans les bois et de t'entraîner.

— Je n'oublierai pas.

— Moi, chaque jour, je penserai à ta mort.

— La mort, Karna... Chacune de tes pensées, chacun de tes souffles te fait avancer vers la mort. J'ai fait un vœu, je ne dis rien de plus.

Au moment où ils quittaient la salle de jeu, Kunti, que personne jusque-là n'avait remarquée, arrêta Yudishsthira et lui demanda la raison de ses actes, que personne ne pouvait comprendre. Pourquoi avait-il accepté de jouer, sachant par avance, presque avec certitude, qu'il allait perdre ? Etait-ce simplement par vice, par passion ? Par peur de la jalousie de Duryodhana et d'une guerre inévitable ? Pour éviter à tout prix cette guerre, pour la retarder ? Ou bien pour obliger ses cousins à montrer clairement leur âpreté, leur fausseté et leur bassesse, et les en châtier cruellement un jour ?

Là encore, aucune décision, aucune ligne de pensée n'apparaissait simple et limpide. Le destin, sous les traits du hasard, se cachait au cœur de l'action même.

Ils laissèrent Kunti désemparée, ne pouvant pas comprendre. Maigres, nus, qu'allaient-ils manger dans les bois ?

— Kunti, lui dit Bhishma, tu ne peux pas les suivre dans l'exil. Tu vivras chez moi.

La salle de jeu se vida. Bientôt ne restèrent que le roi aveugle et Gandhari, qui ne disaient rien. Des serviteurs roulaient les tapis, emportaient la table de jeu.

Vyasa, Ganesha et l'enfant s'avancèrent alors dans la pièce. D'une pièce voisine, à travers une tenture transparente, ils venaient de suivre toute la scène. Ganesha, qui avait beaucoup écrit ce jour-là, s'accordait une pause et tenait son livre sous le bras.

Dhritarashtra reconnut leurs pas.

— Vyasa !

— Je suis là, dit Vyasa.

— Décris-moi leur départ, dit le roi.

Vyasa s'approcha d'une fenêtre d'où la vue

s'étendait jusqu'aux rues de la ville. On entendait au loin une rumeur.

— Ils marchent pieds nus, dit Vyasa. Toute la ville regarde leur départ. Yudishsthira s'avance le premier, ensuite Bhima, les yeux fixés sur ses deux bras. Arjuna fait jaillir le sable à chaque pas, Sahadeva et Nakula sont souillés de poussière et de boue. Draupadi marche la dernière, la tête basse.

Dhritarashtra s'avançait vers la fenêtre, les mains tendues devant lui.

— Pourquoi? demanda-t-il. Que signifie leur attitude?

— Bhima contracte ses bras menaçants, les plus forts du monde. Dans les grains de sable qu'il éparpille, Arjuna voit déjà l'image de milliers de flèches qui volent. Les jumeaux cachent leur beauté sous la boue, pour ne pas entraîner de femmes à leur suite.

Gandhari s'était avancée vers la fenêtre, elle aussi. Elle saisit le bras de son époux et dit, comme si elle voyait, à travers son bandeau, ce que le futur portait en son ventre :

— Et Draupadi murmure, dans sa robe tachée de sang : un jour on verra des veuves, leurs enfants morts, les cheveux défaits, se lamenter le jour de leurs règles, sur des cadavres froids.

— Je ne les vois plus, dit Vyasa.

Au loin, la rumeur de la foule se fit plus forte. Les Pandavas et Draupadi s'enfonçaient dans la forêt sans se retourner. Les habitants de Hastinapura parlaient de ce départ, et leurs voix multiples n'en faisaient qu'une.

Le roi et la reine se retirèrent.

On dit qu'alors Ganesha aperçut une paire de dés oubliés sur le sol. Il les ramassa, les agita et les lança. Après quoi, il invita Vyasa à en faire autant.

Entre l'auteur et le dieu, on devinait à chaque instant la trace d'une rivalité secrète, comme si Ganesha pouvait difficilement admettre qu'un homme seul eût créé ce récit.

Vyasa ramassa les dés en souriant et les lança à son tour. Ganesha sourit.

L'enfant se pencha et vit que le dieu — sur ce coup-là — venait de gagner.

La vie dans la forêt

Dans les premiers temps de leur exil, des visiteurs apportaient aux cinq frères et à leur femme des vivres, des vêtements et s'offraient même à les servir. Si dense était parfois la foule qui les entourait que Yudishsthira décida de s'enfoncer jusqu'au plus profond de la forêt, en dépit des marécages, des fruits rares et des bêtes féroces. A l'évidence, il trouvait dans cette solitude dangereuse une sorte de vrai plaisir, et dans la privation le charme de l'ascèse.

On leur apportait aussi des nouvelles de leurs enfants, qui restaient à la ville, élevés par quelques serviteurs fidèles, surveillés par Kunti, par Bhishma. Ils s'habituaient à la forêt, leur nouveau royaume.

La légende les poursuivait. Bien que les visites se fissent plus rares, leur souvenir et leur prestige conduisaient les esprits à mille rêveries. Souvent, la nuit, Dushassana se réveillait en criant de peur. Il venait de voir clairement, dans son sommeil, Yudishsthira et ses frères, énormes, monstrueux, accrochés aux ailes des démons, volant vers la bataille. Arjuna ricanait, haut comme une tour, entouré de fumées étranges. Bhima montrait des dents rouges, et bavait du sang. Il criait à Dushassana : tu as traîné notre femme par les cheveux, je t'ouvrirai le ventre, je mangerai tes tripes!

Interprétant ce rêve, Dushassana disait à son frère qu'à coup sûr les cinq frères préparaient leur revanche, que l'exil même les fortifiait, que des amis, des alliés venaient auprès d'eux, qu'ils entassaient des armes dans des grottes.

D'autres rumeurs se glissaient parmi le peuple. On disait que Draupadi s'était trouvée gratifiée d'un grand chaudron miraculeux, qu'on ne pouvait jamais vider entièrement. S'y trouvait-il un seul grain de riz que le chaudron se remplissait à nouveau. Inépuisable, racontait-on , il permit un jour à Draupadi de nourrir plus de vingt mille pèlerins, qui s'acheminaient vers un lieu sacré.

Un jour, les cinq frères et Draupadi entendirent soudain une voix de femme, à travers les arbres, une voix qui criait le nom de Bhima. Ils virent apparaître, échevelée, déguenillée, une femme qui leur parut jeune et qui déclara à Bhima :

— On m'a dit que je te trouverais dans la forêt et que tu es l'homme le plus fort du monde.

— C'est vrai, dit simplement Bhima.

— Tu dois te battre pour moi.

— Contre qui?

— Contre un vieillard orgueilleux et féroce. Contre Bhishma.

Bhima répondit aussitôt qu'il aimait et respectait Bhishma, qu'il ne pouvait pas le combattre. De plus, comme le dit Arjuna, Bhishma ne pouvait mourir à moins de désirer la mort. Il était donc invulnérable, inattaquable.

Yudishsthira s'approcha de la jeune vagabonde découragée et lui demanda :

— Qui es-tu?

— Je suis Amba, dit-elle. A cause de Bhishma, jadis on m'a rejetée de la terre.

Ils s'étonnèrent, ils la regardèrent de près, sous la boue qui nouait ses cheveux. Yudishsthira murmura :

— Plus de quarante ans ont passé...

— La haine protège ma jeunesse, dit-elle. Je ne vis que pour tuer Bhishma, je l'ai juré, mais tous les hommes auxquels je m'adresse, même les héros, même toi Bhima, même toi Arjuna, tous me disent : on ne peut pas le tuer. Pourtant je le tuerai. Pour connaître l'instant qui détruira sa vie, j'ai l'éternité.

Convaincu du prodige, Yudishsthira tenta de l'apaiser et de la libérer de ce désir de tuer qui la tenait jeune et ardente. A quoi Draupadi répondit :

— Pourquoi toujours conseiller le repos, le pardon ? Pourquoi toujours se courber, renoncer ?

Amba dit alors qu'elle cherchait depuis quarante ans, qu'elle avait même demandé aux demi-dieux, à toutes les forces invisibles.

— Mais aucune force, dit-elle, aucune force ne domine la mort.

On entendit alors distinctement une voix qui dit, dans la forêt :

— Sauf la mort elle-même...

— Qui a parlé ? s'écria Amba en courant à travers les arbres. Qui a dit « sauf la mort elle-même » ? Comment la mort peut-elle dominer la mort ? Explique-moi, réponds-moi, ne me laisse pas dans ce vide !

La voix ne lui répondit pas. Avait-elle même jamais parlé ? Amba s'abattit sur le sol, la tête fléchie. Elle s'appuyait sur un bâton rugueux qu'elle tenait à deux mains. Draupadi s'approcha d'elle et lui demanda :

— Veux-tu manger ?

Amba se redressa d'un seul coup, comme si toute sa force était revenue.

— Je ne mange que ce que m'apporte le vent, dit-elle, je ne dors jamais. Toute ma vie je marche et j'interroge. Je n'ai besoin de rien.

Elle s'en alla aussitôt, s'avançant au milieu des broussailles. Ils écoutèrent un moment le bruit de ses pas qui s'effaçait dans la forêt.

Draupadi déclara soudain :

— Quelqu'un s'amuse de nous. Un magicien nous aveugle, nous égare et nous torture.

— Quel magicien ? dit Yudishsthira.

— Nous avions un royaume, ou bien je l'ai rêvé ?

Aucun des cinq frères ne lui répondit. Ils s'attendaient depuis des mois à un sursaut de Draupadi.

— Yudishsthira, dit-elle, je t'ai vu sur un trône, je t'ai vu parfumé, brillant, je te vois maintenant sur un tas d'herbes, dans la peur et dans la misère. On m'a traînée en public, moi. Des hommes ont ri en voyant une femme, mes époux étaient là, ils étaient vivants, je leur ai donné un fils à chacun, j'avais besoin de leur secours, et Duryodhana est encore vivant ! Toute votre force, je la méprise.

Ils gardaient la tête fléchie et ne disaient rien.

— J'ai une autre question, dit Draupadi, s'adressant toujours à Yudishsthira. Tu es juste, sans orgueil, tu ne dis que des paroles de vérité : comment l'idée du jeu est-elle entrée en toi ? Comment as-tu accepté de jouer ? De tout perdre ? Même tes frères ? Même ta femme ? Je ne comprends pas.

Yudishsthira traçait un dessin sur le sol, avec de la poudre de craie blanche. Il écoutait attentivement, sachant que Draupadi allait élargir son propos.

Elle ajouta ceci :

— Parfois je me dis qu'un homme n'est rien, qu'on lui impose sa nature, qu'il ne marche pas un instant par lui-même. Il est comme un arbre tombé du rivage et entraîné par le fleuve, comme un taureau mené par un cordon de perles enfilé dans le nez. Tout ce que nous pensons, tout ce que nous disons n'est qu'une illusion, une déception. Oui, je soupçonne un magicien. Le destin vicieux s'amuse de nous. Le créateur n'a pas les mêmes yeux pour tous. Je le condamne.

Yudishsthira releva la tête, la regarda et lui dit :

— Mais Draupadi, j'ai les mêmes questions que toi : pourquoi telle action est récompensée ? Pourquoi telle action ne l'est pas ? Personne ne peut répondre, c'est le secret de tous les temps.

— Tu t'inclines devant ce monstre ?

— Qu'il y ait une récompense ou qu'il n'y en ait pas, je fais de toutes mes forces ce que je dois faire. C'est mon Dharma, c'est ma seule barque. Sans cette obligation, toute solidité disparaîtrait, Draupadi, et le monde serait plongé dans une obscurité déshonorante.

— Ton Dharma t'imposait de jouer ?

Elle posait à son tour la même question que Kunti, une question à laquelle Yudishsthira ne donnait aucune réponse.

— J'ai plus que de l'amour pour toi, lui dit-elle, j'ai du respect, depuis le premier jour, mais quelque chose dans ton cœur m'échappe et me décourage. L'homme qui ne sait pas pourquoi il vit, où est sa volonté ? Quel espoir l'anime ? Le bonheur est pour l'homme qui agit !

— Et si le silence était nécessaire à l'harmonie de notre terre ? Le silence, la solitude, la pensée...

Ils écoutèrent un instant les bruits de la forêt. La question de Yudishsthira les laissait incertains. Nakula prit alors la parole, avec vivacité :

— Le paysan fend le sol avec sa charrue, ensuite il sème, puis il attend, les bras croisés. La récolte viendra des nuages. Si les pluies ne tombent pas, il ne se fera aucun reproche, il dira : j'ai travaillé comme les autres, la pluie n'est pas venue, ce n'est pas ma faute. Mais s'il n'avait pas labouré, s'il n'avait pas semé, quel fruit pourrait-il attendre ?

— Lève-toi ! s'écria Draupadi. Reprends tes armes ! Ne nous laisse pas dans ce désert !

Yudishsthira venait de se remettre à dessiner des lignes blanches qui s'entrelaçaient sur le sol. Alors Bhima intervint, avec son habituelle énergie, et les paroles qu'il prononça montrèrent que cette masse de chair musclée connaissait aussi tous les justes domaines de l'activité humaine, l'artha surtout, le bon usage des richesses de la terre, et le kama, l'art inégalable du plaisir d'amour.

Bhima dit ceci :

— Yudishsthira, nous avons tous envie de ce qui est bon, c'est naturel. L'argent, par exemple, la richesse, les biens de la terre, c'est bon, c'est excellent, et il est normal de les désirer. Et l'amour, le bonheur de l'acte d'amour, c'est bon, c'est délicieux, parfois c'est divin. On prétend que ça chavire les têtes solides, moi je te dis : mon frère, il n'y a rien de tel que l'amour, c'est du miel, de la joie, c'est le fruit le plus beau. L'amour bien fait peut te conduire à la sagesse. Toi, tu connais le Dharma mieux que personne au monde. Ta pensée suit le Dharma comme l'ombre suit le corps d'un homme. Mais la richesse, hein ? Et l'amour ? C'est tout seul dans ton buisson que tu vas jouir de l'amour ? Debout ! Tu dois défendre ta terre, c'est la vérité, et défendre sa terre par la pénitence, par des gémissements, c'est comme gratter un âne !

Il saisit la grosse branche d'un arbre et la cassa d'une seule main, dans sa colère. On disait qu'au passage de Bhima les arbres se courbaient parfois de frayeur.

Yudishsthira dit alors une phrase étrange, que certains commentateurs prirent pour une stricte vérité, comme s'il avait accepté de jouer et de perdre non pas pour éviter la guerre, mais au contraire pour éviter la paix à tout prix, par le détour d'une ambition d'autant plus vaste qu'elle restait cachée.

— La vérité, dit-il, c'est que j'ai voulu enlever à Duryodhana son royaume en jouant aux dés.

— Je ne peux pas te croire ! s'écria Nakula. Le silence n'apporte aucune réponse au mensonge. Notre royaume, notre puissance sont entre les mains d'un voleur !

Soudain Bhima, devenu grave, tendit le doigt vers son frère et dit :

— Tu as fait alliance avec la mort.

— Moi ?

— Oui, c'est clair, tu l'as toujours devant les yeux. Elle fait partie de la famille. Tu es depuis longtemps un parent de la mort.

— De quoi parles-tu, Bhima ?

— Ton énergie s'est dissipée. La mort est assise à côté de toi, je la vois. Tu es un homme que maintenant rien ne distingue, inutile fardeau de la terre. Mais si tu as aimé le malheur, pourquoi l'imposer à ta femme, à tes frères ? Moi je cours à droite, je cours à gauche, pour rien. La nuit, aucun sommeil. Draupadi souffre. Regarde Arjuna, la tête fléchie, les bras mous, Nakula et Sahadeva pétrifiés, et toi ratatiné, hagard, comme un pauvre diable qui rampe autour de sa chaise !

Bhima semblait avoir perdu le respect qu'il portait toujours à son frère aîné. Frappé d'une idée inattendue, il s'écria :

— On dit que pour un homme plongé dans la méditation une année passe comme un jour. Nous croupissons ici depuis treize mois, disons que ces treize mois ont passé comme treize années! Debout!

Yudishsthira lui répondit :

— Les fils de Dhritarashtra ne peuvent pas être battus. Leurs coffres sont pleins, et tant de rois ont pris leur parti... Nous sommes cinq mendiants presque nus...

Il se leva, s'approcha de Draupadi et la prit avec tendresse entre ses bras.

— Un jour, Draupadi, les loups et les oiseaux éclateront de rire en mangeant la chair de nos ennemis, eux qui ont ri en te voyant perdue au jeu. Les vautours et les chacals traîneront leurs membres, eux qui t'ont traînée en pleine assemblée. Un jour, dans douze ans, quand le moment sera venu, mais pas avant.

Il s'agissait d'une promesse solennelle, faite d'une voix forte. Après un court moment de silence, Arjuna, qui n'avait pas prononcé une seule parole, se leva, prit Bhima dans ses bras et l'embrassa. Etonné par ce geste, Bhima lui demanda :

— Pourquoi m'embrasses-tu?

— Parce que je m'en vais, répondit Arjuna.

Il embrassa les jumeaux et ajouta :

— Je ne peux plus attendre ici. Mes bras faiblissent, mon esprit se détruit, j'ai l'impression d'une infirmité qui guette mon cœur.

Il prit aussi Yudishsthira dans ses bras. Celui-ci lui demanda :

— Où vas-tu?

— Quelque part dans le nord, il existe des armes. Je vais les chercher, car celles que nous connaissons ne suffiront pas.

Il dit à Draupadi qu'il la laissait avec ses frères,

qu'il devait partir seul pour cette quête désormais nécessaire.

— Où sont ces armes? demanda Sahadeva.

— Les humains ne le savent pas. Elles sont enfouies dans les montagnes. On dit que pour les obtenir il faut tout oublier, même son corps, même sa vie. Je suis préparé.

Ils regardaient tous Arjuna, le plus brillant des princes, qui se recueillit un instant devant le dessin que Yudishsthira venait de tracer sur le sol, et qui s'apprêtait au plus dur des actes.

— Je m'en vais, dit-il encore, car je suis marqué depuis mon enfance pour la guerre. Tous les dons que j'ai reçus, tous mes efforts, tous les secrets que j'ai appris n'ont qu'un objet, qu'une fin : la guerre. Et je sais qu'un jour cette guerre aura lieu, que je la conduirai. Je le sais. Je ne passerai pas à côté de ma vie.

Il prit enfin Draupadi dans ses bras, il la tint longuement serrée contre lui, il lui dit qu'il ne savait pas quand il reviendrait. Lorsqu'il se sépara d'elle, Yudishsthira lui tendit son arc — cette arme célèbre qui s'appelait Gandiva, dont on reconnaissait le bruit de loin — et une poignée de flèches.

Il partit à pied à travers la forêt. Avant de disparaître, il se retourna pour un dernier geste.

Yudishsthira revint alors vers Draupadi, qui ne cachait pas sa tristesse. Il lui dit avec douceur :

— Je sais que tu l'aimes en particulier. Quand venait le temps d'être seule avec lui, tes yeux brillaient avec plus d'éclat, nous l'avons tous remarqué. Mais il ne pouvait pas rester plus longtemps parmi nous et si loin qu'il parte, nous le reverrons, plus fort que jamais.

La nuit tombait. Ils mangèrent un peu de riz, quelques légumes, et se préparèrent pour la nuit.

Ils dormaient à l'abri d'une toile tendue. Bhima fit un feu, comme chaque soir, seule et maigre défense contre la grande étendue d'ombre, tout autour.

— Je veillerai pendant votre sommeil, dit-il. Dormez dans le calme.

Le fils-démon

Les créatures infernales ont toujours pris la forêt pour abri. Dans l'Inde ancienne, ces créatures sombres et effrayantes, aux pouvoirs multiples, s'appelaient les Rakshashas. Dans la forêt où Draupadi et ses cinq époux, qui depuis le départ d'Arjuna n'étaient que quatre, luttaient contre la détresse et la peur, régnaient deux de ces monstres, un frère et une sœur. Il s'appelait Hidimba, elle s'appelait Hidimbi.

Invisibles aux regards humains, cette nuit-là, ils volaient à travers les arbres, en chasse affamée de chair humaine.

Le frère dit à sa sœur qu'il sentait en humant le vent une odeur exquise. Elle la sentit elle aussi. Leurs langues commencèrent à se promener sur leurs lèvres. Déchirés par la faim, ils imaginaient déjà dans leurs gueules des gouttes de graisse et de chaudes gorgées de sang. A travers les branches, ils aperçurent les dormeurs et Bhima qui veillait près du feu.

La démone se réjouit à l'idée de plonger ses dents à travers cette chair vivante, de boire leur sang jeune, chaud, fumant, délicieux. Son frère lui ordonna :

— Va voir qui ils sont et apporte-moi leurs cadavres. Dépêche-toi. Quand nous aurons mangé, nous danserons au clair de lune.

Hidimbi traversa d'un bond l'espace qui la séparait

de Bhima. Devinant une présence menaçante dans l'ombre, Bhima se leva, cherchant à percer la nuit. Mais Hidimbi ne se montrait pas. Elle vivait dans une autre lumière.

Sans qu'il pût la voir, elle se tenait immobile devant lui, les jambes écartées, penchée en avant — soudain fascinée, immobilisée, par la présence de cet homme.

Elle lui demanda d'une voix étonnée :

— Qui es-tu, toi que je vois ?

— Bhima. Et toi, que je ne vois pas ?

— Je m'appelle Hidimbi, cette forêt est mon royaume.

— Tu es une Rakshashi ?

— Oui.

— Montre-toi, dit Bhima, qui ne sentait en lui aucune sorte de peur.

— Non, je ne veux pas.

— Pourquoi ?

— Pour le goût des humains mon aspect est horrible, je suis noire et velue, mon odeur est infecte.

— Je veux te voir ! dit Bhima en faisant quelques pas dans la direction de la voix obscure.

— Non ! Attends ! Je dois d'abord me composer un visage de beauté et un vrai corps de femme.

— Tu peux le faire ?

— Regarde.

Un rayon de lune, comme sortant d'un nuage, illumina la clairière, et dans cette lumière séduisante apparut la plus parfaite image de femme que Bhima eût jamais contemplée. Sinueuse, brillante et nue, elle se tenait devant lui, les mains ouvertes.

Elle demanda :

— Tu me trouves belle ?

Emerveillé par la métamorphose, entouré d'un parfum nouveau, Bhima respecta un moment de silence avant de répondre, la voix émue :

— Comme la nuit.

— Alors, dis-moi d'où tu viens, splendide jeune homme, dis-moi quelle est ta vie, ce que tu fais.

En marchant doucement, comme sans toucher la terre, elle s'approchait de lui, elle l'effleurait de la main.

— Je veille, répondit Bhima.

Elle baissa la voix pour lui avouer :

— Cette forêt est dominée par un Rakshasha terrifiant, mon frère, qui manque de viande, qui m'a envoyée prendre votre vie, mais à ta vue l'amour m'a possédée, tu m'as éblouie, je t'aime, je ne peux pas te tuer, aime-moi comme je t'aime et sois mon époux ! Je vole dans les airs, je fais ce que je veux, je te sauverai !

— Je ne peux pas être ton époux et partir avec toi, lui dit Bhima, car j'ai déjà une épouse.

— Où est-elle ?

— Là.

Hidimbi s'approcha de l'abri où Draupadi dormait — cette nuit-là dans les bras de Sahadeva.

Hidimbi s'écria :

— Mais elle dort près d'un autre homme ! Qui est-ce ?

— C'est mon frère, c'est aussi son époux.

— Elle a donc deux époux ?

— Elle en a cinq.

— Cinq ! Et tu refuses de faire de moi ta seconde épouse ? Quel est ce mystère ? Je ne comprends pas !

— De toute façon, Hidimbi, je ne peux pas te suivre, je ne peux pas les abandonner à la mort.

Dans un cri de générosité, Hidimbi lui dit alors :

— Je les sauverai tous !

— Je ne compte pas sur toi pour les sauver, lui répondit Bhima. Aucun Rakshasha ne peut me vaincre.

On entendit à travers les feuillages les cris rauques du démon. Il s'approchait, les dents aiguisées par la faim.

Hidimbi s'écria :

— Il vole, il accourt, vite ! Saute sur mon dos avec les autres, et je vous emporte loin d'ici ! Tu ne le connais pas, il est féroce !

Bhima lui répondit calmement :

— Je n'ai absolument pas peur de ton frère, Hidimbi. Ne me dédaigne pas en pensant de moi : ce n'est qu'un homme.

Le démon surgit en hurlant et s'abattit dans la clairière, réveillant Draupadi et les autres. Il apparaissait énorme, épouvantable, bavant partout, empestant l'air, couvert de longs poils sombres. Ses longues dents étincelaient dans sa face profondément noire.

Enragé, il s'adressa d'abord à sa sœur, qui venait de trahir, envahie par un amour fou :

— Hidimbi ! Mais pourquoi avoir pris cette répugnante apparence de femme ! Je comprends tout, sale perverse dépravée, je vais te tuer avec tous ces dormeurs !

Bhima se plaça devant lui :

— Halte ! Avant de tuer cette femme, lutte avec moi, avec moi seul !

Ils s'affrontèrent d'abord du regard et de la voix. Le démon tournait autour de Bhima en lançant toute une série de cris de combat, qui faisaient trembler les arbres et s'enfuir les oiseaux de nuit. Draupadi, Yudishsthira et les jumeaux se tenaient à l'écart, serrés les uns contre les autres. Ils ne pouvaient être d'aucune aide dans la bataille qui se préparait.

— Oui, hurle ! disait Bhima. Je vais coudre ton horrible gueule et dans un moment tu ne crieras plus !

— Et moi je vais te dépecer ! criait le Rakshasha.

Je vais t'ouvrir le ventre ! Je sucerai ta moelle ! Je croquerai les miettes de tes os !

Ils se jetèrent l'un sur l'autre.

Vyasa lui-même a longuement cherché les mots extraordinaires qu'il eût fallu trouver pour décrire cette bataille qui fit trembler la terre, qui épouvanta les arbres et qui dura toute la nuit. Aux ruses magiques du Rakshasha, qui se transformait, qui devenait serpent ou scorpion, liane ou nuage, Bhima opposait sa force humaine exceptionnelle, son calme lucide, son goût forcené du combat, sa belle fierté d'être le plus fort, et d'être un homme.

Ils s'insultèrent, se frappèrent, se poursuivirent, se blessèrent, se perdirent, se rattrapèrent. Autour d'eux le sol se fendait et les arbres se fracassaient ; Bhima ne pouvait parvenir à saisir le monstre dans ses bras pour l'étouffer, en l'arrachant au contact de la terre. Il s'épuisait, le souffle lui manquait, son sang lui échappait. A plusieurs reprises le Rakshasha l'avait mordu, déchirant des morceaux de sa chair. Il s'affaiblissait au fil de la nuit.

Vers la fin de la nuit, Hidimbi, qui suivait la bataille avec passion, dit à Bhima :

— C'est juste avant le jour que les Rakshasha ont le plus de force ! Soulève-le de terre ! Etouffe-le ! Maintenant !

Alors que le Rakshasha s'élançait pour la centième fois vers lui, les dents et les griffes luisantes, Bhima se souvint brusquement d'une des feintes que Drona leur avait apprises. Au lieu de faire face, il s'écarta soudain, tendit une jambe, le démon trébucha, Bhima le reçut dans ses bras ouverts, le souleva de terre avec un cri :

— Je vais rendre le bonheur à ce bois !

Les bras et les pattes du monstre s'agitaient dans l'air avec désespoir. Il exhalait un souffle amer, de plus en plus rare. Bhima serrait son corps de toutes ses forces immenses. On entendit des os craquer, un long sifflement sortant d'une gorge qui se fermait, les membres cessèrent de battre et retombèrent, inutiles, inertes. La mort, présente dans les bras de Bhima, accomplissait son œuvre avec ténacité.

Quand il le sentit mort, Bhima jeta le démon sur le sol. Les autres frères s'approchèrent pour assister de près à ses dernières convulsions.

— Il est mort ? demanda Draupadi.

Bhima posa son oreille sur la tête de son ennemi abattu.

— Oui, dit-il, il est mort, je n'entends plus son cœur de monstre.

Nakula et Sahadeva emportèrent le corps hors de la clairière, comme on le fait pour une bête morte.

Hidimbi, toujours belle et nue, dit à Yudishsthira :

— Tu es l'aîné ?

— Oui.

— Ecoute-moi. Je sais que l'amour est le malheur des femmes et que le temps est venu pour moi de souffrir. J'ai choisi ton frère Bhima. S'il me repousse, il m'est impossible de vivre. Traite-moi de triste folle mais accorde-moi cet homme.

Elle dit aussi à Draupadi :

— Tu as d'autres époux, laisse-moi celui-ci, je le désire. Si tu me le donnes, je ferai tout pour vous, je vous protégerai toute votre vie !

Yudishsthira, à l'idée d'une protection surhumaine qui leur venait du hasard de la nuit, saisit la main de Bhima et l'offrit à la démone en disant :

— Oui ! Prends-le ! Amuse-toi avec mon frère Bhima du lever au coucher du soleil ! Tant que brille le jour, il est à toi. Mais nous avons besoin de lui : n'oublie pas de le ramener quand revient la nuit.

Hidimbi souriante et radieuse, aux premières

lueurs du soleil, s'avança vers Bhima les bras écartés et lui dit :

— As-tu encore peur de moi?

— Je n'ai jamais eu peur.

— Que peux-tu encore me refuser?

— Rien. Le jour se lève, emporte-moi, je serai avec toi jusqu'à ce qu'un fils nous soit donné.

Alors, transfigurée par la joie, Hidimbi devint une femme d'une beauté presque incroyable. Elle saisit Bhima si lourd, elle si légère, elle le plaça sur son dos et l'emporta aussitôt dans les airs. Draupadi et les autres frères le virent disparaître au sommet des arbres, vers le soleil clair du matin. Partout, sur les sommets des montagnes, sur les plages bleues, dans les repaires secrets des gazelles, au bord des lacs lointains, partout elle lui fit l'amour.

Ils eurent un fils, un fils énorme, qui s'appela Ghatotkatcha. Dès sa naissance, il apparaissait aussi haut et fort que son père, déjà noir et armé.

— C'est un enfant splendide! s'écria Hidimbi. Il a les yeux rouges! Et il sera très fort, un magicien magnifique, je peux déjà deviner sa puissance!

L'enfant, qui marchait avec hésitation sur la terre car il venait à peine de naître, s'avança vers son père avec dans les yeux tout l'amour des mondes. Il saisit Bhima entre ses bras et le souleva au-dessus du sol, comme une brindille. Il le tint serré contre lui avec affection, puis il le reposa. Ils se retrouvaient soudainement dans la clairière, près de Draupadi et des autres frères, au lever du jour.

Ghatotkatcha, l'enfant magique, s'écarta de son père et se dirigea vers la forêt.

Bhima venait de vivre une passion hors de ce monde. L'espace et le temps s'étaient abolis devant la force d'un amour. Voyant son fils à peine né s'éloigner de lui, il cria, les bras tendus :

— Ghatotkatcha, reste avec moi !

Le fils de l'ombre s'arrêta, se retourna vers son père humain et dit d'une voix devenue grave en un instant :

— Je ne peux pas rester. J'habite dans un autre monde où je retourne avec ma mère. Mais si un jour tu m'appelles, où que je sois, je me dresserai pour te secourir.

Sur cette promesse, il reprit sa haute marche vers la forêt.

Bhima se précipita, cria :

— Hidimbi ! Où es-tu ? Viens !

Mais Hidimbi traversa la clairière en se cachant le visage, et dit :

— Non ! Ne me regarde pas ! Je m'en vais !

On eut le temps de voir qu'avec la lumière du jour, tout sortilège éteint, elle venait de retrouver sa forme répugnante de monstre, ses poils et son odeur de bête.

A son tour, elle disparut parmi les taillis, avec son fils. Le bruit de leurs pas se perdit.

Bhima, le corps vaincu par la lutte avec le démon, par son long voyage d'amour, par les charmes inconcevables de cette nuit qui se terminait, tomba sur les genoux. Immobile au milieu de la clairière, il pleurait, à sanglots brisés, cette femme et ce fils, donnés et enlevés.

Draupadi s'approcha et lui posa une main sur l'épaule.

La recherche des armes

Alarmé par ses rêves, Dushassana décida son frère Duryodhana à lancer une chasse dans la forêt pour exterminer les Pandavas. L'angoisse était l'ennemi qui harcelait Duryodhana. Malgré sa violence naturelle, qu'il parvenait à contrôler avec l'aide de Vidura et de Bhishma, il conduisait son peuple avec intelligence, et son règne était un bon règne, chacun l'admettait. Mais une crainte insatisfaite, le sentiment d'une injustice commise en son nom, les inquiétudes de son père et de sa mère, qui marchaient d'une pièce à l'autre au long de la nuit, les cauchemars de Dushassana, tout le portait à cette angoisse mystérieuse qui le détruisait peu à peu, malgré sa force. Réduire les doutes qui vivaient en lui : cela semblait le but de sa vie. Et c'est pourquoi sans doute, malgré sa lucidité, il accepta de lancer cette chasse meurtrière, espérant se libérer du mal par un mal encore plus sombre.

Ce matin-là, de très bonne heure, Kunti pénétra dans la chambre de Gandhari. Elle lui dit :

— Ton fils a lancé une chasse contre mes fils. Non content de leur exil, il veut leur mort, il veut caresser leurs corps froids.

— Il défend le royaume, dit Gandhari.

— Non, ne te trompe pas. Arrache ton bandeau, quitte cette ombre où tu t'abrites.

— A chacun son ombre, Kunti. J'ai pris l'habitude du noir.

— Je comprends que tu ne regardes jamais la terre, ni les palais, ni les couleurs du ciel, mais comment peux-tu vivre sans jamais voir tes fils ? Un éclair de courage, c'est tout ce qu'il te faut. Regarde autour de toi, vois les choses comme elles sont !

Gandhari choisit le silence. Kunti tendit alors une main vers le visage de la reine, en disant :

— Je vais t'arracher ton bandeau !

— Ne me touche pas !

Gandhari s'écarta d'un mouvement très vif.

— Tu ne m'aimes pas, lui dit Kunti. Mon premier fils naquit avant le tien et tu ne l'as pas oublié.

— J'en ai souffert longtemps, c'est vrai, je me demandais même quels pères t'avaient donné tes fils, comme tout le peuple se le demandait. Mais je n'y pense plus. Ecoute-moi, Kunti : tes enfants sont unis et forts, assez forts pour se protéger, pour se sauver. C'est pour les miens qu'il faut craindre. Duryodhana est faible devant son propre cœur.

— C'est un fils d'aveugle, dit Kunti, il vit dans sa nuit.

— C'est un homme menacé, menacé de mort par lui-même, je le vois clairement. Tu dois m'aider à le garder vivant. Même si tu le hais, même si la terre le craint, il est mon fils.

Kunti s'apprêtait à répondre, ne sachant pas quelle sorte d'aide Gandhari pouvait attendre d'elle (s'agissait-il de maintenir Duryodhana sur le trône, ou de l'en écarter ?) quand elles entendirent les pas d'un homme qui passait devant l'entrée de la chambre.

Kunti reconnut ce pas. Elle se retourna et appela :

— Karna ! Viens...

Il se montra, il entra dans la pièce. Kunti, sa mère secrète, le fit asseoir à côté d'elle. Il tenait à la main une lance dorée d'une forme particulière.

— Karna, lui dit Kunti, le souffle de la guerre chaque jour se rapproche. Je connais ta force, ton influence. Si tu voulais, tu pourrais l'éviter.

— Je ne déciderai pas de la guerre, Kunti, mais si le jour vient, je me battrai. Tes fils sont mes ennemis. Ils m'ont repoussé, méprisé, sali.

— Tu ne pourras jamais les vaincre.

— Tu vois cette lance ? Touche-la, sens comme elle vibre.

Il lui tendit sa lance dorée, qu'elle effleura craintivement du bout des doigts. Elle sentait une force perfide dissimulée dans le métal. Partout, dans les villes et dans les campagnes, on parlait de la puissance de Karna, de sa générosité, de son habileté, de ses armes inhabituelles.

— Quelle est cette lance ? demanda Gandhari.

— Quand je suis né, dit Karna, non sans fierté, je portais une cuirasse d'or, comme une seconde peau, que rien ne pouvait percer. Un jour, un dieu, sous le masque d'un mendiant, me dit : donne-moi ta cuirasse. Je la portais depuis ma naissance. Une voix dans le ciel me cria : ne donne pas cette cuirasse ! Mais je ne pouvais pas refuser. Quelque chose me pousse à donner quand on me demande. Sans une hésitation j'arrachai ma cuirasse et je la donnai, sanglante. Alors le dieu me tendit cette lance et me dit : elle tuera un être vivant, celui que tu voudras, homme, dieu ou démon.

— Mais elle ne tuera qu'une fois, dit Kunti.

— Comment le sais-tu ?

— Je le sais.

Par des informateurs, par des serviteurs, Kunti connaissait toutes les actions de Karna. Tous les bruits qui se racontaient à son propos, elle les recueillait. Elle savait tout de ce fils, qui ne savait rien de sa mère.

— Kunti, lui dit-il, tes fils ont peur de moi! Duryodhana m'a donné un royaume, je lui dois la vie et plus que la vie. Un jour, au soleil, je lui apporterai la victoire.

Au soleil? Pourquoi avait-il parlé du soleil? Kunti le saisit par le bras et lui demanda :

— Si tu avais des frères, si tu avais une mère, parlerais-tu encore de victoire?

Karna se releva pour aller s'asseoir à côté de Gandhari. Il prit l'une des mains de la reine et la posa sur son propre front en disant — et rien ne pouvait blesser Kunti plus durement :

— J'ai une mère, et j'ai cent frères. Laisse-nous, Kunti.

Duryodhana et Dushassana, entourés d'une troupe d'hommes d'armes bien exercés, trouvèrent les Pandavas après plusieurs jours de recherche. Sans difficulté, ils les maîtrisèrent. Duryodhana, à la vue de leur dénuement, voulut renoncer à les supprimer. S'adressant à Yudishsthira, il laissa le sarcasme lui venir aux lèvres :

— On m'a dit que je trouverais le plus grand des rois dans la forêt. Serait-ce toi? Ce corps boueux, ces poils entremêlés, ces mains rugueuses? Dushassana, tes rêves t'ont menti. Ils sont chétifs, abandonnés de tous.

— Non! lui dit Dushassana. Ne te trompe pas! Ils dissimulent leur force, je le sens! Et Arjuna? Où est Arjuna?

— Il voyage, dit Yudishsthira.

Soudain pris d'inquiétude en constatant

l'absence d'Arjuna, Duryodhana demanda, de nouveau menaçant :

— Ne devait-il pas demeurer douze ans dans les bois ? Pourquoi a-t-il rompu sa parole ? Où voyage-t-il ? Avec qui ?

— Il voyage seul, répondit calmement Yudishsthira. Aucune parole n'a été rompue.

Dushassana soudain s'élança, saisit une lame tranchante et l'appliqua sur la gorge de Yudishsthira, que de son autre main, il tenait par les cheveux, en criant à Bhima :

— Si tu t'approches, je coupe la gorge de ton frère !

Il répéta furieusement les mêmes questions : Où s'est dirigé Arjuna ? Quelles alliances cherche-t-il ?

On entendit à ce moment à travers les arbres la voix très forte de Vyasa qui s'écriait :

— Ecarte ton arme, Dushassana ! Obéis-moi !

Vyasa s'avançait dans la clairière, en compagnie de l'enfant. Ganesha, qui se montrait rarement aux yeux des hommes, se tenait à l'abri dans les fourrés.

A la vue de Vyasa, leur auteur, leur inventeur, qui pouvait à chaque instant casser le fil de leur destinée, tous les personnages parurent se calmer. Dushassana retira son arme. En s'avançant, Vyasa dit encore :

— Aucun crime ne doit corrompre ce poème.

Dushassana retira son arme. Vyasa leur dit encore qu'il ne les abandonnait jamais, où qu'ils fussent. Jamais ils ne devaient oublier qu'ils se trouvaient aux prises avec une action incertaine, dont le cours à chaque instant pouvait dévier, une action dont ils n'étaient les maîtres qu'à l'intérieur de certaines limites, ne jamais oublier surtout, aveuglés par le sentiment de leur vie, leur asservissement à une volonté suprême, qui était la sienne.

Yudishsthira, soulagé, remercia Vyasa, l'assurant de sa joie véritable de le voir là, à ce moment-là. Quant à Duryodhana, qui admettait sans discussion l'autorité de Vyasa, et qui sans doute au fond de lui-même n'avait aucun désir véritable de tuer misérablement ses cousins, il lui demanda :

— Qui est cet enfant qui t'accompagne ?

— Je l'ai rencontré sur mon chemin, il ne me quitte pas, je lui raconte votre histoire.

Draupadi lui dit alors :

— Vyasa, nous as-tu condamnés à rester fixés à la même place ? A perdre lentement notre vie dans cette forêt ?

— Non, leur dit Vyasa, rien ne vous oblige à croupir ici. Partez. Profitez de l'exil pour voir et pour entendre, marchez, arrêtez-vous auprès des hommes sages, interrogez aussi les sauvages et les fous.

Il ajouta en souriant :

— Il faut écouter les histoires. C'est agréable, et quelquefois, ça rend meilleur.

Puis, s'adressant à Duryodhana, et montrant ainsi qu'il avait lui-même placé dans le cœur de Dushassana — dont il commandait peut-être les rêves — l'idée d'une partie de chasse à l'homme, il lui dit :

— Duryodhana, regagne la ville. La chasse aujourd'hui n'était pas très bonne.

Les deux frères et leurs hommes se retiraient quand soudain Bhima, que plusieurs arcs tendus empêchaient jusque-là d'ouvrir sa bouche ordinairement retentissante, fit quelques pas vers le détestable Dushassana et lui dit, comme une supplique :

— Dushassana, accorde-moi une faveur : en

retraversant la forêt, sois très prudent. Que les tigres et les loups ne t'égorgent pas. Reste vivant. Garde ton sang pour moi.

Dushassana partit sans un mot, très pâle.

Vyasa se retrouva un peu plus tard avec l'enfant, qui lui demanda :

— Si tu peux arrêter les crimes, alors tu pourrais empêcher la guerre ?

Vyasa, qui n'aimait jamais admettre que son pouvoir se soumettait à certaines limites imprécises, répondit après un silence :

— Il y a des gestes que la parole arrête, et d'autres que rien ne peut arrêter.

A son retour amer au palais, Duryodhana rencontra Karna, à qui l'idée d'une partie de chasse criminelle avait été cachée, car il s'y fût fermement opposé. Duryodhana lui apprit le départ d'Arjuna, mais Karna, prévenu par ses espions, savait déjà tout. Il savait même qu'Arjuna, se dirigeant seul vers le nord, partait à la recherche d'armes divines, porteuses de mort totale, et qu'il pensait les acquérir par la pénitence et la privation.

Alarmé, Duryodhana dit à Karna :

— Mais où est-il ? Je veux savoir exactement !

— Je suis incapable de te le dire. Mais si tu veux, tu peux le voir. On t'a appris cette magie. Fixe ta pensée sur lui, sois calme, prononce les mots nécessaires. Evoque-le !

Ils se trouvaient, à la fin du jour, dans une grande salle que l'ombre habitait déjà. Duryodhana fit sortir les serviteurs. Il resta seul avec Karna et Dushassana. D'abord il chanta, les yeux fermés, en appelant à son aide les forces qui lui paraissaient nécessaires. Par la force de sa parole, il les obligeait à le servir.

Il traça sur le sol un grand cercle et ce cercle s'enflamma. Il se plaça lui-même à l'intérieur de cette couronne de flammes, avec son frère et avec Karna. Ils se protégeaient ainsi de tous les éclats qui pouvaient surgir, dans les mouvements de l'air qu'ils allaient bientôt déchaîner.

Une fumée blanche semblait repousser les murs de la pièce, et l'agrandir hors de toute mesure. Même un vend froid se mit à gémir, et des oiseaux de nuit à faire entendre leurs plaintes, et des loups à courir sur les pas d'un gibier perdu.

Dushassana tendit une main à travers la fumée et s'écria :

— Arjuna !

Ils l'aperçurent, en effet, là, non loin d'eux, hors du cercle de flammes. D'autres flammes magiques l'illuminaient, le faisaient voir assi dans un bois épineux, sur le dos glacé de l'Himalaya, immobile, attendant les dieux.

Ils le contemplèrent un moment à travers la fumée claire, qui semblait monter de la neige.

— Il est ainsi depuis des mois, dit Duryodhana. Sans manger, sans dormir...

Une bête poilue surgit des fourrées d'épines. Arjuna, vif comme un serpent menacé, saisit son arc et la flèche jaillit, perçant l'animal qui tomba. Arjuna se leva pour ramasser sa proie quand une voix rugueuse, montant de l'ombre, lui ordonna :

— Ne touche pas à ce sanglier !

Un homme vigoureux apparut, vêtu de peaux sombres et armé. Un chasseur des montagnes, semblait-il. Un homme de basse classe, négligeable.

Mais cet homme demandait avec arrogance :

— Pourquoi as-tu frappé ce sanglier qui était à moi ?

L'animal était en effet percé de deux flèches. Mais il paraissait inconcevable qu'Arjuna s'inclinât devant un chasseur égaré.

— Ce sanglier est à moi, dit-il. Je l'ai frappé le premier.

— C'est moi qui l'ai frappé ! Avant toi ! Que viens-tu chercher ici, seul dans le vent froid ?

— Ne t'approche pas de ce sanglier !

— Ce sanglier, je le prends, dit l'homme, je le charge sur mes épaules, il est à moi.

Arjuna arma son arc.

— Si tu poses ta main sur le poil de cet animal, tu ne m'échapperas pas vivant.

— Tu n'es pas capable de m'effrayer, lui dit l'homme. Cette terre est habituée à mon pas. Tu as tiré sur ce sanglier et tu l'as raté. Ne rejette pas sur les autres ta maladresse. J'emporte mon sanglier.

Le chasseur jeta le sanglier sur son dos et Arjuna lâcha sa flèche. Pour la première fois depuis son enfance, cette flèche n'atteignit pas la cible qu'elle visait. L'homme la saisit au passage, d'un geste très vif de la main, et la brandit en riant. Arjuna tira une deuxième, une troisième flèche. L'homme les évita de la même façon. Il saisit même une de ces flèches entre ses dents, et la cracha loin de lui, méprisant.

— Tu ne peux pas m'atteindre ! disait-il. Tire ! Epuise tes flèches !

Duryodhana, Karna et Dushassana regardaient cette scène avec stupéfaction. Ils ne pouvaient pas croire à la maladresse d'Arjuna. Quel secret se cachait dans ces flèches perdues ? Qui était cet homme insolent et rieur ?

Arjuna se jeta sur le chasseur et ils se battirent à mains nues. Mais là encore, malgré sa force et son agilité, malgré les leçons de Drona, Arjuna fut vaincu, dominé, humilié. L'homme, qui se battait avec son souffle, et à qui l'air paraissait obéir, parvint même à bloquer la gorge d'Arjuna, à paralyser sa respiration.

Inanimé, Arjuna tomba dans la neige.

— Mais qui vient de l'abattre ? demanda Dushassana.

Quelques instants plus tard, ils le virent reprendre sa connaissance. Encore haletant, il se mit à genoux. Renonçant à se battre, ramené à l'évidence de sa faiblesse, il implora le secours des dieux. En hommage à Shiva, il façonna devant lui une forme de neige et de terre mêlées. Sur cette forme, il mit une petite couronne de fleurs glacées. Puis il se prosterna, humble et indécis, devant l'autel qu'il venait d'élever lui-même.

Il pria un moment.

Quand il se retourna, le chasseur était toujours là, immobile, souriant, et il portait sur la tête la même couronne de fleurs.

Shiva...

Arjuna s'allongea aussitôt sur le sol devant l'apparition du dieu. Duryodhana, Dushassana et Karna se prosternèrent eux aussi, à l'intérieur du cercle enflammé, en répétant à voix basse, émerveillés, terrorisés : Shiva, Shiva...

Vision rare. Shiva l'ascète, Shiva le danseur, Shiva le destructeur des mondes par le feu, mais aussi le dieu qui présidait aux renaissance de toutes choses, au rythme irrésistible de sa danse universelle, Shiva venait de se montrer à Arjuna.

Celui-ci dit, sans oser relever les yeux :

— Shiva, le plus subtil des êtres, Shiva au cou bleu, au troisième œil, je suis venu dans ces montagnes poussé par le désir de te voir. Sur cette montagne gelée, où j'ai vécu deux ans, l'esprit tendu dans la glace et le vent, j'ai atteint la frontière lointaine de la douleur, je t'ai combattu sans te reconnaître, mon esprit est bouleversé, pardonne-moi.

Shiva lui répondit :

— Tu es déjà pardonné, je suis content de toi. Demande-moi une faveur, ce que tu veux.

— Ce que je veux, c'est une arme absolue, que tu possèdes.

— Pasupata ?

— Oui.

— Elle peut détruire le monde, dit le dieu.

— Je le sais.

Arjuna reprenait son assurance. Il respirait plus calmement déjà. Il osait regarder Shiva.

— Tu peux la lancer avec ton arc, reprit le dieu, mais aussi avec ton œil, avec ta parole, avec ta pensée. C'est une arme sans retour, sans limites, sans pardon.

— Je le sais aussi.

— Tu ne pourras jamais t'en débarrasser, ni me la rendre.

— Il me faut cette arme.

Il se fit alors un silence singulier, comme si les créatures de la montagne, aussi bien que les trois hommes à l'abri dans leur cercle de feu, attendaient dans l'angoisse la décision du dieu.

— Je te la donne, dit Shiva.

Il saisit son trident, qu'il passa sur le corps d'Arjuna, à différents endroits, en prononçant des paroles obscures. Arjuna se sentit à l'instant même pénétré par le secret de l'arme toute-puissante, un secret sans forme et sans mot, sous la dépendance entière de son esprit et pour toujours.

— Il lui a donné Pasupata, dit Duryodhana.

Et Dushassana, pris d'affolement, s'écria :

— Mais les montagnes tremblent en entendant

ce nom ! Les arbres, les vents tremblent, la terre entière a peur !

Karna dit aux deux frères, essayant de les rassurer :

— Arjuna n'osera jamais s'en servir ! D'ailleurs il ne sait pas !

On vit alors Arjuna, qui semblait avoir clairement perçu les mots de Karna, faire quelques pas vers lui à travers la fumée et lui dire :

— Tu te trompes. Ecoute ce qui m'est arrivé. Ecoute bien.

Ils se turent, et le feu même se calma, comme s'il se montrait impatient de savoir.

— Quand Shiva disparut, j'entendis un fracas dans le ciel, comme cent mille tonnerres, et un char immense apparut, crevant les nuages. De l'air enflammé sortait en hurlant de ce char brillant d'étincelles, d'armes-miroirs, de vapeurs, de lumières insupportables.

Arjuna parlait soudain comme d'une chose passée. Une fois de plus les temps se mélangeaient, se brouillaient. Ils croyaient avoir vieilli de plusieurs années en un instant et ne savaient plus ni le jour, ni l'heure.

Karna, toujours à l'intérieur du cercle de flammes, s'écria :

— Qui es-tu sous la forme d'Arjuna ? Une apparition ? Un fantôme ?

— La voix du cocher me dit : monte. Mon cœur frappait fort. Je demandai au cocher de contrôler ses chevaux, que je ne voyais pas, puis je dis adieu à la montagne, je lui dis : mes yeux se sont reposés sur ta neige et sur tes ruisseaux, j'ai bu l'eau claire qui jaillit de ton corps et j'ai vu les dieux s'approcher de moi. Je te dis adieu et je pars. Je montai dans le char immense. Arraché par une puissance prodigieuse, il m'emporta dans les régions illuminées qui de la terre paraissent des étoiles. Oui, Karna, j'ai vu des milliers de mondes en feu sifflant dans l'espace.

— Tu ne peux pas me faire peur en parlant du ciel, lui dit Karna.

Arjuna poursuivit le récit du premier voyage cosmique :

— J'ai vu des corps brillant de leur propre clarté, des fumées, des esprits, des créatures fugitives, j'ai vu Airavata, l'énorme éléphant blanc qui a quatre défenses, j'ai dépassé le monde des hommes, je suis arrivé à Amaravati, la ville qui ne se décrit pas, le centre de l'univers, qui est toujours en mouvement dans les espaces, où séjourne Indra, mon père. Il m'a pris sur ses genoux, oui, Karna, il m'a caressé avec sa main où la foudre a laissé des traces et pendant cinq ans, avec lui, j'ai approfondi le fonctionnement de cette arme.

La voix d'Arjuna se rendit au silence. On n'entendait dans la grande pièce que le passage d'un vent léger. Karna et les deux frères respiraient avec peine.

— Tu n'existes pas, dit Karna. Je ne te crois pas.

— Je te retrouverai, lui dit Arjuna, en tendant une main vers lui.

L'apparition énigmatique semblait s'apprêter à se retirer quand on vit un serpent de feu s'avancer rapidement sur le sol, et derrière ce serpent marchait une femme jeune, marquée par la plus éclatante beauté. Elle tenait au-dessus de sa tête la branche verte d'un arbre. A demi nue, légère, une robe de couleur claire autour de ses hanches souples, de ses jambes chaudes, elle appela Arjuna. Il la vit, il lui demanda :

— Qui es-tu ?

— Je m'appelle Urvasi, je suis une apsara, je vis dans les territoires du ciel.

— Que me veux-tu ?

— Indra ton père m'a fait dire : mon fils Arjuna est ici, mais il est seul, sans une femme, depuis cinq ans. Prépare-toi pour aller dans sa chambre ce soir. J'ai mis de l'ombre autour de mes yeux et de l'or autour de mes bras, j'ai parfumé ma peau, j'ai bu un peu de vin, je suis venue hâtivement par les jardins...

Troublé par la beauté, par les parfums de la créature qui s'offrait simplement à lui — mais où étaient-ils ? Sur quel théâtre ? Dans quel monde ? — Arjuna lui dit :

— Urvasi, je t'admire. Aucune femme de la terre ne se verrait, mise auprès de toi.

— Un jour tu m'as regardée longuement et directement. Je suis prise d'amour pour toi.

— Mais tu es une apsara, je suis un homme.

— Nous, les apsaras, nous avons toute liberté de choisir, nous ne sommes pas liées à un époux. Ce que je te propose n'a rien d'effrayant, rien de dangereux, ce n'est que de l'amour.

— Je suis trop éloigné de la terre, lui dit Arjuna, qu'une crainte retenait de prendre entre ses bras la créature. J'ai oublié la forme et l'odeur du plaisir.

Elle lui répondit, rassurante :

— L'amour est le même dans tous les mondes.

Mais il eut un geste de refus, il dit :

— Va-t-en, Urvasi, nous ne pouvons pas nous aimer.

— Je suis venue vers toi, ne me repousse pas, je t'aime.

— Moi aussi, je t'aime et je te respecte, comme une mère. Je m'incline devant toi. Traite-moi comme ton fils.

Sérieusement blessé par ces paroles, la femme des espaces fit un pas en arrière.

— Regarde ma peau, dit-elle à Arjuna. Elle frissonne maintenant de colère. Que je te traite comme un fils! Retiens mes paroles : parce que tu as insulté une femme venue pour t'aimer, tu vivras comme une femme, toi aussi, parmi les femmes, tu seras méprisé et tu seras privé de ta virilité.

Puis elle partit rapidement. Le serpent de feu s'éteignit.

Karna demanda à Arjuna :

— Pourquoi l'as-tu repoussée? Elle t'a fait peur? As-tu perdu ta force d'homme dans le ciel?

Arjuna ne répondit pas. Il semblait inquiet, incertain. Il fit quelques pas en arrière et son corps disparut dans la fumée claire.

Le cercle de flammes s'éteignait. Les trois hommes en sortirent, hagards, et fatigués, les épaules basses. Duryodhana regarda tout autour de lui et murmura, comme si la réalité du monde revenait lentement à lui :

— La nuit est venue...

— Oui, dit Karna, tout près de lui.

— Tu crains toujours la nuit?

— Je ne l'aime pas, dit Karna. J'aime le soleil, quand il m'entoure de chaleur, quand il me brûle. Chaque soir, quand l'ombre s'avance, j'ai froid, je regarde derrière moi, je dors mal. Au matin, dès que la première lumière me touche, je retrouve ma force intacte. Le soleil tue les invisibles, et la nuit s'éloigne de moi.

Le fils du Soleil, débarrassé de l'étrange présence d'Arjuna, respirait plus largement. Son torse puissant se redressait.

— Pourquoi cette virilité perdue ? demanda soudain Duryodhana. Et nous ne savons pas pendant combien de temps...

— C'est à ce moment-là qu'il faudra l'attaquer, dit Karna, quand il sera comme une femme.

Duryodhana lui prit les mains.

— Karna, tu m'as souvent promis la victoire, la victoire totale. Cette arme sans limites, Pasupata, tu dois toi aussi la conquérir, à toute force. Sinon, à quoi bon ta promesse? Karna, je suis nu, je suis menacé, ne me déçois pas.

— J'aurai cette arme, dit Karna.

— Sais-tu où la trouver? lui demanda Dushassana.

— Oui, je le sais. Dushassana, cesse de trembler pour ta vie.

Karna respectait Duryodhana, à qui il devait fidélité. Mais il ne montrait que dédain pour la personne de son frère.

Il ajouta :

— Je pars à l'instant.

Et il partit.

Le ver dans la cuisse

Un personnage prodigieux vivait à cette époque-là sur la terre. Mal connu, redoutable, très difficilement accessible, il s'appelait Parashurama. La légende lui accordait plusieurs siècles d'existence. Il allait à travers le monde armé d'une hache sanglante avec laquelle il exterminait les Kshatryas, les guerriers, dont il se déclarait l'ennemi féroce, irréductible, désigné. Cette rage à détruire une certaine espèce d'hommes lui donnait une réputation surnaturelle, comme s'il s'acquittait de quelque mission personnelle, et certains disaient même qu'il était — comme Krishna — une des incarnations, un des avatars du dieu Vishnu.

Enveloppé d'une odeur de légende, Parashurama, l'homme à la hache, vivait en ermite au fond des bois, d'où il lançait de temps en temps ses expéditions meurtrières. Aucun des secrets du monde ne lui était inconnu. Karna, sous l'humble vêtement d'un serviteur, se rendit auprès de l'ermite que tous craignaient et sans un mot se mit à sa disposition. Il lui prépara silencieusement sa nourriture, veilla sur son sommeil, nettoya son corps — et cela pendant des mois. Il était d'usage que certains fidèles se rendissent ainsi auprès d'un saint homme choisi, pour le servir. Dissimulant son identité — car Karna était roi, couronné par Duryodhana, et il courait le risque d'être décapité si Parashurama, le destructeur des Kshatryas, découvrait son identité — Karna disparut de son royaume. Il accomplit avec obstination sa métamorphose.

Il attendait.

Après un an de patience, l'ermite enfin parut remarquer sa présence et son dévouement.

— Tu m'as servi avec fidélité et humilité, lui dit-il. Je veux t'accorder une faveur. Quel est ton désir ?

Karna, qui lavait les pieds de Parashurama, sentit son cœur frémir dans sa poitrine. L'heure arrivait, il le sentait. Cependant, les yeux baissés, il ne répondit pas. Il poursuivit son travail obscur.

Comme il l'espérait, l'ermite insista :

— Je ne connais pas la couleur de tes yeux, que tu n'as jamais levés sur moi. Je ne connais pas le son de ta voix, je ne connais pas ton nom, mais je te le dis : tu mérites une récompense et je possède plusieurs secrets profonds. Que veux-tu ?

Entre ses lèvres à peine desserrées, Karna laissa passer le mot :

— Pasupata...

— Quoi ?

— Donne-moi le secret de Pasupata...

Après un court silence menaçant, Parashurama, tout pénétré de méfiance, tendit la main vers sa hache en disant :

— Qui es-tu ?

— Je suis ton serviteur.

— C'est faux.

L'ermite saisit son arme et la leva sur la tête de Karna. Rien ne pouvait s'opposer à cette arme. Karna le savait. Sa vie se jouait à cet instant-là.

— Tu veux une arme, tu es donc un guerrier ! s'écria Parashurama. Tu appartiens à cette caste arrogante que je déteste, les Kshatryas ! J'ai détruit vingt et une générations de Kshatryas à coups de hache ! Je suis descendu du ciel pour les détruire !

Karna dit lentement, sans lever la tête :

— Je ne suis pas de cette caste, je suis d'une origine obscure.

— Tu me dis la vérité ?

— On m'appelle le fils du cocher, je te le jure.

Parashurama, devinant chez Karna une certaine sincérité, laissa lentement retomber sa hache. Il ne pouvait revenir sur sa parole, si imprudente qu'elle fût. A ses pieds, sans même regarder, il ramassa un bout d'écorce d'arbre et le tendit à Karna en lui disant :

— Tiens, je te l'ai promis, la formule est inscrite ici, apprends-la par cœur.

Karna saisit le bout d'écorce et lut avec avidité ce qu'il y voyait. Le grand secret du monde se trouvait-il inscrit sur chaque chose ? Comment le lire ? Comment le déchiffrer ?

— Vite, lui dit l'ermite, la formule va s'effacer, dépêche-toi.

Il saisit soudain le morceau d'écorce, l'arracha des mains de Karna, le jeta par terre.

— Voilà, c'est fini, les mots ont disparu, ce n'est plus rien qu'un morceau d'écorce. Tu te souviens de ce qui était écrit ?

Karna hocha la tête. Ses lèvres tremblaient, il répétait le secret en silence.

L'ermite lui dit :

— Quand tu prononceras ces paroles, une créature du ciel t'apparaîtra et te donnera l'arme que tu veux.

Un instant plus tard, comme alourdi par une brutale fatigue, l'ermite se coucha sur le sol pour dormir. Ainsi qu'il le faisait toujours, Karna se plaça de telle sorte que l'une de ses cuisses servît de coussin à son maître. Celui-ci posa sa tête sur la cuisse de Karna et le sommeil immédiatement le saisit.

Alors, sorti de la terre entre les jambes de Karna, un étrange ver de couleur noire rampa jusqu'à sa cuisse et la mordit férocement. Frappé par une douleur anormale, plus aiguë que toute douleur connue, Karna serra les lèvres. Il se coupa le souffle, comme il avait appris à le faire. La douleur le brûlait, le ver féroce fouillait sa chair. Par un violent effort de volonté, Karna garda jusqu'au bout le silence.

Repu, le ver se retira, rentra dans la terre.

Lorsque Parashurama se réveilla, il sentit une humidité sur sa joue. Il y passa la main et vit qu'elle était couverte de sang.

— D'où vient ce sang? demanda-t-il à Karna. C'est toi qui m'as souillé?

— Un ver m'a troué la cuisse pendant ton sommeil, un petit ver. Pardonne-moi.

— Pourquoi n'as-tu pas crié?

— Pour ne pas te réveiller.

Parashurama se releva très vivement, il empoigna sa hache irrésistible et s'avança menaçant vers Karna. Sans le savoir, celui-ci venait de trahir son déguisement.

— Tu m'as trompé! s'écriait Parashurama. Seul un Kshatrya peut montrer un aussi stupide courage! Tout homme intelligent aurait crié. Tu m'as menti!

Karna reculait vers les ombres de la forêt. L'ermite s'avançait vers lui, effrayant, la main tendue.

— Tu es un Kshatrya ! Tu m'as menti pour obtenir le secret, mais écoute-moi, qui que tu sois, écoute-moi bien : au dernier moment, le secret s'échappera de ta mémoire, tu oublieras tout et ce sera pour toi le moment de mourir !

Karna voulut parler. L'ermite le lui interdit.

— Loin d'ici ! Plus une parole ! Fuis !

Karna s'enfuit en courant dans les bois. A chaque pas il se répétait la formule, il la gravait profondément dans sa mémoire, pour s'opposer à la malédiction, pour bannir à jamais l'oubli.

Les questions de l'étang

Suivant les conseils de Vyasa, les Pandavas et Draupadi, qu'accompagnaient parfois des pèlerins de passage, allèrent inlassablement de lieu sacré en lieu sacré, tout au long de leurs années d'exil, écoutant les paroles des sages et des fous. De retour du ciel, possesseur de l'arme terrible, Arjuna les rejoignit. Ensemble, ils entendirent des histoires qui racontaient l'origine des temps, l'apparition des hommes, leurs rapports troubles et difficiles avec les forces du ciel et de la matière. Auprès d'un maître dont la science dépassait même celle de Shakuni, Yudishsthira apprit enfin l'art subtil et profitable du jeu de dés. A son tour, il devint presque insurpassable.

Au cours de la traversée d'une région basse et semée d'étangs, il leur advint une aventure restée fameuse, que Vyasa racontait en ces termes :

Les jumeaux, Nakula et Sahadeva, qui s'étaient pour un moment séparés des autres, parvinrent auprès d'un étang et, frappés par une soif brutale, s'apprêtèrent à boire. Tandis qu'ils se penchaient vers la surface de l'étang, une voix, qui semblait sortir de l'eau, leur interdit de boire.

— Répondez d'abord à mes questions ! ordonnait la voix. Vous boirez ensuite.

Mais la soif qui leur tordait la gorge était si forte qu'ils refusèrent d'écouter la voix de l'étang. Il leur fallait boire.

Ils burent, et aussitôt ils tombèrent morts sur la rive.

Arjuna, qui chassait non loin de là, survint et trouva les corps des fils de Madri. A son tour, tandis qu'il cherchait un danger mortel tout autour de lui, il se sentit frappé par la soif, une soif inconnue, tyrannique. Il s'approcha de l'étang et entendit la voix qui lui disait :

— Pourquoi veux-tu atteindre cette eau? Réponds à mes questions avant de boire!

Arjuna se redressa et lança plusieurs flèches rapides à travers les herbes.

— Ton agitation ne sert à rien, lui dit la voix. Réponds d'abord à mes questions.

Arjuna se pencha vers l'eau. La soif inexplicable le dominait. Il but, et il mourut.

Bhima survint un peu plus tard et découvrit avec horreur les corps de ses trois frères. Il crut qu'un combat terrible l'attendait. Maltraité à son tour par la soif, il se pencha, il but et il mourut comme les autres.

Yudishsthira vint le dernier. A la vue des corps de ses frères, il sentit son cœur le quitter. Leur chair ne portait aucune trace de coups. Il ne comprenait pas quelle force invisible les avait tués. Alors la soif féroce le frappa à son tour. Il porta ses deux mains à sa gorge et tomba à genoux près du bord de l'eau.

— Réponds d'abord à mes questions, lui dit la voix, ensuite je te laisserai boire.

— Qui es-tu? demanda-t-il. Je ne te vois pas. Es-tu dans l'air? Es-tu dans l'eau?

— Je ne suis ni un poisson ni un oiseau. J'ai abattu tes frères car ils voulaient boire sans me répondre.

Yudishsthira se redressa. Au prix d'un immense effort de son esprit, il subjugua sa soif.

— Interroge-moi, dit-il.

La voix qui sortait de l'étang lui posa de longues séries de questions. Voici celles qui parurent essentielles, et les réponses qu'il donna :

— Qu'est-ce qui est plus rapide que le vent ?

— La pensée.

— Qu'est-ce qui peut couvrir toute la terre ?

— L'obscurité.

— Qui sont les plus nombreux, les vivants ou les morts ?

— Les vivants, puisque les morts ne sont plus.

— Donne-moi un exemple d'espace.

— Mes deux mains jointes.

— Un exemple de chagrin.

— L'ignorance.

— De poison.

— Le désir.

— Un exemple de défaite.

— La victoire.

— Quel est l'animal le plus rusé ?

— Celui que l'homme n'a pas encore réussi à connaître.

— Qui apparut le premier, le jour ou la nuit ?

— Le jour, mais il n'a précédé la nuit que d'un jour.

— Quelle est la cause du monde ?

— C'est l'amour.

— Quel est ton contraire ?

— Moi-même.

— Qu'est-ce que la folie ?

— Un chemin oublié.

— Et la révolte ? Pourquoi les hommes se révoltent ?

— Pour trouver la beauté, soit dans la vie, soit dans la mort.

— Qu'est-ce qui, pour chacun de nous, est inévitable ?

Avant de répondre à cette question, Yudishsthira réfléchit un moment. Sans doute pensait-il à la longue chaîne des réincarnations à la fin de laquelle, disait-on, venait l'entrée au nirvana. Aussi répondit-il :

— Le bonheur.

— Et quelle est la grande merveille ? demanda la voix.

— Chaque jour la mort frappe autour de nous, répondit-il, et nous vivons comme des vivants éternels. Voilà la plus grande merveille.

Alors la voix qui parlait dans l'étang dit à Yudishsthira :

— Que tous tes frères reviennent à la vie, car je suis Dharma ton père, je suis la droiture, la constance, l'ordre du monde.

Bhima, Arjuna, les jumeaux revenaient en effet à la vie. Ils se redressaient en vacillant et entouraient leur frère aîné.

La voix dit encore :

— J'ai pris la forme de cet étang et je suis venu jusqu'ici poussé par l'envie de te connaître. Je suis très satisfait. Choisis maintenant une faveur.

Yudishsthira resta quelques instants pensif avant de dire :

— Notre séjour dans les bois s'achève. Nous devons maintenant passer une treizième année inaperçus, méconnaissables. Dis-nous comment nous déguiser.

— Je te dis une simple chose, répondit la voix. Si vous ne voulez pas être reconnus, choisissez le déguisement de votre pensée la plus secrète.

— Mais où nous cacher ?

Cette fois, la voix qui parlait dans l'étang ne répondit pas.

— Où nous cacher ? Réponds-moi !

Un vent léger caressait au passage la surface de l'eau. Un poisson sauta hors de l'étang. Des oiseaux frôlèrent les herbes. Mais la voix ne répondit plus.

Yudishsthira et ses frères s'éloignèrent après avoir bu. Un peu plus loin, au détour d'un taillis, ils rencontrèrent Vyasa et l'enfant, qui mangeaient des fruits. Ils saluèrent Vyassa et celui-ci leur dit :

— Vous devez vous cacher, la treizième année, si habilement, si profondément, que personne ne puisse vous reconnaître.

Tandis qu'ils reprenaient leur route, il ajouta :

— Pas même moi.

L'enfant et Vyasa, suivis par Ganesha qui comme à son habitude avait préféré se dissimuler dans les arbustes, se rapprochèrent de l'étang. On voyait encore, dans la terre humide de la rive, la trace des corps des Pandavas.

— Pasupata me fait peur, dit l'enfant.

— A moi aussi, dit Vyasa.

Ganesha s'arrêta pour un moment d'écrire. Il saisit une banane dans sa besace.

— Vyasa, demanda l'enfant, pourquoi composes-tu ce poème ?

— Pour inscrire le Dharma dans le cœur des hommes.

— Tu y parviendras ?

— Ce sera long et difficile. Ce sera même dangereux. Mais la terre entière écoute mon poème. Elle se demande : trouvera-t-il un moyen de m'aider ?

— Où allons-nous maintenant ?

— Je ne sais pas encore.

— Tu ne sais pas où ils vont se cacher ?

— J'en ai l'idée. Mais je peux me tromper.

— Es-tu vraiment l'auteur de ce poème ?

— Tu en doutes ?

— Par moments, tu hésites. On dirait même que tu ne sais plus rien.

— J'ai tout composé, mais rien n'est écrit. Oui, il arrive que des pensées m'échappent.

— Et Krishna ? Lui aussi, tu l'as inventé ?

Alors que Vyasa préparait une réponse difficile, un petit caillou tomba dans l'eau de l'étang, à leurs pieds. Ils se retournèrent et virent Krishna, tout près d'eux.

Il s'avança en souriant et demanda à Vyasa :

— Vyasa, lequel de nous deux a inventé l'autre ?

Vyasa sourit lui aussi, sans répondre. L'enfant se précipita au-devant de Krishna pour lui donner la bienvenue. Il avait entendu parler d'une guerre qui dévastait Dvaraka, la ville de Krishna. Il ne comprenait pas que celui-ci pût avoir des ennemis.

Krishna s'assit auprès d'eux, sur les herbes de la rive. Il perdit son sourire. Sur son visage, qui était celui d'un homme de quarante ans, on discernait le souci, la fatigue.

Vyasa lui demanda :

— Que viens-tu chercher dans cette campagne ?

— C'est toi que je cherchais, Vyasa. Je suis troublé.

— Toi ? dit l'enfant. Tu es troublé ?

— J'ai un peu froid.

L'enfant déposa aussitôt une pièce de son propre vêtement sur les épaules de Krishna.

— D'où vient ce trouble ? dit Vyasa.

— Par moments je suis calme, je me sens traversé par une force claire et tout me semble lumineux. Alors un homme accourt, il saigne, il a peur, il m'annonce des cris, des massacres, il me dit : tous exigent ta mort. Je dois me fortifier, écraser ceux qui se soulèvent, et je me demande : pourquoi ce chaos et ces larmes ?

— Tu comptais sur moi pour te répondre ? lui demanda Vyasa.

— Peut-être.

L'enfant, qui les écoutait avec attention, dit alors à Krishna :

— Mais qui es-tu ? Il paraît que Vishnu est descendu dans notre monde menacé et certains disent qu'il aurait pris ta forme ? C'est vrai ?

Krishna se tourna vers Vyasa :

— Toi, comment répondrais-tu ? Puisque tu me racontes, n'as-tu pas tracé mon chemin ?

— Aucun chemin n'est tout tracé, tu le sais bien. Tu es vivant de toute ta vie.

Krishna posa son regard sur l'eau silencieuse. Il dit :

— J'ai parcouru ma jeunesse joyeusement et tous les prodiges m'appartenaient.

— Maintenant tes cheveux blanchissent et tu t'interroges.

— Je vois au fond de moi un lac d'eau noire. Le soir, souvent, j'entends des appels, des cris de douleur.

— Moi aussi je les entends, dit Vyasa.

— Et que fais-tu ?

— Le soir je dors et le matin je me réveille. J'attends.

L'enfant s'écria :

— Mais tu dois bien savoir ce qui se prépare ? L'un de vous deux doit le savoir.

Ni Vyasa ni Krishna ne lui répondirent.

Ganesha jeta dans l'étang la peau de la banane qu'il venait de manger, et dit en reprenant son grand livre :

— Alors ? Où se sont-ils cachés ?

Sous le masque

En marchant vers l'Orient, on trouvait un royaume restreint mais prospère, connu pour l'abondance du bétail et pour les goûts pacifiques du roi. Celui-ci s'appelait Virata. Une fois pour toutes, il s'était débarrassé du soin de défendre le royaume sur un général nommé Kitchaka. Pour sa part, ami de la musique et du jeu, le roi connaissait au milieu de sa cour des saisons heureuses. Il surveillait avec une admiration naïve la croissance de son fils aîné, qui un jour lui succéderait. Il aimait ses femmes et ses autres enfants, les plats raffinés, les robes brodées, les jardins fleuris.

Les Pandavas, sous des déguisements divers, réussirent à se faire inscrire, en qualité de domestiques, sur les registres du roi Virata. Bhima se présenta comme un cuisinier, grand égorgeur d'agneaux et maître des quatre mille sauces. Nakula et Sahadeva, qui déclaraient connaître les désirs et les secrets des vaches, furent engagés comme palefrenier et garçon d'étable. Draupadi devint une servante parmi les autres. Pour ne pas montrer qu'elle gardait ses cheveux sans les laver, fidèle à son vœu de vengeance, elle les dissimulait sous un foulard de coton gris.

Yudishsthira se présenta comme un brahme

poussé par le besoin. Il dit qu'il avait visité sept cents lieux saints et qu'il connaissait seize mille histoires importantes. Mais ce qui séduisit le roi, ce fut son adresse exceptionnelle au jeu de dés. Yudishsthira promit au roi de lui faire part de sa science. Enchanté, Virata décida de le garder auprès de lui, et même de lui confier l'éducation de son fils.

Quant à Arjuna, il se présenta sous des vêtements de femme, avec des affectations dans la voix, des gestes précieux, des yeux maquillés, un parfum trop fort.

— Un eunuque ! s'écria le roi. Ah non ! J'ai déjà beaucoup trop d'eunuques ! J'ai plus d'eunuques que de femmes !

Arjuna, d'une voix perchée, dit qu'il enseignait la musique, la danse, le chant. A l'entendre, il avait été première danseuse d'une reine. Quand on lui demanda s'il était un homme ou une femme, il répondit :

— Je suis un homme et une femme. J'ai été gardien du sérail chez le grand roi Yudishsthira, et maintenant je chante là où on me laisse chanter. Virata l'admit enfin comme maître de musique et de danse pour ses femmes et ses filles.

— Je suis très satisfaite, lui dit Arjuna. Tes femmes n'ont rien à craindre de moi.

— Je le vois bien.

Le choix du travestissement d'Arjuna peut surprendre. S'agissait-il, comme le suggérait la voix qui parlait dans l'étang, de son désir le plus secret ? On a pu dire aussi, non sans quelque apparence de raison, qu'en choisissant cette féminité il se conformait à la malédiction d'Urvasi, l'apsara qu'il avait repoussée dans le ciel lointain, et que cette malédiction se trouvait de ce fait habilement annihilée.

A chaque moment de la journée, perdus dans la masse des serviteurs, les cinq frères et leur épouse, qui ne se rencontraient que brièvement, clandestinement, surveillaient avec minutie leur langage, leur comportement. S'ils se trahissaient, si quelqu'un les reconnaissait, ils devraient aussitôt repartir pour douze ans dans les bois.

Cependant, ils ne pouvaient empêcher qu'on remarquât la beauté de Draupadi, celle des jumeaux, et la force extraordinaire de Bhima, qui s'amusait parfois à soulever des chevaux dans la cour. Par bonheur, Yudishsthira gagnait toutes ses parties de dés, ce qui interdisait qu'on le soupçonnât d'être ce roi déjà légendaire qui avait perdu tout son royaume et toute sa famille au jeu. Quant à Arjuna, personne ne pouvait imaginer le premier combattant du monde sous les traits fardés de ce danseur à demi femme, qui déclarait à tout moment son horreur des arcs, des flèches, et de tout ce qui touchait de près ou de loin à la guerre.

Après quelques semaines de présence à la cour du roi Virata, auprès duquel Yudishsthira, qui portait le cordon de brahme, vivait en permanence, ils devinrent des figures familières. On ne pouvait plus se passer de leurs services. Souvent même, le soir, le roi leur demandait de raconter certaines des histoires merveilleuses qu'ils avaient apprises au cours de leurs voyages. Les courtisans s'asseyaient en cercle autour d'eux. Le jeune fils du roi demandait par exemple :

— Est-il vrai que Bhima a rencontré Hanuman ?

— Oui, c'est la vérité, répondait Yudishsthira. Hanuman était ce singe tout-puissant, volant dans les airs, qu'on disait fils du Vent, lui aussi, comme Bhima, et dont on racontait les gestes prodigieux.

Virata demanda à Yudishsthira :
— Comment cela s'est-il passé? Tu le sais?
— Oui, je le sais. Ce fut à cause de Draupadi. Elle était si belle que même les arbres s'inclinaient à son passage. Et Bhima l'aimait plus que tout au monde. Des cinq frères, il était sans doute celui qui l'aimait avec le plus de flamme. Il aurait fait n'importe quoi pour elle.

Bhima se trouvait là, vêtu en cuisinier, debout derrière les courtisans. Arjuna sous ses voiles s'était assis près des filles du roi. Draupadi servait des boissons fraîches. Nakula et Sahadeva écoutaient, parmi d'autres serviteurs.

— Un jour, reprit Yudishsthira, le vent du nord-est apporta une fleur de lotus aux mille pétales, image du soleil. Draupadi la ramassa et la montra à Bhima en lui disant : vois cette fleur divine, cette fleur si rare. Va m'en chercher un bouquet, pour l'amour de moi.
— Bhima se mit en route?
— A l'instant même. Son visage tourné vers le vent, il s'en alla en direction du nord-est, emportant son arc et sa massue. Il traversa les plaines et les montagnes, magnifique et joyeux, frappant la terre de son pas. Il respirait l'odeur des fleurs que lui apportait le Vent, son père. En suivant des oiseaux aux ailes mouillées, il se trouva devant un lac, il s'y jeta, il nagea lentement dans l'eau claire, remonta sur la rive et souffla dans sa conque.

Arjuna fit un mouvement et reprit alors le cours du récit, tandis que des musiciens de cour, autour de lui, improvisaient un accompagnement.

— Ce bruit parvint jusqu'à Hanuman, son frère, qui sommeillait dans les bananiers. Hanuman se dit : mon frère s'avance sur le chemin dangereux du ciel, il ne doit pas aller plus loin. Alors il se coucha sur le sol et mit sa queue, sa longue et large queue, en travers du chemin.

Arjuna disposa près de lui, sur le sol, un pan de son vêtement. Peu à peu, le récit devenait théâtre.

— Qui es-tu ? s'écria Arjuna, qui prenait le rôle d'Hanuman. Où vas-tu ? Nous qui avons des animaux pour mères, nous ne savons pas très bien ce qui est juste et ce qui ne l'est pas, mais toi, un homme doué de raison, pourquoi es-tu venu de si loin ? Cette route est interdite aux humains, fais demi-tour !

A ce moment, Bhima lui-même sauta au milieu du cercle, faisant trembler le sol, et s'écria, s'adressant à Arjuna et au roi :

— Qui je suis ? lui répondit Bhima, le prenant pour un singe ordinaire. Je suis Bhima, fils de Kunti et fils du Vent ! Laisse-moi passer, lève-toi !

— Je ne peux pas me lever, dit Arjuna-Hanuman, je suis malade, très malade. Si tu dois vraiment passer, saute par-dessus mon corps.

— Non, je ne sauterai pas sur le corps d'un singe ! Tu dois te lever pour me laisser passer ! J'ai eu moi-même un singe comme frère, le splendide Hanuman, un singe tout-puissant ! Il a traversé la mer d'un seul bond. Je lui ressemble par la force. Lève-toi, ou je te jette dans la mort !

— Pardonne-moi, je suis vieux et je ne peux plus me lever. Soulève cette queue qui est en travers de ton chemin, et passe.

Bhima se baissa pour saisir le pan de tissu qui représentait la queue du singe. Il fit mine de le soulever, de la main gauche d'abord, signe de mépris. Les spectateurs l'encourageaient de la voix, et les musiciens de leurs sons.

Bhima disait, tout en jouant Bhima :

— Bhima prit la queue du singe de la main

gauche, il tira mais il ne put la soulever. Il la saisit avec sa main droite, il tira, mais il ne put la soulever. Il la saisit avec ses deux mains, il tira, mais il ne put la soulever. Il s'arc-bouta, il s'acharna, le sourcil levé, le front ridé, brillant de sueur, mais il ne put soulever cette queue. Alors il s'agenouilla devant le singe et lui dit : pardonne-moi. Qui es-tu, toi qui portes la forme d'un singe? Si ce n'est pas un mystère, dis-le-moi.

Bhima s'était agenouillé devant son frère, Arjuna, son véritable frère. Celui-ci lui dit :

— Je suis ton frère Hanuman. Cette route ne doit pas être parcourue par les mortels, c'est pourquoi je te l'interdis.

— Tu es Hanuman?

— Oui, n'en doute pas.

— Je suis pleinement heureux de cette rencontre, fils de mon père, mais j'ai une faveur à te demander : laisse-moi voir ta forme gigantesque, incomparable.

— Personne ne peut voir cette forme. Autrefois, oui, les mortels pouvaient la contempler, mais ce temps est celui de la destruction. La terre, les arbres, les hommes, les dieux suivent le mouvement du temps. Les esprits meurent, les corps meurent, et même les formes meurent. Ma forme est morte.

Les musiciens s'étaient interrompus. On sentait dans la salle un étrange silence. Chacun réfléchissait aux paroles qu'Arjuna — sous un double masque, celui d'Hanuman, celui d'un eunuque — venait de dire.

Le roi Virata fut le premier à demander :

— Hanuman a dit ça? Il a dit : nous vivons le temps de la destruction?

— Et voici ce qu'il ajouta, dit alors Yudishsthira.

Le visage grave, il s'avança de quelques pas et prononça, comme si Hanuman parlait (mais on sentait bien que le prétendu brahme prenait chaque phrase à son compte), ce qui devait rester dans les mémoires comme l'annonce menaçante de ce qu'on appelle le Kâli-yuga :

— Je vois venir un autre âge, dominé par des rois barbares, monde pervers, brisé, vidé, des hommes à la vie courte, aux cheveux blancs dès la seizième année, petits, sans force, sans courage, et tous très durs, ils s'accouplent avec les bêtes, les femmes putains parfaites, leurs bouches servent à l'amour, vaches taries, arbres stériles, fini les fleurs, fini la pureté, ambition, fausseté, commerce, c'est l'âge kâli, c'est l'époque noire... La campagne un désert, le crime marche dans la ville, des animaux mangeurs de sang dorment dans les rues principales, sécheresse, famine, toute l'eau est bue par le ciel, terre morte et chaude, alors le feu s'élève, emporté par le vent, le feu perce la terre, détruit le monde souterrain, le vent et le feu calcinent le monde, d'immenses nuages se dressent, bleus, jaunes et rouges, pareils à des monstres marins, à des villes fracassées, avec des guirlandes d'éclairs... L'eau tombe, l'eau tombe et engloutit la terre, douze ans d'orage, les montagnes fendent les eaux, je ne vois plus le monde... Alors le dieu premier, quand il ne reste rien qu'une mer grise, sans homme, sans bête, sans arbre, le créateur boit le vent terrible et s'endort...

Le silence s'appesantit dans la salle. Les murs semblaient encore trembler des paroles qui venaient d'être dites.

Alors le jeune fils du roi demanda :

— Et que fit Bhima?

L'animation réapparut aussitôt. Bhima répondit lui-même :

— Bhima dit à Hanuman : Je suis têtu, je ne m'en irai pas sans avoir vu ta forme ancienne! Alors le singe, en souriant, pour faire plaisir à son frère, se mit à grandir, à grandir, sa gueule dépassa les nuages, il se dressait, immense, hors de toute mesure, les yeux rouges, les dents aiguës, occupant tous les points de l'espace!... Bhima stupéfait lui dit : Diminue! Diminue! Redeviens toi-même! Je ne peux plus te regarder!

Arjuna poursuivit le récit :

— Hanuman reprit sa forme de singe et dit à son frère : Poursuis ta route vers les fleurs de lotus, ramasse-les sans violence, sois humble et patient, je t'aime, laisse-moi t'embrasser et que ce baiser efface ta fatigue.

Les deux vrais frères s'embrassèrent. On acheva rapidement l'histoire, le retour de Bhima auprès de Draupadi avec un bouquet.

Et chacun se dirigea vers le sommeil avec au fond de lui-même l'écho sombre et précis des paroles de Yudishsthira.

Lorsque Kitchaka, le général, homme brutal, avide et très fier de lui-même, aperçut Draupadi pour la première fois, il sentit qu'on frappait un coup dans sa poitrine. Cette femme lui paraissait plus désirable que toutes celles qu'il avait aperçues ou connues jusque-là. Il décida qu'elle serait à lui et la fit envoyer sous un prétexte jusqu'à son palais.

Pour la recevoir, il exigea des fleurs, des parfums, une couche d'ivoire. Il lui déclara, quand elle arriva, que désormais toutes ses autres femmes devraient la servir. Il lui dit qu'elle était sans égale, brillante comme la lune. Les mains agitées, il tournait autour d'elle en décrivant ses seins, ses lèvres, les plis de sa robe à sa ceinture, son sexe même, secrète habitation de l'amour, qui lui paraissait comme une île au milieu d'un fleuve.

Emporté par le désir et par la certitude qu'une servante ne pourrait pas lui résister, il voulut la posséder sur-le-champ. Comme elle résistait, il la menaça, il fit valoir la faiblesse du roi et sa toute-puissance, à lui, Kitchaka.

— Ne me touche pas ! lui dit Draupadi. Tu es malade, je te vois déjà mort !

— Moi, malade ? Tout au contraire ! Je vais t'aimer comme un dragon ! Viens, viens, jouis avec moi !

— Tu agis comme un enfant stupide qui voudrait traverser sans aucune barque un fleuve immense, lui dit-elle.

La colère le posséda. Il cria, en produisant une arme :

— Mais qui es-tu pour me dire non ? Viens, je te dis ! Viens et tais-toi !

Il appuya son poignard contre la gorge de Draupadi et celle-ci ne fut sauvée que par la venue du roi lui-même, qui ordonnait à Kitchaka de le rejoindre car il désirait à toute force jouer aux dés. Avant de se retirer, pour apaiser l'irritation du général, Draupadi lui suggéra un lieu de rendez-vous pour le lendemain soir : la nouvelle salle de danse, toujours déserte à cette heure tardive.

Kitchaka accepta, ravi.

Humiliée, effrayée, Draupadi se rendit aussitôt auprès de Bhima, qui dormait dans une cambuse, près des cuisines. Pour ne soulever aucun soupçon, pour ne pas donner l'impression qu'ils se connaissaient, les cinq frères et Draupadi évitaient avec soin de se rencontrer en particulier. Mais Draupadi, qui n'avait jamais accepté l'exil, semblait cette fois rechercher, provoquer le risque. En secouant Bhima pour le réveiller, elle lui dit, sachant qu'il ne pouvait jamais lui résister :

— Mais comment peux-tu dormir? Réveille-toi! Je suis seule et je suis perdue. Je crois que tes frères sont morts.

— Qu'est-ce que tu dis?

— Ton frère aîné ne vit que pour le jeu. Lui qui nourrissait la terre, il attend maintenant sa nourriture d'une main étrangère. Et toi, coupant des légumes dans une cuisine... Toi, Bhima! Et Arjuna, qui a tout vaincu, maître de danse pour les filles du roi! Caché comme un feu dans un puits! Oui, je suis triste, j'ai honte, je ne peux plus dormir, regarde ma robe affreuse, mes mains abîmées, je sais bien que certains nous soupçonnent mais je suis troublée, mon cœur bat vite, écoute...

Elle posa la tête de Bhima contre sa poitrine.

Elle dit aussi :

— La violence de Kitchaka me brûle encore. Il m'attaquera de nouveau, je le sais, mais j'avalerai plutôt du poison que de tomber entre ses mains.

Profondément ému par la détresse de Draupadi, et le contact de sa peau tiède, Bhima lui demanda :

— Que veux-tu de moi?

Elle le lui dit.

Le lendemain, alors que les premières ombres annonçaient déjà la nuit, le général Kitchaka quitta son palais accompagné par le murmure très flatteur de ses femmes et de ses servantes. Depuis le matin il se préparait, essayant tous ses vêtements, toutes ses parures, tous ses parfums. Il se sentait irrésistible, le plus fort, le plus beau des hommes.

La nuit s'était épaissie quand il parvint aux portes de la nouvelle salle de danse. Aussi furtivement qu'un amoureux sans expérience, il entra, il s'avança les mains en avant dans le presque noir, il appela d'une voix hésitante :

– Tu es là ?... C'est moi... Réponds-moi...

Son pied heurta une forme allongée sur le sol, dissimulée sous un tissu. Kitchaka s'arrêta, se baissa, passa doucement sa main sur cette forme.

– Ah ! que je suis heureux, dit-il. Il me semble que je délire...

Une main sortit du tissu et se posa sur sa nuque.

– Oui, oui, dit Kitchaka, caresse-moi...

La main se mit à le caresser, doucement d'abord, lui donnant à croire que sa victime, désormais consentante, connaissait l'art de caresser et se décidait à le mettre en œuvre. Petit à petit, les caresses devinrent plus marquées, plus fortes, très fortes même.

– Jamais on ne m'a caressé avec cette force ! disait Kitchaka, le corps secoué, tremblant de toute sa chair.

Une lueur pâle entrait par les fenêtres et permettait de distinguer la forme allongée sur le sol. Mais Kitchaka ne regardait rien. L'esprit fermé par le désir, il se laissait aller à ce qu'il croyait être son bonheur.

Soudain, il souleva le morceau de tissu, il se glissa près du corps qui l'attendait, il dit avec amour :

– Parle-moi, dis-moi quelque chose.

Il entendit alors une voix grave et sonore, une voix d'homme, la voix de Bhima, sortir du tissu pour dire :

– Tu es vraiment le plus beau, c'est vrai.

Kitchaka se redressa, muet, tout son être frappé par une terreur brutale, par la certitude soudaine de sa mort.

Des bras puissants, comme d'énormes serpents

durs, se nouaient autour de son corps. Et la voix continuait :

— Je te prends dans mes bras maintenant, oui, je saisis tes cheveux ornés de bouquets de fleurs. Tu ne savais pas, en venant ici, que c'était la mort que tu cherchais, que tu te préparais pour elle. Tiens, mes doigts s'enfoncent dans ta chair, je sens tes os qui craquent de plaisir, je vais te broyer, mon amour...

Kitchaka finit en effet broyé, dans des hurlements effroyables. Bhima fit de lui une boule, où l'on ne voyait ni tête, ni membres. On ne retrouva cette boule que le lendemain matin. On reconnut Kitchaka à ses vêtements, à son parfum. Et le bruit s'installa dans le palais, et dans tout le royaume, qu'il avait été embrassé, pétri et assassiné par un épouvantable démon, pour des raisons qu'on ne connaissait pas, et qu'il valait mieux ne pas connaître.

Le faucon et le pigeon

Parmi les seize mille histoires essentielles que Yudishsthira connaissait, en voici une qu'il chérissait particulièrement (sans doute parce qu'il y voyait un étonnant miroir de lui même) :

Il existait un roi très juste. On disait même qu'il était le roi le plus juste de la terre. Un jour, un pigeon vint s'abattre sur la cuisse du roi et lui demanda sa protection. Je te l'accorde, lui dit le roi.

A l'instant même, un faucon maigre se posa sur une branche voisine et dit au roi :

— Ce pigeon m'appartient. Donne-le-moi.

— Non, dit le roi. On ne livre pas un animal effrayé à son ennemi.

— Tous les justes de la terre, lui fit remarquer le faucon, disent que toi seul mérites le nom de juste. Alors, pourquoi t'opposes-tu à la justice? Ce pigeon doit calmer les angoisses de ma faim. Livre-le-moi.

Le roi abaissa son regard vers le pigeon, qui semblait apeuré, et dit au faucon :

— Regarde ses formes tremblantes. Il m'a confié son existence : je ne peux pas l'abandonner.

— C'est par la nourriture que tout subsiste, déclara le faucon. Sans nourriture, pas de vie.

Depuis l'origine des temps, par la succession régulière des choses, ce pigeon à été désigné pour être ma nourriture aujourd'hui. Donne-le-moi.

— Ma parole, dit le roi, est plus forte que le destin.

— Plus forte que le Dharma ?

— Assurément, répondit le roi.

Le faucon parut alors frappé de faiblesse.

— Privé d'aliment, dit-il, mon souffle me quittera. Avec moi périront mon épouse et mon fils : une foule de vies contre une seule vie. La vertu qui détruit la vertu est une fausse vertu, je te le dis, une vertu cruelle. La vraie vertu surmonte les contradictions, nécessairement. Elle pèse le pour et le contre et décide pour ce qui est juste. Une vertu qui ne décide pas n'est pas la vertu.

Le roi, qui écoutait attentivement le langage de l'oiseau, répondit :

— Ce que tu dis est plein de sens. Mais comment l'abandon d'un être vivant, qui a besoin de secours, comment cette action peut te sembler bonne ? Tu peux manger autre chose, un taureau, un sanglier, une gazelle !

— Les faucons ne mangent pas les sangliers. Les faucons mangent les pigeons. C'est une loi éternelle, c'est le Dharma des faucons.

— Je te donne ce que tu veux ! s'écria le roi. Je te fais apporter un bœuf entier ! Je te donne tout mon bétail, tout mon royaume ! Mais je ne te donne pas ce pigeon.

Après réflexion, le faucon dit :

— Je n'accepterai qu'une chose.

— Dis-moi.

— Si tu as un tel amour pour ce pigeon, coupe un morceau de chair de ta cuisse droite, du même poids que cet oiseau, et donne-le-moi.

— Qu'on apporte une balance ! ordonne le roi.

On apporta une balance. On plaça le pigeon tremblant sur un des plateaux. Le roi saisit une lame effilée, se coupa un morceau de chair et le mit sur l'autre plateau. Mais le poids de l'oiseau dépassait celui de la chair. Le roi se trancha un autre morceau de cuisse et le jeta dans la balance, qui ne bougea pas. Il se coupa un autre morceau, et un autre encore. Mais le pigeon était encore plus lourd que sa chair.

Le roi se coupa l'autre cuisse. Il coupa ses bras, sa poitrine, il coupa toute sa chair. A la fin, n'étant plus qu'un squelette sanglant, il monta lui-même sur le plateau. Et la balance ne bougea toujours pas.

Le corps du pigeon était plus lourd que celui du roi.

— Nous sommes venus ici pour te connaître, le pigeon et moi, dit alors le faucon, toi qu'on dit l'homme le plus juste du monde.

Et les deux oiseaux s'envolèrent ensemble.

La guerre des vaches

Alors que les cinq frères et leur épouse vivaient dissimulés à la cour du roi Virata depuis plus de onze mois, et qu'ils voyaient approcher le moment de se replacer en pleine lumière et de retrouver leur royaume, une guerre éclata. On l'appelle « la guerre des vaches » car les envahisseurs visaient apparemment les trente mille belles bêtes de Virata. Mais comme ces envahisseurs n'étaient autres que Duryodhana, Dushassana et leurs frères, aidés par Karna, certains commentateurs ont pensé que cette attaque — à laquelle Bhishma et Drona refusèrent de participer, « car on ne se bat pas pour des vaches » — reposait sur une intention plus secrète : forcer les Pandavas, qu'on savait cachés quelque part, à se révéler avant la date fatidique.

Affolé par l'annonce d'une invasion, le paisible Virata demanda qu'on fît sonner la guerre dans tout le royaume, qu'on rassemblât ses éléphants, ses guerriers. Mais en l'absence définitive de Kitchaka, réduit en boule par le démon, qui allait commander les armées ? Sur un coup de tête, Virata nomma au commandement son propre fils, qui comptait à peine quinze ans.

— Un jour ou l'autre un homme doit se battre, lui dit-il. Voici ce jour venu pour toi.

A ce moment-là, on ne savait pas encore qui commandait les troupes ennemies. Des éclaireurs venaient d'annoncer l'entrée dans le royaume de guerriers étrangers, mais il pouvait s'agir d'un simple groupe de brigands, tentés par les vaches.

Le jeune roi, quelque peu décontenancé, dit qu'il accepterait volontiers le commandement, mais qu'il lui fallait un excellent cocher pour son char. Le sien, précisément, souffrait de maladie.

— Qu'on me trouve un bon cocher, dit-il publiquement, et je ramènerai les vaches.

Il se trouva que cette scène se déroulait devant toute la cour rassemblée. Les cinq frères, sous leurs déguisements, y assistaient. Surpris, inquiets, ils virent soudain Draupadi s'avancer vers le roi et lui dire :

— Moi, je connais un excellent cocher. Pour lancer les chevaux, pour les diriger, pour les freiner, il est le meilleur. Il fut autrefois le cocher des fils de Pandu.

— Qui est-ce ? dit le jeune roi.

Elle montra Arjuna du doigt en disant :

— C'est lui.

Arjuna parut alarmé, stupéfait. Et tout le monde s'étonnait. Un chanteur ? Un eunuque efféminé ? Comment pouvait-il conduire un char dans une bataille ? Quelle étrange idée !

— Il est le premier du monde, dit Draupadi au jeune roi. S'il est ton cocher, tu vaincras.

— Mais c'est un travesti, tu le vois bien ! Elle tremble, elle est toute peureuse, elle va mourir de frayeur !...

Le jeune roi leva son arme au-dessus d'Arjuna, qui enfouit son visage épouvanté au milieu des robes des femmes.

— Tu ne peux pas m'envoyer combattre avec ça !

— J'ai dit ce que je sais, dit Draupadi.

Arjuna, qui sentait venir un danger précis, se redressa, et, poussant à l'extrême ses manières de femme peureuse, il s'écria :

— Mais comment conduirais-je un char? Comment tiendrais-je des rênes? Je suis terrorisée par les chevaux!

— Il ment, dit alors Draupadi. Il a été le cocher d'Arjuna.

— Le cocher d'Arjuna?

— Oui, ils étaient inséparables, ils n'allaient jamais l'un sans l'autre.

— Alors, dit soudainement le jeune roi, tu dois accepter de me conduire. Arjuna est mon idole. Viens, laisse rire les femmes. Qu'on apporte un bouclier et des armes.

On apporta un bouclier. Arjuna le posa sur le sol et tenta de s'y introduire, les pieds les premiers. Il tomba, soulevant d'autres vagues de rires. Quand on lui tendit une épée, il la saisit maladroitement par la lame, parut se blesser, la laissa tomber en criant :

— Une épée? disait-il. Mais pour quoi faire, une épée? Un arc? Des flèches? Mais je n'ai jamais tenu un arc de ma vie!

Il saisit un arc qu'il tendit devant lui, menaçant les courtisans et les femmes, qui s'étendirent sur le sol, derrière les meubles, pour se protéger d'une flèche perdue, qui pouvait jaillir par mégarde.

— Une bataille? Du sang! De la sueur! De la saleté! Quelle horreur!

Le jeune roi lui demanda :

— As-tu été le cocher d'Arjuna, oui ou non?

— Oui, mais depuis ce temps je...

— Alors arrête cette comédie! Conduis-moi!

Le roi ordonna, pensant toujours à des brigands :

— C'est décidé. Tu seras le cocher de mon fils ! Allez, les troupes vous attendent !

Quand ils sortirent, une des femmes dit à Arjuna, en riant :

— N'oublie pas, quand tu rentreras victorieuse, de nous rapporter de belles étoffes !

Une courte scène, après leur départ, opposa Draupadi aux autres frères. Que cherchait-elle ? La treizième année n'était pas tout à fait terminée. Pourquoi forcer Arjuna à s'engager dans la bataille ?

Draupadi leur apprit que Duryodhana et ses frères marchaient à la tête de l'invasion.

— Mais tu leur donnes une bonne occasion de nous refuser le royaume ! s'écria Nakula. Draupadi, est-ce la guerre que tu cherches ?

Une fois encore, les motifs de certaines actions pouvaient paraître troubles, souterrains, parfois même contradictoires. Mais ce jour-là, Draupadi répondit clairement :

— Oui, Nakula. La guerre est lancée, je le sais. Je ne reviendrai pas silencieuse et soumise. Je n'oublierai rien, je l'ai dit. On verra plutôt la mer se dessécher et le ciel perdre sa couleur que ma parole contredite.

Lorsqu'il se trouva face à face avec les envahisseurs, le jeune fils du roi aperçut une vaste armée et des chefs célèbres. Pris de panique à l'idée de combattre Karna et Duryodhana, seul avec un eunuque et des troupes mal entraînées, il sauta de son char et se mit à courir à toutes jambes pour se mettre à l'abri quelque part.

Arjuna sauta du char à son tour et courut pour le rattraper. Très étonnés, Karna et Duryodhana virent une femme poursuivre un adolescent sur le champ de bataille. Ils donnèrent à leurs troupes l'ordre de s'arrêter. La femme rattrapa le jeune homme et le maîtrisa.

A ce moment-là, Karna le reconnut.

— C'est Arjuna, dit-il.

Pour rassurer le fils du roi, pour le ramener au combat, Arjuna venait en effet de se révéler.

— Viens, disait-il au jeune homme essoufflé. Je suis Arjuna. Il n'y a aucun danger pour toi dans ce combat.

— Tu es Arjuna?

— Cesse de t'étonner. C'est toi qui vas conduire le char, et moi je combattrai. Ne tremble plus.

Le jeune homme se calma et se redressa. Arjuna saisit son arc Gandiva, qu'il tenait dissimulé jusque-là, et le fit résonner sur le champ de bataille. Tous les guerriers reconnurent cette vibration qui emplissait l'air.

Arjuna se débarrassait de ses robes, redevenait lui-même et montait sur le char.

— Oui, c'est Arjuna, répéta Karna à voix basse.

— La treizième année ne s'est pas accomplie et il nous affronte! s'écria Duryodhana. Il se révèle! Lui et ses frères, ils doivent etourner douze ans dans la forêt! Ils n'ont pas respecté le pacte!

— Allons nous battre, dit simplement Karna.

Pendant ce temps, au palais, pour dominer son inquiétude, le roi Virata, une fois de plus, jouait aux dés avec Yudishsthira.

— Ne crains rien, lui disait le faux brahme qui cherchait peut-être à se rassurer lui-même. Avec son cocher, ton fils ne risque rien. Il ramènera toutes tes vaches.

— Il est si jeune, si fragile... N'ai-je pas été fou de le laisser partir?

— Cesse de t'alarmer. Avec ce cocher, il peut affronter la terre entière.

Un peu plus tard, on annonça brusquement la victoire, dans tous les points de la ville. Le jeune roi revenait triomphant, environné de meuglements. Il ramenait toutes les vaches. Soulevé par la joie, le roi lança des musiciens et des danseuses à sa rencontre. Il ordonna précipitamment :

— Que toutes les femmes s'offrent à lui ! Qu'on apporte de l'eau pour les chevaux ! Et pour les vaches ! Que le peuple entier le célèbre ! Qu'on couvre la ville de fleurs !

Puis, en attendant que son fils parvînt au palais, il voulut reprendre la partie de dés.

— Non, lui dit Yudishsthira, on ne doit pas jouer avec un joueur dans la joie.

— Mais si, joue !

— Le jeu fait naître le malheur. Rappelle-toi Yudishsthira !

— Je te dis de jouer ! C'est mon jour de félicité !

Et comme il se réjouissait encore de la victoire de son fils, Yudishsthira lui dit :

— Avec ce cocher, il ne pouvait pas être battu.

— Mon fils vainqueur, aucun mot n'est plus doux !

— Avec ce cocher, sa victoire était certaine.

— Mais qu'est-ce que tu dis ? demanda le roi, irrité par l'insistance de son partenaire.

— Je te dis la vérité : avec ce cocher, il aurait pu vaincre la terre.

— As-tu fini de me parler de ce travesti ? De mépriser mon fils ?

— Il aurait même pu vaincre les dieux et les démons avec un tel cocher !

— Mais on va t'arracher la langue ! Assez ! Taistoi !

Le roi leva son bras et lança le dé qu'il tenait. Le dé frappa le visage de Yudishsthira, qui se mit à saigner du nez. Aussitôt Draupadi se précipita, un linge à la main.

— Que fais-tu ? lui demanda le roi.

— Je recueille son sang, qui ne doit pas toucher la terre.

— Pourquoi ?

Elle n'eut pas la possibilité de lui répondre. Le jeune roi pénétrait à ce moment-là dans le palais, au milieu d'un tintamarre joyeux, de cris, de tambours, de nuages de poudres de couleurs.

— Mon fils ! s'écria le roi. Viens dans mes bras ! Viens me raconter ton combat !

Le roi, qui pleurait de fierté, pressa le jeune vainqueur contre sa poitrine. Mais soudain l'adolescent aperçut Yudishsthira qui saignait. Il demanda :

— Qui a blessé cet homme ?

— C'est moi, dit le roi, et il le mérite, car je lui faisais ton éloge et il ne parlait que de ton cocher.

— Demande-lui pardon. Dépêche-toi.

— Moi ? Pardon ?

— Tu es déjà pardonné, lui dit Yudishsthira. Mais si mon sang était tombé sur la terre, tu étais en danger de mort, toi et ton royaume.

— Pourquoi ?

Le jeune roi répondit lui-même, en les montrant à tour de rôle :

— Parce que cet homme est Yudishsthira, parce que mon cocher est Arjuna, parce que cette servante est Draupadi, parce que voici Bhima, Nakula et Sahadeva.

Dans le soudain silence, où tout mouvement semblait arrêté sur la surface de la terre, le roi ferma lentement ses paupières et dit :

— Je ne peux pas garder mes yeux ouverts. Est-ce vrai ?

— C'est vrai, lui dit son fils. Arjuna s'est battu à ma place à la tête de mes armées. Les ennemis ont préféré ne pas soutenir la bataille.

Une lumière inhabituelle semblait éclairer le palais. Tous regardaient, respirant à peine. Les cinq frères et leur épouse venaient de se rapprocher les uns des autres. Groupés autour de Yudishsthira, ils semblaient ne faire qu'un.

— Vous avez honoré en secret mon palais, dit le roi. Que puis-je maintenant faire pour vous? Arjuna, accepte ma fille pour épouse.

Arjuna, s'estimant trop âgé pour prendre une nouvelle femme, accepta la jeune princesse au nom de son fils Abhimanyu, que lui avait donné Subhadra, la sœur de Krishna. Ce jeune homme, qu'on disait admirable et vaillant, et qui vivait avec sa mère, Arjuna ne l'avait pas vu depuis leur départ pour l'exil. Il allait avoir seize ans.

Ensuite, tenant à la main quelques étoffes ramassées sur le champ de bataille, Arjuna s'approcha de la femme qui s'était moquée de lui.

— Tiens, lui dit-il, voici les étoffes que tu m'as demandées. Elles sont un peu tachées de sang, mais tu les nettoieras sans peine.

Yudishsthira s'adressa au roi :

— Virata, nous allons à présent te quitter, car le temps de l'exil se termine.

Le jeune roi lui dit alors avec gravité :

— Réponds-moi avant de partir. Tu as dit que nous entrons dans l'époque noire, que toute valeur et toute beauté vont disparaître. Alors, à quoi bon se battre?

Yudishsthira baissa la tête sans répondre à cette question.

Virata ajouta :

— Je suis comme mon fils. Une pensée

m'inquiète, elle m'obsède : est-il vrai que ce monde sera détruit ?

Dans le silence qui suivit la question du roi, on entendit une voix familière répondre :

— Il l'a déjà été.

Tous se retournèrent. Vyasa venait d'apparaître, en compagnie de l'enfant. Il s'avança et s'arrêta. Sans doute percevait-il la nécessité, à ce moment précis de son histoire, de répondre à la question que se posaient ses personnages : comment vivre sans avenir ? Comment respirer, comment travailler, comment respecter et aimer les autres dans le filet solide du désespoir ?

A sa manière, il répondit par une histoire — la plus belle, peut-être, qu'il ait jamais imaginée :

— Oui, dit-il, il y a longtemps, toutes les créatures avaient péri. Le monde n'était plus qu'une mer, un marécage gris, brumeux, froid. Un vieil homme restait seul, épargné par la destruction. Il s'appelait Markandeya, il marchait, il marchait dans l'eau glauque, épuisé, ne trouvant nulle part un asile, un être vivant, l'esprit désespéré et la gorge pleine d'angoisse. Soudain, sans savoir pourquoi, il se retourna et il vit un arbre surgi dans le marais, un figuier, et au pied de cet arbre un enfant souriant, très beau.

Vyasa montrait l'enfant assis près de lui sur le sol.

— Markandeya s'arrêta, essoufflé, chancelant, ne comprenant pas la présence de cet enfant. Et l'enfant lui dit : je vois que tu cherches le repos, entre dans mon corps.

Tous les spectateurs écoutaient avec la plus grave attention, comme devant la porte d'un mystère.

— Le vieil homme sentit en lui, subitement, un grand dédain pour une longue vie humaine.

L'enfant ouvrit la bouche, un vent puissant se leva, une rafale irrésistible, et Markandeya se sentit attiré, emporté vers cette bouche. Il y entra malgré lui tout entier et tomba dans le ventre de l'enfant. Arrivé là, en regardant autour de lui, il vit un ruisseau, des arbres, des troupeaux, il vit des femmes qui portaient de l'eau, une ville, des rues, des foules, des fleuves, oui, dans le ventre de l'enfant il vit la terre entière, calme et belle, il vit l'océan, il vit le ciel illimité. Il marcha longtemps, pendant plus de cent ans, sans jamais atteindre la fin de ce corps. Puis le vent se leva de nouveau, il se sentit aspiré vers le haut, il sortit par la bouche même de l'enfant et il le vit sous le figuier.

Vyasa se tourna vers l'enfant qui l'accompagnait. Et celui-ci, qui sans doute connaissait déjà cette histoire, dit alors, en se tournant vers Vyasa :

— L'enfant le regarda en souriant et lui dit : J'espère que tu es reposé maintenant.

Le choix d'Arjuna

Krishna dormait.

Duryodhana pénétra dans sa chambre et s'assit à la tête de son lit, attendant son réveil. Arjuna parut quelques instants plus tard. Il salua Duryodhana d'un mouvement de tête et s'assit, plus humblement, aux pieds de son ami.

Lorsque Krishna ouvrit les yeux, et demanda la raison de leur présence, Duryodhana répondit :

— La terre est couverte de troupes en marche. La guerre s'avance vers nous. Krishna, je viens solliciter ton alliance.

— Moi aussi, lui dit Arjuna, au nom de mes frères.

Krishna répondit d'abord qu'il n'avait aucune raison de se battre, que cette guerre n'était pas la sienne et qu'il dormait.

Duryodhana lui répondit avec son habituelle dureté :

— L'univers tout entier est emporté vers la violence. Aucun être vivant ne peut dire : cette guerre n'est pas la mienne. Qui peut dormir quand les autres meurent ?

Il ajouta que les Pandavas s'étaient révélés avant le jour fixé. Ils devaient donc repartir pendant douze ans dans la forêt.

— Mais mon père leur fait grâce, dit Duryodhana. Qu'ils renoncent à leur royaume et restent libres.

Krishna se tourna vers Arjuna. Celui-ci semblait calme et très fermement décidé.

— Nous ne voulons pas de cette grâce, dit-il. Mon frère Yudishsthira demande son royaume, ce qui est à lui. Il le demande clairement et il n'attendra pas.

Cette réponse souleva la colère de Duryodhana. Il affirma que tous les astrologues — les siens, en tout cas — annonçaient la défaite de Yudishsthira, que celui-ci verrait ses guerriers massacrés et ses éléphants, le crâne brisé, vomir le sang.

— Et moi, dit Arjuna, je dis que je sens la victoire, elle marche à côté de moi. Ma vue vieillissante voit clairement l'avenir. Le soir, les animaux de la nuit m'entourent dans l'espoir d'un carnage.

Krishna répondit qu'il les aimait tous les deux, qu'il avait avec eux des liens de parenté semblables, qu'il ne pouvait pas choisir un camp.

A quoi Duryodhana répondit :

— Je suis entré ici le premier, j'ai la préférence.

— C'est exact, dit alors Krishna, avec une habile sincérité, tu es entré le premier, mais quand j'ai ouvert les yeux, mon regard s'est posé sur Arjuna. C'est à lui de dire ce qu'il préfère.

S'adressant à Arjuna, Krishna lui proposa ce choix :

— Je mets d'un côté la masse de mes guerriers, tout équipés, prêts à la guerre, et de l'autre côté moi seul, sans armes, et ne prenant aucune part à la bataille. Que choisis-tu ?

— Je te choisis, répondit immédiatement Arjuna.

— Moi seul et sans armes ?

— Oui.

Duryodhana désirait une précision. Il demanda à Krishna :

— J'ai donc toute la masse de tes guerriers ?

— Tu les as.

— Tout équipés ? Totalement résolus à combattre ?

— Résolus et fidèles.

— A combattre même contre Arjuna ?

— Oui, même contre lui.

— Toi-même tu ne combattras pas ? Tu n'useras pas de ton disque ?

— Je ne combattrai pas, dit Krishna.

Duryodhana se leva, poussa un cri de victoire et sortit.

Arjuna et Krishna restèrent seuls un moment, dans la première lumière du jour qui se levait. Entre l'esprit et la matière, Arjuna venait d'accomplir un choix décisif, un choix dangereux. Krishna lui-même paraissait incertain et désemparé.

— Quand tu m'as choisi, demanda-t-il, à quoi pensais-tu ?

— Je suis fort, je n'ai pas besoin de ta force. Mais j'ai besoin de toi pour conduire mon char. Cette pensée ne m'a jamais quitté. Sois mon cocher.

Krishna lui saisit les mains et lui dit :

— Je conduirai ton char. Je te le promets.

Les derniers efforts de Krishna

Tout annonçait la guerre. Hâtivement, des deux côtés, elle se préparait. Les rois sollicités rejoignaient les uns Yudishsthira, les autres — les plus nombreux — le roi régnant. Aux alarmes de son père, qui voyait en rêve Bhima, sa massue brandie, lui annonçant la mort de ses enfants, Duryodhana répondait qu'il ne pouvait en aucune manière être battu. Il disait :

— Jadis Bhishma seul a triomphé de tous les rois, personne ne peut le tuer, c'est la vérité, il mourra quand il le voudra et nous serons autour de lui. Drona et son fils Aswatthaman sont là, avec des armes terrifiantes. Et Karna, que nul ne peut vaincre. Et tous ces rois, qui entreraient dans le feu pour nous ! Nous avons onze armées complètes contre sept, la victoire est un fruit dans ma main !

Tous devaient admettre que son règne — car son père le laissait régner — s'était montré riche et calme. Il était assuré de la fidélité de ses guerriers.

— Des poètes m'ont chanté. J'ai vu le bonheur autour de moi. Personne n'a réclamé le retour de nos ennemis ! On m'a donné un royaume que j'ai marqué du chiffre un. Ce royaume, je ne le mutilerai pas, je ne l'écorcherai même pas, je le rendrai entier comme je l'ai reçu. Je ne céderai rien !

Quand on lui parlait de Krishna, il répondait que celui-ci venait de lui donner ses puissantes armées : était-ce pour le détruire ? Quant à sa prétendue divinité, dont personne n'était vraiment sûr, Duryodhana n'y voyait rien d'extraordinaire.

— Moi aussi je suis pieux ! disait-il. Moi aussi, je suis divin ! Je peux éteindre le vent et la pluie en chantant, je peux consolider les eaux, il n'y a pas de démon, pas de sorcier capable de me nuire ! Ni l'orage, ni le feu ne peuvent défendre ceux que je hais !

Comme argument suprême, Duryodhana demanda à Bhishma, qui vivait dans sa propre légende, de prendre le commandement de ses troupes. Bhishma d'abord refusa cette charge. Il mit en avant son grand âge, près de cent ans. Il dit qu'il avait toujours vécu sans royaume, sans armée.

— Mais n'es-tu pas l'invincible ? L'incomparable ?

— Les Pandavas sont comme mes fils, je les ai élevés, ne m'oblige pas à tuer ma famille.

Alors Karna, qu'une hostilité permanente, obsessionnelle, opposait à Bhishma, lui dit ces paroles brutales, qui rappelèrent à certains les insultes de Sisupala, autrefois :

— Bhishma, tout ce qui nous menace, tout ce qui nous déchire, tout vient de toi, de cette promesse de fou que tu fis autrefois, longtemps avant notre naissance : jamais une femme ! Jamais un enfant ! Ton interminable vie inutile, tu l'as passée ici, mangeant et buvant dans la main du roi. T'écarter de la bataille serait une tache de saleté sur ta vie blanche. Tu ne peux pas refuser. Moi, je n'hésiterai pas. Ce que je dois, je le paierai.

Le vieux roi aveugle ajouta, presque suppliant :

— Bhishma, accepte le commandement. Avec

toi et Drona, tout risque disparaît et je n'aurai plus jamais peur.

Pris au piège de sa fidélité, de ses engagements et de sa légende, Bhishma dut accepter le commandement. Mais il y posa une condition précise : que Karna ne se battît point.

— Pourquoi laisser Karna inoccupé? demanda Duryodhana. As-tu peur que sa lumière ternisse la tienne?

— Non, ce n'est pas de ça que j'ai peur.

— Alors, pourquoi?

Bhishma resta ferme et silencieux. Il ne pouvait pas donner la vraie raison, la parenté secrète, qu'il connaissait, entre Karna et les cinq frères.

Karna s'avança, saisit son épée et la déposa aux pieds du vieillard.

— Tiens, dit-il. Je ne combattrai qu'après ta mort.

Il se retira sans un mot de plus. Tous les membres de la famille royale se séparèrent. Dhritarashtra et sa femme Gandhari, toujours aveuglée par son bandeau, se retrouvèrent avec Bhishma, qui ne les quittait guère. Une autre longue nuit de veille et d'effroi s'ouvrait devant eux. Le roi aveugle soupçonnait autour de lui la présence permanente d'un malheur, comme une forme vague et vivante.

— La haine qui brûle tes fils a dérangé ton esprit, lui disait Gandhari. Tu désires garder ce qui n'est pas à toi.

Il savait qu'il n'avait pas le droit d'abandonner son intelligence, car une seule de ses pensées pouvait tout détruire. Partagé entre le souci de son rang, la passion de ses fils, la responsabilité la plus haute et un désir secret de fuite, et même de mort, le roi écoutait la voix de Bhishma qui s'efforçait de glisser en lui un calme lucide, et qui lui disait :

— Au-dessus de ce monde, et au-dessous de ce monde, une obscurité totale s'étend, et dans ton cœur dorment tant de mystères...

A l'aube, on annonça l'arrivée de Krishna. Il venait en ambassadeur, pour un dernier effort de paix. Il refusa les fruits qu'on lui offrait, et les présents de bienvenue, disant que les ambassadeurs ne doivent se réjouir qu'à la fin de leur mission. Il s'adressa d'abord à Dhritarashtra, mais celui-ci le renvoya à son fils aîné, le vrai maître.

Krishna se tourna vers Duryodhana. Il lui dit :

— Tu es né dans une haute famille, tu es instruit, tu as des qualités, tu parles et on t'obéit. Mais tu détruis ta vie. Celui qui rejette les conseils, il a l'estomac brûlé comme s'il avait mangé des fruits verts. Ses amis gémissent un moment puis le malheur vient à sa rencontre, la terre le déteste et l'abandonne. Tu veux l'empire universel, la splendeur totale, reste maître de toi, ne méprise pas les autres.

Bhishma, Drona et le roi aveugle lui-même joignirent leurs prières aux conseils de Krishna.

Mais rien ne pouvait ébranler la force dure de Duryodhana.

— Quand tu parles, dit-il à Krishna, c'est toujours moi que tu blâmes, tout retombe sur moi, toujours moi, vous me haïssez tous, et pourtant je n'ai jamais commis la moindre faute ! Jamais ! Shakuni a gagné aux dés, je n'y suis pour rien. Je te pose une question, Krishna : crois-tu la paix possible ?

— Je crois ce que je dis possible, sinon je ne le dirais pas.

— Mais au fond de toi, si tu écoutes sans mentir, ne sens-tu pas monter la poussée de la guerre ?

— Une guerre sans vainqueur est-elle une guerre ? lui demanda Krishna. Quel homme intelligent se lancerait dans une guerre en sachant que tous vont mourir ?

A quoi Duryodhana répondit avec force que la mort par les armes lui semblait une belle mort, et que de toute manière il ne s'inclinerait jamais.

Alors Krishna lui fit sa dernière proposition :

— Au moment où je quittai Yudishsthira, dit-il, celui-ci me confia : que Dhritarashtra nous laisse cinq villages, seulement cinq villages, et la guerre n'aura pas lieu.

Cette offre, si étonnamment modérée, jeta Duryodhana dans la colère. Il s'écria :

— Un roi ne joue pas son royaume ! Un roi ne s'abaisse pas jusqu'à réclamer cinq villages ! Moi vivant, on ne m'arrachera rien de ce que j'ai. Je suis dans toute ma force et c'est à moi. Je ne donnerai pas cinq villages, je ne donnerai pas un village, je ne donnerai pas la pointe d'une aiguille de terre !

A son tour Krishna répondit avec vigueur, haussant la voix :

— Sois tranquille sur un point : tu auras une belle mort ! Si la terre a besoin de victimes, nous verrons un splendide massacre ! Le jeu de dés était truqué, tu le sais ! Draupadi a été traînée en public, et tu dis : je n'ai pas commis une seule faute ?

Duryodhana sortit brusquement de la salle en compagnie de plusieurs de ses frères. A l'instigation de Dushassana, il projetait en effet de se saisir de Krishna, de le garder prisonnier, en otage. Mais Krishna devina cette intention et il en informa le roi aveugle, et Gandhari. Ceux-ci, très alarmés, s'efforcèrent de calmer leurs enfants, quand ils revinrent avec des armes dans leurs mains.

Gandhari s'accrochait aux bras de Duryodhana en lui disant :

— Mon fils, ta haine est d'abord contre toi-même. Calme-toi après treize ans de colère !

Drona lui-même tenta de s'interposer. Bhishma cria à Duryodhana qu'il était fou, très réellement fou, de vouloir capturer un homme qui maintenait en lui une force divine.

Entouré par des armes brillantes, Krishna se leva en disant à Duryodhana :

— Tu crois que je suis seul ? Regarde.

Debout, il s'immobilisa.

Les témoignages diffèrent sensiblement sur ce qui se passa à ce moment-là, et ces différences aident à comprendre les perceptions, parfois contradictoires, que les uns et les autres pouvaient avoir de Krishna.

Pour Bhishma, la vision se montrait précise. Il la décrivit d'ailleurs à haute voix, le doigt tendu :

— Regardez ! Quand il rit, treize langues de feu sortent de sa bouche, Brahma se tient sur son front, les gardiens du monde sont debout sur ses bras... Je vois les Adityas, les Sadhyas, les Vasous... Au-dessus de lui de grandes armes levées... De ses yeux, de son nez et de ses oreilles s'échappent du feu et de la fumée... Forme céleste, universelle, terrifiante... Des rayons de lumière jaillissent même de sa peau...

Plusieurs des assistants se prosternèrent, mais Duryodhana et ses frères semblaient regarder et ne rien voir, rien qu'un homme debout, souriant, immobile. Ils ne comprenaient pas l'attitude des autres. Le roi aveugle s'écria :

— Krishna, éclaire un instant mes yeux, je te le demande, je veux te voir !

— Oui, voici des yeux, dit Krishna.

Une lumière parut alors pénétrer dans le regard éteint du roi. Il vacilla, il bougea sa tête comme un oiseau inquiet, il cligna les yeux et il dit soudain :

— Oui, je te vois.

Plus tard, Bhishma parla d'une grande merveille, née dans le tumulte de ce matin-là. Il semblait en effet que Dhritarashtra contemplât le spectacle par excellence, la forme universelle de Krishna, celle qui contient toutes les formes.

Il demanda même à Duryodhana :

— Mon fils, est-ce que tu vois comme moi ?

Vivement contrarié par cette apparence de prodige, auquel il ne pouvait participer, Duryodhana décida brusquement de sortir, entraînant avec lui ses frères. Son père essaya de le retenir, de le convaincre de regarder, de voir. Ce fut en vain. Sans doute Duryodhana renonçait-il à s'emparer du corps de Krishna. Mais en refusant une paix que le ciel apportait peut-être, la guerre se trouvait lancée, sans retour possible.

Bhishma décrivit les flammes qui s'éteignaient lentement, l'univers qui disparaissait, la lumière qui s'effaçait. Krishna reprenait la simple forme d'un homme.

— Le noir de nouveau me recouvre, dit Dhritarashtra, en tendant ses mains autour de lui. Je ne distingue plus rien. Krishna, Krishna, j'ai fait ce que j'ai pu.

— Moi aussi, dit Krishna à voix basse.

Avant de quitter Hastinapura pour retourner auprès des Pandavas, Krishna rencontra Bhishma, Kunti et Karna. Son entretien avec Bhishma fut bref. Les deux hommes se connaissaient depuis longtemps, et s'aimaient. Parmi ceux qui proclamaient les hautes vertus divines de Krishna, Bhishma était un des plus fervents. Aussi, lorsque Krishna lui demanda le mouvement précis de sa pensée, Bhishma répondit-il :

— Elle est comme toujours fixée sur mon action.

— Rien ne t'enchaîne à cette guerre. Retire-toi.

— Non, répondit Bhishma, je ne peux pas trahir ceux qui m'ont nourri.

Connaissant la droiture de cœur du vieillard, mais connaissant aussi sa complexité, ses contradictions, ses territoires de mystère, Krishna lui dit alors :

— Ferme les yeux, pénètre jusqu'à ton cœur le plus profond. Es-tu sûr, malgré ton amour du bonheur, de ne pas suivre ton désir obscur de montrer ta suprématie ?

Bhishma se tut pendant quelques instants, à l'écoute de ses propres secrets. Puis il serra les mains de Krishna en disant :

— Ma place est ici, tu le sais.

Il se retira.

Krishna se rendit alors auprès de Kunti. Quel message désirait-elle transmettre à ses fils, qu'elle n'avait pas vus depuis tant d'années ?

Il la trouva déterminée, précise, le visage dur sous ses cheveux gris. Voici le message qu'elle lui donna :

— Dis à Yudishsthira qu'un mauvais roi est une maladie contagieuse, qu'il pervertit son époque, dis-lui qu'il n'est pas né pour une vie maigre, dis-lui : réveille-toi, lève-toi, sinon tu n'es qu'un trou plein de rats, une larve contente.

Jusqu'à la dernière limite, jusqu'au dernier de ses arguments, Krishna voulait sauvegarder la paix, empêcher cette guerre qui menaçait toutes les vies. Il dit à Kunti :

— Ton fils peut me répondre : que m'importe la terre ? Que m'importent le plaisir et la vie ?

— Réponds-lui qu'il n'est pas seul. Toutes les créatures vivent autour de lui, à cause de lui. S'il manque de fermeté, le malheur, son adversaire, s'enrichira de sa faiblesse.

— Et s'il te dit : tu as fermé ton cœur à la pitié ?

— La douceur est amère et impuissante. Qu'il se façonne un cœur de fer, car la pitié est un poison.

— Et mon corps ? J'ai de la tendresse pour mon corps…

— Je dirai à mon fils : ton corps est beau, ton corps est admirable, mais si tu as peur de la mort, pourquoi as-tu reçu la vie ? Brûle comme une torche, ne serait-ce qu'un instant, cela vaut mieux qu'une longue fumée. Dis-lui encore ceci, Krishna : sois l'ennemi de tes ennemis, fais-les surveiller par des espions, sois fort, les forts viendront à toi, ou bien l'obscurité est descendue sur mes paroles. Parle à Arjuna, parle aux enfants de Madri, que je regarde comme les miens, parle à Bhima, dis-lui que le moment est venu pour lequel une mère engendre un fils. S'il laisse passer ce moment, il sera stérile et je l'abandonnerai pour toujours.

Krishna, qui se dirigeait déjà vers la porte, renonçant à ébranler la totale fermeté de Kunti, qui ne voyait, qui ne désirait que la guerre, se retourna pour demander :

— Et Karna ?

Il sentit qu'il avait touché juste. Kunti se détourna. Elle répondit d'une voix plus faible :

— Il a remis son épée, je le sais. Il ne se battra pas.

— Et si Bhishma rencontre enfin la mort ? Si Karna rejoint la bataille ?

Kunti referma ses lèvres et regarda le sol à ses pieds, sans bouger, sans parler, sans voir.

Sur le pas de la porte, Krishna lui dit :

— Je retourne auprès de tes fils. As-tu autre chose à leur dire ?

— Dis-leur que je suis bien portante, réponditelle d'une voix banale.

Très près de là, il rencontra Karna, oisif et seul.

— Tu me cherchais ? lui demanda-t-il.

— Non, dit Karna, je marchais au hasard dans le palais. Parfois j'aime être seul. Je suis à part, tu le sais bien, confus, obscur, entouré de rumeurs. Celui que j'appelle mon père et celle que j'appelle ma mère ne sont pas mon père et ma mère.

Tout au long des années, ils s'étaient vus rarement seuls, ils se connaissaient mal. A l'égard de Krishna, Karna gardait une attitude assez distante, qui pouvait passer pour du respect ou de la froideur. Que pensait-il vraiment de lui, de sa mission, de sa puissance ? Il ne l'avait jamais clairement exprimé.

Voyant peut-être en lui la dernière chance de paix, Krishna lui dit directement, brutalement :

— Karna, tu es le fils de Kunti.

Karna cessa de respirer pendant un moment, et le sang quitta son visage.

— Tu es né avant son mariage, poursuivit Krishna, mais l'enfant d'une femme devient celui de l'homme qu'elle épouse. Tu es donc le fils de Pandu. C'est pourquoi Bhishma voulait t'empêcher de te battre. Parce que tes ennemis sont tes frères.

— Ils le savent ? demanda Karna très faiblement.

— Non, je suis le seul à le savoir, avec Kunti et Bhishma. Mais si je leur révèle ta naissance, ils t'apporteront des parfums, de l'or, et Draupadi au sixième jour sera ta femme. Bhima agitera ton éventail, Arjuna conduira ton char, moi-même je te suivrai ; tes frères, tes amis, ta mère seront heureux. Duryodhana n'osera plus se battre.

Ils partagèrent un moment de silence. Puis Karna dit :

— Ma mère m'a abandonné, abandonné au

hasard d'un fleuve. Un cocher m'a recueilli et m'a porté à sa maison. Sa femme a lavé mon urine et mes excréments, ils m'ont réchauffé de leur tendresse. Ni en m'offrant toute la terre et des montagnes d'or, ni par la joie, ni par la crainte, tu ne peux changer mes sentiments. J'ai donné ma parole, je ne la reprends pas.

Krishna laissait parler Karna, dont il voyait la douleur, le déchirement, dont il savait aussi qu'il ne pourrait pas le convaincre.

— Ne révèle pas ma naissance. Comme je suis né avant lui, Yudishsthira voudrait me céder sa couronne, et moi je la donnerais à Duryodhana, car je suis le fils d'un cocher. Que Yudishsthira règne longtemps. Tout ce que j'ai dit de blessant, je le regrette. Krishna, nous allons célébrer le grand sacrifice des armes, et toi tu surveilleras tout. Nous aurons des tambours et des cris de guerre, nous aurons du sang, nous aurons des crânes pour boire le sang. Le sacrifice envahira la nuit. Quand tu me verras couché, mort, quand tu verras Bhima dévorer les tripes de Dushassana, quand Bhishma, quand Drona seront détruits, quand tu entendras pleurer les femmes, le sacrifice sera terminé. Dispose tout, je sais ce que tu veux.

Dans ces paroles tourmentées, et parfois même incohérentes, Krishna devinait toutes les blessures d'un cœur dérangé, mais inaltérable. Il lui demanda, paraissant étonné :

— Je te donne la terre et tu la repousses?

— Place Arjuna en face de moi, lui dit Karna, sans lui révéler que je suis le fils de sa mère.

— La victoire des Pandavas est certaine, dit alors Krishna, avec une ferme douceur. Va dire à tes amis : regardez, c'est le printemps, les fleurs sont ouvertes, l'eau est fraîche, le plaisir est partout, nous allons mourir.

— Toi qui me connais, pourquoi tu me troubles ? Si tu es venu pour perdre la terre, eh bien les temps sont arrivés.

— Non, je ne suis pas venu pour détruire.

Krishna pouvait ajouter : au contraire. Mais il sentait que rien ne pouvait arracher Karna à ses ombres anciennes, plus puissantes que lui. Le fils du Soleil, fermant à demi les yeux, fit alors le récit de quelques-unes de ses visions noires, délire d'où ne pouvait apparaître aucune sorte d'avenir :

— Une pluie de chair et de sang est tombée du ciel et des voix sans corps hurlent dans la nuit. Les chevaux pleurent. Des créatures anormales courent dans les campagnes avec un seul œil, un seul pied. Les oiseaux se perchent sur les drapeaux, ils ont du feu dans leur bec et ils crient . « Mûr ! Il est mûr ! » Une vache a accouché d'un âne et une femme d'un chacal. A peine nés, les enfants dansent. Les fils apprennent la volupté entre les jambes de leurs mères. Les statues écrivent avec leurs armes. Les torches n'éclairent plus. Les boiteux rient. On ne reconnaît plus les races. Des vautours viennent à la prière. Le soleil s'est couché, entouré de corps mutilés. Le temps va détruire l'univers. Je souffre la nuit dans mes songes. J'ai rêvé de toi, entouré d'entrailles sanglantes, j'ai rêvé de Yudishsthira, joyeux, monté sur un tas d'ossements, buvant dans une coupe en or. Je sais d'où viendra la victoire.

Il se tut. Krishna lui-même paraissait frappé par cette effrayante énumération de présages. Sans doute savait-il que les hommes, qui vivent dans la certitude de mourir un jour, préfèrent penser que le monde qui les porte mourra lui aussi, et très vite, avec eux peut-être. Aussi affirment-ils le plus souvent que leur époque est sombre, et qu'elle est la dernière.

Mais il savait aussi que Karna voyait juste et qu'une guerre d'extermination, ses grandes ailes rouges déployées, s'approchait de la terre. Depuis longtemps, incapable de saisir un bonheur, Karna vivait au voisinage exact de la mort. Malgré sa puissance, ses conquêtes, ses femmes, les dons multiples qui coulaient de ses mains comme d'un fleuve généreux, il s'apprêtait à une bataille inévitable après laquelle il ne voyait aucune vie.

– Tu dois avoir raison, lui dit Krishna. Si je ne touche pas ton cœur, la ruine de la terre est proche.

– Une chose est sûre, Krishna : nous ferons ensemble un grand voyage.

Krishna tendit ses bras à Karna. Les deux hommes, en silence, se donnèrent une longue étreinte.

Après quoi, Krishna s'en alla rapidement. Il avait décidément échoué dans son ambassade. Il se dirigeait vers la guerre, qu'il voyait plus forte que lui.

La Bhagavad-Gita

Tous les peuples du monde connu se rassemblèrent sur l'immense champ de bataille de Kurukshetra, tous animés par les tambours, tous armés à leur manière, tous hurlant, agités, furieux, bariolés de peintures de guerre, prêts à se jeter sur la terre comme des chiens sur un morceau de chair.

Des deux côtés, tout était prêt, les chevaux, les chars, les éléphants de combat, les convois de vivres, les entrepôts, les forges, les tentes pour les blessés, les bûchers pour les morts, les musiciens, les devins, les thérapeutes, les filles de plaisir, les serpents venimeux. Dhritarashtra et Yudishsthira, entourés de tous les chefs, se rencontrèrent une dernière fois pour fixer les règles de la bataille. Il fut décidé, selon l'usage, de ne jamais combattre la nuit, de ne jamais frapper un homme retiré de la mêlée, ni un homme aux prises avec un autre homme, ni un porteur, ni un cocher, ni un de ces crieurs d'insultes qui combattaient avec la parole. Il fut également défendu de frapper dans le dos et dans les jambes.

Vyasa, qui veillait à l'ordonnance générale de la guerre, offrit à Dhritarashtra de lui donner des yeux, à cette occasion. Mais le roi refusa, disant qu'il ne voulait pas voir la mort des siens. Kunti, comme saisie soudain d'un regret, fit reproche à Vyasa de trop se complaire, d'avance, à la description de toutes ces morts. Il lui répondit que chacun d'entre eux, s'il l'eût vraiment voulu, eût pu rendre cette guerre impossible. L'enfant choisit de se mettre à l'abri auprès du roi aveugle, qu'on installa au sommet d'une colline avec Gandhari et quelques serviteurs.

Seul et sans armes, Yudishsthira s'approcha de Bhishma et lui demanda l'autorisation de le frapper. Bhishma se montra touché par cette démarche.

— Je suis enchaîné à tes ennemis, dit-il. Engage-toi totalement dans la bataille et combats jusqu'à la victoire.

Drona fit boire deux gorgées de lait, prises dans la même coupe, à Yudishsthira et à Duryodhana. Après quoi, il brisa la coupe. Rien ne pouvait empêcher la guerre. Yudishsthira fit à Drona la même demande qu'à Bhishma.

— Nous allons combattre contre toi, toi qui nous as formés. Autorise-moi à te frapper.

— Moi aussi, lui dit Drona, je suis enchaîné à tes ennemis. Moi aussi, je veux ta victoire.

— Combats à leur côté, Drona, mais pense à moi.

— Vous ne pouvez pas être vaincus.

— Tu nous promets la victoire ?

— Aussi longtemps, dit Drona en hochant la tête, que Bhishma et moi nous serons vivants, cette victoire est impossible.

— Victoire et défaite sont impossibles ?

— C'est ce que je dis.

Quelque peu désemparé par les réponses du vieux maître d'armes, Yudishsthira lui demanda :

— Existe-t-il un moyen de te vaincre ?

— Non, répondit simplement Drona, à moins que je ne dépose les armes pour me préparer à la mort.

— Devant qui pourrais-tu déposer les armes?

Drona regarda fixement Yudishsthira avant de répondre :

— Devant un homme de vérité, le jour où il choisira le mensonge.

Bhishma commandait en chef les armées des Kauravas. De l'autre côté, Arjuna assurait naturellement la responsabilité militaire. Il lui revenait de donner le signal de la bataille. Pour s'y préparer, sous sa tente, il fit une longue prière à Kali, l'étrange déesse, celle qui frappe et qui rassure, celle qui caresse et dévore.

Draupadi vint le rejoindre. Elle lui dit qu'elle attendait ce jour depuis longtemps, qu'il était le terme de son espoir, mais qu'au dernier moment, comme Kunti, elle sentait en elle une frayeur et un malaise. Frayeur de perdre Arjuna, sans doute, et ses autres époux, et sa famille, et ses enfants; malaise de se sentir peut-être l'origine de ce malheur.

Krishna, fouet en main, vint alors dire que l'attelage attendait Arjuna. Celui-ci monta sur son char, conduit par Krishna, il plaça toutes ses armes à portée de main, il saisit la conque avec laquelle il devait lancer le combat, et le char s'avança entre les deux armées.

Les deux files scintillantes de guerriers, des éléphants et des chevaux s'étendaient l'une en face de l'autre, à perte de vue. La terre, les herbes, les animaux, toutes les créatures attendaient le choc énorme. Jamais l'histoire du monde n'avait connu cette multitude de guerriers.

Arjuna s'avança jusqu'au centre des troupes

adverses, où se tenaient les principaux chefs. Il saisit sa conque, il éleva son bras, il regarda de tous côtés.

Il aperçut alors Bhishma, Drona, ses parents, ses amis. Sa main resta comme paralysée dans l'air. Il sentit soudain ses jambes faiblir, sa bouche se dessécher, sa peau brûler. Incapable de se tenir debout, il vacilla, il dit à voix basse à Krishna :

— Que pourrait apporter de bon ce combat ? Ma famille sera massacrée. A pareil prix, comment désirer la victoire, les plaisirs et même la vie ?

Des deux côtés, on remarquait une anomalie. Pourquoi Arjuna hésitait-il ? Que disait-il à Krishna ?

Il disait :

— Oncles, cousins, neveux, et Drona mon maître, ils sont tous là. Je ne peux pas souhaiter la mort des miens. Tout bonheur me serait impossible. Je préfère ne pas me défendre et attendre ici la mort.

Sa main s'ouvrit. Il lâcha son arc et ses flèches.

La stupéfaction frappait les armées. Arjuna l'incomparable, que tout désignait depuis son enfance pour cette tâche, brutalement abattu, lâchait son arc, lâchait ses flèches. Il se laissait même tomber à bas de son char, les jambes cassées. Arjuna refuse le combat ? se demandait-on. Mais où est sa fierté ? Où est son désir de se battre ?

Krishna lui dit :

— D'où vient cette folle et honteuse faiblesse ? Relève-toi !

Arjuna gardait la tête basse. Des frissons parcouraient ses muscles.

— Je ne peux pas me relever, dit-il. Krishna, je suis saisi d'angoisse et j'ai perdu ma fermeté. Je tremble, je ne suis plus maître de mon esprit. Eclaire-moi.

Krishna lâcha les rênes, mit pied à terre et s'approcha de son ami. Il voyait que cet abattement n'avait rien d'un caprice mais qu'il s'agissait d'une détresse profonde de l'esprit, qui ne distinguait à ce moment-là aucune vraie raison d'agir. Aussi décida-t-il de prendre le temps nécessaire pour venir au secours d'Arjuna, pour lui parler, pour lui expliquer le difficile chemin de l'action. Cet enseignement pour toujours, donné sur le champ de bataille, entre les deux armées qui s'apprêtaient à se détruire, s'est appelé « le chant du bienheureux », *la Bhagavad-Gita*.

Krishna commença par dire à Arjuna que la victoire et la défaite, le plaisir et la douleur, tous les buts ordinaires de l'action humaine, devaient lui être indifférents. Il fallait agir, mais sans réfléchir aux fruits de l'acte, aux bénéfices, de toute nature qu'une action pourrait entraîner. Krishna parla de l'oubli du désir, et du détachement, sans quoi aucune action ne s'accomplit par elle-même.

A quoi Arjuna répondit :

— Tu me parles de détachement, mais tu me pousses à la bataille et au massacre. Tes instructions sont équivoques. Elles me troublent.

Krishna lui dit alors que le renoncement ne suffit pas, qu'il ne faut pas demeurer solitaire, inactif, car nous sommes tous au service du monde et le monde a besoin de nous. Il dit même :

— Lève-toi et combats, libre de tout espoir.

— Ce que tu me demandes, lui dit alors Arjuna, toujours prostré dans la poussière, comment le mettre en pratique ? L'esprit est capricieux et instable, il est fuyant, fébrile, turbulent et tenace. Le subjuguer me paraît plus ardu que maîtriser le vent.

— C'est vrai, lui dit Krishna, mais écoute-moi :

tu dois d'abord te distinguer de ceux qui disent « j'ai gagné tant aujourd'hui, je gagnerai tant demain, je suis riche, je suis puissant, je suis heureux ». Elève-toi bien au-dessus de ces satisfactions médiocres, qui donnent l'illusion d'une vie accomplie. Tu dois apprendre à voir d'un même œil une motte de terre et un monceau d'or, une vache et un brahme, un chien et un mangeur de chien. Sinon, toute action détachée te sera impossible.

— Mais comment se décider ? Comment choisir ? L'homme malgré lui est poussé à faire le mal, comme s'il y était contraint. Pourquoi ?

— Il existe une voie pour se guérir de ce poison, dit Krishna.

— Quelle est cette voie ?

Pour répondre à cette question, Krishna dut accomplir un très large détour, car la connaissance est un tissu continu, dont on ne peut couper çà et là des morceaux. Il conduisit Arjuna à travers la forêt touffue de l'illusion. Il se mit à lui enseigner l'antique yoga de la sagesse, par lequel on s'avance sur le mystérieux chemin de l'action.

— Tous les hommes naissent dans l'illusion, disait Arjuna. Comment atteindre l'absolu, né dans l'illusion ?

Lentement, soigneusement, Krishna conduisait Arjuna dans tous les points de son esprit. Il lui montrait les profonds mouvements de son être, qui sont souvent secrets, et son véritable champ de bataille, où il ne faut ni flèches, ni guerriers, où l'on combat seul. Il lui montrait toute la vérité, tous les niveaux de l'existence, il lui montrait la marche complète du monde.

Il le conduisit même au-delà du monde et lui dit :

— L'esprit est plus grand que les sens. Au-dessus de l'esprit, il y a l'intelligence pure, qui est libérée de la pensée. Au-dessus de l'intelligence pure, il y a l'être universel. C'est là que tu vis, que nous vivons tous.

Sur le champ de bataille, le temps paraissait suspendu, le soleil immobile. Tous les guerriers voyaient les deux hommes parler de loin, mais plus tard ils affirmèrent que cela n'avait duré qu'un moment bref. Et pourtant, selon la mesure commune, Krishna parla pendant des heures.

— Je sens mes illusions s'évanouir une par une, lui dit Arjuna. Si je suis capable de la contempler, montre-moi maintenant ta forme universelle.

Krishna se leva et, comme il l'avait fait lors de son ambassade à Hastinapura, il se montra à son ami.

Celui-ci releva la tête. Les yeux fixes, à la fois effrayé et émerveillé, il essaya de décrire ce qu'il voyait :

— Je ne peux pas compter tes bouches, ni tes yeux, ni tes bijoux, tes vêtements, tes armes. C'est une vision prodigieuse, absolue, première, cette forme qui pénètre tout, magnifique et sans fin, comme si mille soleils se levaient dans le ciel. Je te vois, je vois tous les mondes en un point. Comme des insectes se jettent frénétiquement dans la flamme, tous les guerriers se précipitent dans ta bouche et tu les broies entre tes dents. Tous veulent se détruire et tu les dévores. A travers ton corps je vois les étoiles, je vois la mort et la vie, je vois le silence. Dis-moi qui tu es. Je suis secoué jusqu'au fond de moi-même et j'ai peur.

Krishna lui dit d'une voix calme :

— La matière est changeante, mais je suis tout ce que tu dis, tout ce que tu penses. Tout repose sur moi comme des perles sur un fil. Je suis le parfum de la terre et je suis la chaleur du feu, je suis l'apparition et la disparition, je suis le serpent cosmique infini, je suis le chef des musiciens célestes, je suis la science de l'être, je suis la vie de chaque créature, je suis le jeu des trompeurs, je suis l'éclat de ce qui brille. Je suis le temps devenu vieux. Tous les êtres tombent dans la nuit et tous les êtres sont ramenés au jour. Tous ces guerriers que tu vois autour de nous, je les ai déjà vaincus, mais celui qui croit qu'il peut tuer, et celui qui croit qu'il peut être tué, tous deux se trompent. Les armes ne peuvent pas percer cette vie qui t'anime, ni le feu la brûler, ni les eaux la mouiller, ni le vent la sécher. N'aie aucune crainte et relève-toi car je t'aime.

La forme universelle s'effaça aux yeux d'Arjuna, qui sentait une force le pénétrer. Krishna reprit son apparence douce et souriante. Il dit encore :

— Cet esprit mystérieux et incompréhensible, tu peux maintenant le dominer, tu peux en voir l'autre côté. Agis comme tu dois agir. Moi-même, je ne suis jamais dans l'inaction. Relève-toi.

Arjuna se releva. Il reprit son arc et ses flèches.

— Mon illusion s'est effacée, dit-il, mon erreur est détruite, Grâce à toi, j'ai retrouvé la connaissance. Me voici ferme. Tous mes doutes sont dispersés, j'agirai selon ta parole.

Il leva son bras et souffla dans sa conque.

Les deux armées, aussitôt, s'élancèrent l'une vers l'autre, et la plaine n'était qu'un cri.

Bhishma frappé à mort

Au long des premières journées, Bhishma resta le maître du champ de bataille. Toutes les attaques se brisaient sur lui. Les flèches le touchaient sans le blesser et retombaient inertes sur le sol. A cette protection magique, ancien don du ciel, s'ajoutait sa science du combat, qui ne pouvait se comparer qu'à celle de Drona, lequel combattait à ses côtés. Monté sur un char léger, Bhishma semblait se jouer dans la plaine comme dans une salle de danse. Vyasa le comparait à un feu sans fumée, à une énergie irrésistible. Sans aucune émotion, il tranchait des centaines de têtes et les Pandavas, décimés, meurtris, désespérés, voyaient de jour en jour la victoire impossible.

A la tombée de la nuit, en plein accord avec les règles, des trompes sonnaient, arrêtant la bataille. Chacun se retirait dans son camp pour la nuit.

Au soir du neuvième jour, Duryodhana fit irruption dans la tente de Bhishma, qui se faisait masser avec des huiles chaudes, et lui dit en pleine colère :

— Bhishma, pourquoi ne pas achever cette guerre ? Par quel mystère nos ennemis sont-ils encore capables de se battre ? As-tu pris secrètement leur parti ? Toi dont la force est prodigieuse, toi le seul étranger à la mort, as-tu décidé de les épargner ?

— Arjuna et Bhima sont en face de moi, lui répondit Bhishma, je te l'ai dit, je me suis brisé la voix à te le dire. Et Krishna les guide!

Karna, qui ne se battait pas, mais qui accompagnait Duryodhana, dit alors :

— Bhishma aime la bataille, les cris, l'odeur chaude du meurtre. Le sang est son orgueil, mais il a de la pitié pour ceux qu'il combat. Qu'il se retire, et moi je me battrai.

— Oui, dit Duryodhana, si tu as peur ou pitié, retire-toi.

Le vieil homme, à son tour, fut pris par la colère. Il renvoya d'un geste les servantes qui s'occupaient de son corps et dit à Duryodhana :

— Pourquoi m'insulter et me déchirer? Moi qui tue, pour toi, ma famille?

— Tu n'as tué que des guerriers. Tu n'as abattu aucun de leurs chefs, aucun des cinq frères.

— Ta pensée s'est éteinte, lui dit Bhishma, ton esprit tâtonne dans le noir. L'homme qui va mourir voit tous les arbres couverts d'or. Tu vas mourir.

Et tandis que Dushassana, présent lui aussi, se plaignait une fois de plus d'avoir entendu la voix de Bhima crier sa mort sur le champ de bataille, Duryodhana, qui semblait vouloir humilier Bhishma devant Karna, Drona et les autres chefs, lui dit :

— Bhishma, tu m'as déçu. Je te demande maintenant, très vite, la victoire.

— Demain, dit Bhishma. Oui, demain je donnerai ma plus grande bataille. Laissez-moi seul.

Au moment où ils se retiraient, Bhishma fit un signe à Drona, lui demandant de rester un moment près de lui. Drona avait un fils, nommé Aswatthaman, le seul être au monde qu'il aimât, sans réserve, avec une sorte de passion de père. Ce fils avait partagé l'éducation des Pandavas et des Kauravas, dès l'arrivée de Drona au palais. Agé de quarante ans au début de la bataille, il présentait l'apparence d'un homme puissant, secret, taciturne, totalement attaché à son père.

— Demande à ton fils de se retirer, dit Bhishma.

Drona fit un signe à Aswatthaman, qui s'en alla dans la nuit, sans un mot.

Les deux vieux guerriers aux cheveux blanchis se trouvaient seuls. Bhishma dit à voix basse :

— Un homme méconnaissable m'est apparu en rêve. Il m'a crié : je porte la mort de Drona.

Après un moment de silence, car il savait que Bhishma ne lui racontait pas son rêve par pur caprice, Drona demanda :

— Disait-il pourquoi il voulait me tuer?

— Il disait que tu le savais. Il m'a semblé que son visage était rouge comme le sang.

Les deux hommes se regardèrent en silence. Ils étaient tous les deux prisonniers de leur vie et de leur parole, et ils le savaient. Ce soir-là, tandis que les lueurs du feu passaient et repassaient sur leurs vieux visages, ils accueillaient sans crainte, l'un et l'autre, un vrai sentiment de la mort.

Drona dit à Bhishma, avec un effort pour sourire :

— Personne ne sait pourquoi il doit mourir. Personne, sauf toi.

Et il se retira, silencieux.

Bhishma resta seul. On entendait au loin de la musique, l'écho d'un chant, des bruits de métal, des cris d'oiseaux de nuit. Le vieux combattant invincible écoutait cette nuit avec une attention particulière.

Il entendit des pas sur le sol, près de lui. Tournant la tête, il aperçut une femme qui s'approchait lentement de lui, pâle, appuyée sur un bâton, les vêtements et les cheveux noircis.

Il la reconnut aussitôt et la salua. Elle semblait lointaine et fatiguée. Ses yeux sombres ne se détachaient pas de Bhishma. Elle souriait vaguement.

Il lui dit en se levant :

– Chaque soir je t'attends, Amba.

– Je sais.

– Depuis plus de cinquante ans.

– Je sais.

– Renonce à la folie, cesse de me poursuivre sur la terre, accepte enfin la paix, car la guerre aussi est une illusion.

Amba lui dit soudain :

– Je t'apporte une étrange nouvelle. Je suis morte.

Bhishma ne dit rien. Il ne songeait pas un instant à discuter cette certitude. Amba était morte. Mais ce que signifiait sa visite restait encore à découvrir. Il attendait. Le temps ne pressait plus.

Amba lui fit le récit de sa mort :

– Personne ne voulait se battre contre toi. Seule, je suis montée jusqu'aux neiges qui couvrent le sommet du monde, cherchant comment la mort peut dominer la mort. Dans le brouillard de glace et dans le vent des altitudes je me suis tenue droite et rigide sur un orteil, pendant douze ans, en espérant la voix d'un dieu. Je devenais rocher, je devenais neige. Après douze ans, la voix que j'attendais se fit entendre et dit : ramasse de l'écorce, des brindilles, de la mousse. Je l'ai fait. Entasse du bois sec. Je l'ai fait. Frotte des silex, allume ce bois, attends que les flammes cachent le ciel. Les yeux ouverts, je me suis jetée dans le feu. Ma peau grésillait, j'ai senti l'odeur, j'étouffais, j'avais mal, je criais, je suis morte.

— As-tu renoncé à me tuer ? demanda Bhishma.

Elle attendit un instant avant de répondre, non sans une étrange douceur :

— Non.

Bhishma ne lui posa aucune question, à ce moment-là. Elle poursuivit d'elle-même :

— Dans les terres grises de la mort, j'attendais ma nouvelle puissance. Je n'étais ni au-dessus, ni au-dessous, ni dedans, ni dehors. J'étais couverte de sueur et glacée, avec une seule image, la tienne, Bhishma.

Aucune créature n'aurait pu s'y tromper : plus fort que la mort, plus fort que le désir de tuer, plus fort que la promesse de vengeance, un autre sentiment vivait parmi les paroles d'Amba. Noircie, épuisée, pieds nus, sombre et brillante, Amba parlait d'amour.

Elle dit encore :

— Moi qui me suis brûlée pour toi, j'ai connu une autre naissance. Voici ma seconde surprise : je prends part à cette bataille et je suis maintenant un homme.

— Comment t'appelles-tu ?

Elle ne répondit pas aussitôt. Elle dit d'abord :

— J'ai pris le sexe et la forme d'un homme, car les dieux l'ont ainsi décidé, mais une chose reste stable et certaine : dans le fond de mon cœur, qui est un cœur de femme, il n'y a que toi, Bhishma, toi seul et pour toujours.

Elle s'éloigna, elle s'arrêta, elle se retourna pour dire :

— Mon nom maintenant est Sikhandin. Sikhandin.

Puis, forme noire, elle fut reprise par la nuit.

Bhishma resta seul un moment, profondément égaré, certain de n'avoir pas parcouru quelque songe, incapable d'interpréter les signes qui s'abattaient sur lui, et qui tous parlaient de sa mort.

Ce soir-là, un peu plus tard, une autre visite tardive l'aida à sortir de ses doutes.

Arjuna, Krishna et Yudishsthira vinrent en effet sous sa tente. Pendant la nuit, protégés par la trêve, rien ne lui interdisait de franchir les lignes. Bhishma les reçut, les pria de s'asseoir. Krishna remarqua immédiatement le trouble du vieil homme, mais il n'en dit rien.

— La victoire nous échappe, dit Arjuna, nos drapeaux sont confus, nos chars morcelés, nos cavaliers décapités. La mort et le sang surgis de ta main nous enveloppent. Nous nous croyons perdus. Bhishma, comment te vaincre ? Si tu suis toujours le Dharma, tu dois nous le dire.

Bhishma répondit :

— Moi vivant, vous ne pouvez pas vaincre. Il faut d'abord me tuer. Moi mort, tout est mort.

— Mais comment te tuer, dit Yudishsthira, puisque tu peux choisir le moment de ta mort ?

— Personne ne peut me tuer tant que j'aurai les armes à la main.

— Et si tu déposais les armes ? demanda doucement Krishna.

— Oui, si je déposais les armes et si j'acceptais de mourir, on pourrait me tuer.

— Devant qui pourrais-tu déposer les armes ?

Bhishma ne répondit pas directement à cette question d'Arjuna. Il s'adressa à Yudishsthira et lui dit :

— Tu désires ma mort ? Tu me demandes de mourir ?

— Tu nous as élevés, répondit Yudishsthira. Nous t'avons aimé comme le meilleur des pères. Comment pourrais-je désirer ta mort ? Mais tu dois comprendre : puisque tu ne peux pas te retirer du combat, et puisque personne ne peut te vaincre, le massacre va se prolonger jusqu'à la mort universelle.

Bhishma approuva les paroles de Yudishsthira. Celui-ci lui dit alors :

— J'ai pris ma décision et je suis venu te la dire. Je vais arrêter les combats. Je vois maintenant quelle est cette guerre.

Les quatre hommes gardèrent un moment le silence. Bhishma ne mettait pas en doute les paroles de Yudishsthira. Il allait donc déposer les armes, ce serait la victoire totale pour Duryodhana, et les cinq frères, une fois de plus, se retrouveraient vagabonds, sans royaume, sans amis, sans honneur. Etait-ce la voie du Dharma ? Etait-ce le vœu secret du destin, et le besoin vrai de la terre ?

Bhishma prit alors sa décision, la seule qu'il estimât droite et possible.

— Un homme combat dans vos rangs, dit-il, le seul homme qui pourrait me tuer. Il en a reçu le pouvoir. Cet homme s'appelle Sikhandin. Oui, si je voyais Sikhandin en face de moi, je ne pourrais pas le combattre et il me tuerait.

— Pourquoi ? demanda Krishna, qui connaissait ce jeune guerrier nommé Sikhandin.

Bhishma répondit sèchement :

— Non, je ne dirai rien de plus. Tuez-moi si vous le voulez, mais laissez-moi le secret de ma mort. Arjuna, mets Sikhandin au premier rang demain, dis-lui de lever son arc et de me frapper.

Arjuna lui dit, en s'approchant :

— Enfant, tu me prenais sur tes genoux, je salissais tes vêtements avec la poussière de mes pieds, je t'appelais mon père. Comment dire à quelqu'un de te frapper ?

Alors Bhishma retrouva toute sa fermeté pour répondre à Arjuna :

— Il est permis de tuer un vieillard, même vertueux, quand il s'avance pour vous donner la mort.

Le lendemain, le jour se leva dans un brouillard rouge. La bataille reprit avec une rage aggravée. Les chairs se déchiraient, les ventres crevaient, les éléphants défonçaient des poitrines d'hommes. Dans le brouillard, le père ne reconnaissait plus son fils, on entendait les cris affolés des mourants : C'est moi ! Je te connais ? Ne bouge pas ! Ne frappe pas ! Ne m'abandonne pas ! Les hommes s'attachaient à leurs ennemis comme avec des verrous de fer.

Bhishma s'avançait le premier, comme à l'ordinaire, et frappait sans paraître bouger. On aurait dit que ses mains déplaçaient des colonnes d'air. Ses adversaires tombaient en grappes. Les armées d'Arjuna, ravagées, reculaient.

Soudain un jeune guerrier s'avança vers lui, téméraire et seul. Son nom parcourut les troupes : Sikhandin. Que veut ce fou ? se demandait-on. Cherche-t-il à tout prix la mort, dans ce brouillard ?

Le jeune guerrier s'arrêta. Il parut hésiter. Arjuna vint se placer derrière lui pour le fortifier. A ce moment-là, Bhishma l'aperçut et s'immobilisa. Il demanda :

— Tu es Sikhandin ?

— Oui, c'est mon nom. Ta longue vie arrive à sa dernière porte. Regarde bien ce monde que tu ne verras plus.

— J'ai encore mes armes, dit Bhishma. Je ne peux pas partir sans livrer mon dernier combat. Attaque-moi.

Arjuna poussa Sikhandin à s'approcher du char

de Bhishma. Mais le jeune homme hésitait. D'autres guerriers s'élancèrent, croyant à une faiblesse de Bhishma. Celui-ci les coucha sur la terre en quelques gestes.

Arjuna disait à Sikhandin :

— Approche-toi de lui, n'aie aucune peur. Toi seul, tu peux le tuer.

— Au dernier moment ma main tremble, répondait Sikhandin. Comment tuer cet immense vieillard ? Ma tête se trouble...

— Son âme déjà s'est enfuie, lui dit Arjuna. Ce n'est plus qu'une structure de chair qui s'agite. Attaque-le !

— Je ne peux pas lever mon bras...

Sikhandin s'efforçait en effet de lever son bras, de tendre son arc, mais ses mains tremblaient. Il semblait avoir perdu toute force.

Bhishma s'en aperçut et fit un pas supplémentaire vers la mort. Subitement, il se dressa de sa haute taille, laissa tomber ses armes et sauta au bas de son char. Les mains nues, le regard droit, il fit face à Sikhandin et lui dit ceci :

— Amba, en souvenir d'un jour ancien j'arrête ici cette tuerie. Arjuna et Yudishsthira, écoutez-moi. Mon corps se sépare de moi, je suis blessé et découragé dans tous mes membres, j'en viens à mépriser la vie. Voici le jour et le moment.

En entendant Bhishma donner à Sikhandin le nom d'Amba, Arjuna comprit pourquoi le vieil homme mourait. Et comme le jeune guerrier peinait encore à soulever son arc, il lui dit :

— Lance ta flèche ! Tu t'es jeté dans le feu pour le tuer !

Mais Sikhandin paraissait frappé par le désarroi de l'oubli.

— Pourquoi m'appelle-t-il Amba ? demandait-il. Pourquoi ? Où naquit ma haine ? J'ai oublié !

Rapidement, Krishna se rapprocha des deux hommes et dit à Arjuna :

— Toi, vite, dissimule-toi derrière Sikhandin et lance une flèche ! Ne laisse pas Bhishma reprendre sa vie !

— Je ne peux pas ! s'écria Arjuna.

— Lance ta flèche !

Obéissant à Krishna, Arjuna se plaça derrière Sikhandin. Celui-ci leva son bras et parut tirer. Mais la flèche qui jaillit était une flèche d'Arjuna. Certains affirmèrent que cette flèche, dans le brouillard, traversa lentement l'air comme portée par la main même de Krishna, avant de frapper la poitrine de Bhishma, qui cria.

Ce cri fut entendu dans toute la plaine.

Bhishma reconnut la flèche. Il dit qu'elle venait d'Arjuna, qu'elle entrait dans sa chair comme un serpent. Mais il l'accepta. Aussitôt, tandis qu'il vacillait sur place, des milliers d'autres flèches vinrent percer son corps. Des amis se précipitèrent pour le soutenir. L'invincible, qui avait choisi le moment de sa mort, tombait enfin. On l'allongea, mais les flèches qui perçaient ses membres lui firent comme un lit. Il reposait ainsi, à quelque distance du sol. Seule sa tête penchait en arrière.

— Arjuna, dit-il, donne-moi l'oreiller qu'il me faut...

Arjuna lança deux flèches qui se plantèrent dans le sol et sur lesquelles Bhishma put appuyer sa tête. D'une troisième flèche, Arjuna troua la terre. Il en jaillit une source. Arjuna prit de l'eau dans le creux de sa main pour faire boire le vieillard. Celui-ci n'était pas mort, bien que percé de mille flèches. Sa poitrine se soulevait encore.

Arjuna mit un genou à terre. Krishna remarqua sa tristesse et lui dit :

— Il a décidé d'achever sa vie. Tu ne l'as pas tué.

— Je l'aimais.

— Tu es mon meilleur ami, dit alors Krishna à Arjuna, et tu me verras sans doute mourir.

Du haut de la colline, en entendant le cri de Bhishma, Dhritarashtra avait ordonné l'arrêt de la bataille. Il s'approchait maintenant du lit de flèches, avec Gandhari et la plupart de ses fils.

De ses mains aveugles, il toucha les flèches, il toucha le visage de Bhishma.

— Bhishma, lui dit-il, sans toi toute ma confiance est perdue. Toute ma vie je t'ai connu, tu m'as guidé. Vas-tu vraiment mourir ?

— Je resterai couché sur mon dernier lit, lui dit Bhishma, jusqu'à ce que le soleil soit au zénith. A ce moment-là, je mourrai, je rejoindrai l'éternelle région. Je suis déjà sur l'autre rive et c'est de là que je vous parle.

Karna s'avança à son tour, suivi par tous les regards. On savait qu'il ne devait combattre qu'après la mort de Bhishma. Mais Bhishma était-il vraiment mort ?

Il reconnut le pas de Karna, qui s'arrêta près de sa tête et lui dit :

— J'ai toujours été un objet de haine pour toi.

Bhishma, en réponse, lui demanda de placer sa main dans la sienne, aux yeux de tous.

— Karna, dit-il, ton esprit est dénaturé. Tu détestes ceux qui possèdent les qualités qui te manquent. Mais tu es profond et fort, aussi fort qu'Arjuna. Je te le demande : unissez-vous, paralysez la guerre, vivez doucement sur la terre.

Cet appel resta vide.

— Duryodhana m'a tout donné, répondit Karna. Je lui serai fidèle.

— On n'est fidèle qu'à la mort. Moi aussi j'ai partagé ma fidélité, moi aussi je suis mort.

Karna fit alors sa requête, et de la réponse de Bhishma dépendait peut-être le sort de la guerre :

— On dit que les Pandavas, après ta mort, ne peuvent pas être vaincus. Moi, je dis que je les vaincrai. Accorde-moi maintenant, toi qui me l'as enlevé, le droit de me battre.

Bhishma tourna faiblement son visage vers Karna et lui dit :

— Si tu voulais, tu serais comme un océan pour les rivières, comme un nuage pour les plantes.

— Je t'en prie, Bhishma, parle-moi d'une voix favorable, toi qui entres dans le monde des morts.

Personne ne peut dire ce que furent à ce moment-là les pensées de Bhishma. Sans doute se rappelait-il l'ancienne question de Krishna : et si ta race devait être détruite pour sauvegarder le Dharma ? Il devait donner une réponse, que tous les guerriers attendaient.

Il dit à Karna :

— Peux-tu combattre sans colère ? Sans orgueil ?

— Oui. Donne-moi le droit.

— Va, dit Bhishma en rejetant sa tête en arrière, rejoins la bataille, puisque la vie te paraît négligeable, et placez-moi vers l'Orient, là où se montre le soleil.

On emporta le vieillard, sans enlever les flèches qui lui perçaient la chair et sur lesquelles il reposait. On le plaça à l'écart du champ de bataille, dans un endroit qu'il choisit lui-même.

Comme il était trop tard pour que le combat reprît, les deux armées regagnèrent leurs camps. Duryodhana serrait Karna dans ses bras, heureux de le savoir au combat, et cette satisfaction effaçait l'inquiétude qu'apportait la mort de Bhishma.

Il demanda même à Karna de désigner un nouveau commandant en chef. Au lieu de se nommer lui-même, ce qu'on attendait, Karna désigna Drona en promettant de se soumettre à tous ses ordres. Aussitôt, Duryodhana donna la totalité du commandement au vieux maître d'armes, qui connaissait toutes les formes de la guerre.

A contrecœur, mais conscient de l'honneur qui lui était accordé, Drona accepta. Il se déclara même prêt à achever la guerre dès le lendemain.

Duryodhana, plein d'excitation, lui demanda :

— Dis-moi selon quel secret tu vas disposer les armées.

Drona lui dit :

— Il n'existe qu'un moyen de vaincre tes ennemis et demain je l'établirai : la formation en disque. Personne ne sait comment la forcer, personne sauf Arjuna. Demain il faut éloigner Arjuna du combat, et je garantis la victoire.

A l'instant même, il décida d'une ruse. Le roi des Trigarttains, allié fidèle, attaquerait par le nord, un peu avant l'aube. Il fallait une attaque sauvage, terrible, que seul Arjuna pourrait repousser.

Le roi des Trigarttains reçut sa mission. Pendant toute la nuit, il prépara ses troupes.

Mais le plan de Drona n'était pas encore complet.

Il convoqua un autre prince, nommé Jayadratha, dont il connaissait le pouvoir secret. Cet homme haïssait les Pandavas. Pour obtenir des dieux le pouvoir de les arrêter une fois — tous, sauf Arjuna — il avait vécu deux ans sans manger.

— Ton pouvoir agira demain, lui dit Drona. Va te préparer.

Jayadratha se retira, sans discuter les ordres de Drona. Tout semblait froidement organisé, précis, inéluctable.

Le vieux maître d'armes resta seul avec Karna et

avec son fils Aswatthaman. Celui-ci, que toute cette activité militaire n'avait pas distrait d'une certaine rêverie, demanda soudain à son père :

– Je t'ai souvent entendu dire que tu aimais, que tu admirais les Pandavas, qu'ils étaient parmi les plus belles fleurs de la terre. Vas-tu vraiment les tromper et les massacrer ?

Drona resta dans le silence.

– Ton fils t'a posé une question, lui dit Karna. Tu ne réponds pas ?

Alors Drona, le visage fermé sur ses secrets, dit d'une voix qu'il voulait calme :

– Il n'existe qu'un moyen. Et je le connais.

Karna et Kunti

Karna venait de s'endormir, cette nuit-là, quand une silhouette solitaire de femme, qui portait une torche allumée, s'approcha de lui. Il se réveilla et la reconnut avant même qu'elle ne lui chuchotât, dans l'ombre :

— C'est moi, Kunti...

Depuis la révélation de Krishna, il savait qu'elle était sa mère, mais il gardait au plus profond de lui ce secret.

Il la sentait auprès de lui, craintive et presque tremblante au vent frais de la nuit. Il ne bougeait pas.

Elle lui rappela ce jour ancien où il apparut, splendide, au milieu d'un tournoi, et prouva qu'il pouvait battre Arjuna au jeu des armes, qu'il était même le seul à pouvoir le faire.

— A ce moment, dit-elle, le cœur d'une femme battait en silence. Elle ne pouvait rien dire. Plus tard tu as promis : un jour je le tuerai.

— Qu'est-ce que tu veux, Kunti?

— Je suis venue te chercher, te prendre par la main, t'amener avec moi.

Karna ferma les yeux. Il sentit la main de Kunti passer lentement sur son visage, lui apportant un calme étrange.

— Ta voix me tire très loin dans le passé, dit-il, jusqu'à mon enfance... Le son de ta voix... Je sens une main sur mon front... Est-ce que c'est un rêve ? Ou bien le souvenir d'une réalité brisée ? Une rumeur toute ma vie m'a accompagné : ma mère m'a abandonné, ma mère m'a abandonné... Souvent, dans le sommeil, une femme voilée s'est approchée de moi... Es-tu encore un rêve ? Quel est ce sentiment ? Pourquoi la mère de mes ennemis fait-elle de moi, soudain, un enfant ?

— Viens avec moi, répéta Kunti.

— La rage, la haine et la passion de la victoire, tout me semble faux, comme un délire de la nuit. Où veux-tu me conduire ?

Elevant sa torche d'une main, elle se tourna vers le champ de bataille qu'elle venait de traverser et répondit :

— Là-bas, dans l'autre camp, vers ces lumières.

Karna se redressa sur les coudes.

— Vers mes ennemis ? Vers Arjuna ?

— Oui...

— Et là-bas je retrouverai ma mère ?

— Oui...

— Elle m'a rejeté dès la première heure, dit alors Karna, elle m'a placé dans un berceau en me confiant à un fleuve. L'ennemi le plus cruel n'aurait pu me faire autant de mal. Jamais elle ne m'a donné la tendresse, la chaleur d'une mère. Kunti, ce soir pour la première fois tu t'inquiètes de moi. Pourquoi ?

— Je veux te rendre tes droits, ta place.

Karna se leva brusquement.

— Ce n'est pas vrai, dit-il. Tu sais que maintenant je vais combattre et tu as peur que je tue Arjuna.

Kunti ne pouvait soutenir son rôle plus longtemps. Son vieux secret mourait cette nuit-là. Et sans doute Karna, par son attitude, voulait-il la pousser à cet aveu. Sans doute voulait-il entendre de sa bouche même ce qu'il savait déjà.

Elle le lui dit en ces termes :

— Karna, tu es mon fils, mon fils aîné, tu es né de moi, ta mère te demande pardon, j'étais si jeune... Va rejoindre Arjuna. Quand vous serez réunis, tout vous sera possible. Donne-moi la main, viens avec moi vers ces lumières.

Karna se laissa prendre par la main. Il se laissa entraîner hors de sa tente, il aperçut la longue ligne de lumières où dormaient ses frères, là-bas. A l'intérieur de son cœur, il sentait une immense faiblesse, le désir de ne plus lâcher cette main qui serrait la sienne, de suivre cette femme vers sa famille, vers la paix, vers un bonheur possible, proche. Mais il n'oubliait pas ses promesses, sa position, sa parole donnée. Par-dessus tout revenait l'image d'un berceau lancé à l'aventure sur l'eau d'un fleuve, ce geste d'abandon, cette rupture, inoubliable.

Il s'arrêta, il retira sa main, il dit :

— Je suis le fils d'un cocher. Ce que tu as déchiré, rien ne peut le réunir.

Elle se retourna vers lui. La torche qu'elle tenait éclairait les larmes, dans ses yeux.

Karna dit encore :

— Le jour est sanglant, la nuit soudain presque paisible... Mon cœur est plein d'une triste aventure. Laisse-moi seul et nu, une fois de plus, sur ce grand fleuve rouge. Va-t'en.

Elle sentait l'inutilité de toute parole. Lentement, elle s'éloignait de la tente, quand il la rappela :

— Kunti, dit-il, je peux faire une chose pour toi.

Je ne tuerai pas Yudishsthira, je te le promets. Je ne tuerai pas Bhima, je te le promets, ni les jumeaux, fils de Madri. Je ne les tuerai pas. Je ne tuerai que ton fils Arjuna, car l'un de nous deux doit mourir, lui ou moi.

Ayant ainsi renouvelé sa promesse, il eut cette étrange conclusion :

— De cette façon, après la bataille, tu garderas le même nombre de fils. Plus un mot. Va.

Kunti s'en alla vers les lumières de l'autre camp. Elle ne se retourna pas une seule fois.

Karna s'allongea, à l'endroit même où il dormait auparavant, et il garda ses yeux ouverts dans l'ombre, attendant le lever du soleil.

La mort d'Abhimanyu

Abhimanyu, le jeune fils d'Arjuna et de Subhadra, vivait dans le camp des Pandavas, impatient de se battre. Il avait épousé la fille du roi Virata — lequel comptait parmi les alliés des Pandavas — et celle-ci se trouvait enceinte.

Ce matin-là, quand on annonça l'attaque féroce des Trigarttains, et qu'il vit son père, conduit par Krishna, se disposer hâtivement au combat, Abhimanyu se précipita vers Arjuna, le suppliant de l'emmener.

— Tu n'as pas l'âge de la guerre, lui dit Arjuna, nous allons plonger dans le sang.

— Je suis ton fils et je suis fort, aussi fort que toi ! As-tu peur de vieillir sous mon ombre ? Pourquoi me laisser bâiller sous une tente au milieu des femmes ? Emmène-moi !

Arjuna refusa. Krishna fouetta les chevaux et ils partirent, laissant l'adolescent mécontent, irrité.

Une heure plus tard, on entendit un bruit nouveau dans la plaine. Comme une fantastique machine métallique, formée de millions d'hommes très soigneusement disposés, le disque de guerre, commandé par Drona, s'approchait, destructeur et irrésistible. Aucune formation régulière ne pouvait lui tenir tête. Entouré par plusieurs rangées de hauts boucliers, le disque immense pivotait constamment sur lui-même, broyant tout, s'ouvrant pour tuer et se refermant aussitôt.

La panique frappa les Pandavas. Désordonnés, démantelés, leurs guerriers refluaient jusqu'au camp. Le disque s'avançait, implacable, mécanisme verrouillé par la mort. Toute la science de Drona était à l'œuvre.

Yudishsthira, Bhima et les jumeaux perdaient courage. Il ne servait à rien de s'opposer, les armes à la main, à ce monstre de métal qui s'appropriait le champ de bataille. Seul Arjuna savait comment forcer le disque.

— Non. Moi aussi, dit soudain la voix d'Abhimanyu.

Ils se retournèrent vers l'adolescent.

— Tu sais comment briser le disque de guerre ? demanda Draupadi.

— Oui, je le sais.

— Arjuna t'a donné le secret ?

— Non, mais avant ma naissance, couché dans le ventre de Subhadra, j'ai entendu mon père parler de ce secret.

— Et tu t'en souviens ?

— Mot pour mot.

Yudishsthira saisit les mains du jeune homme et prit aussitôt sa décision, ne doutant pas de ce qu'il venait d'annoncer :

— Abhimanyu, nous sommes perdus, le disque de guerre va nous détruire, ton père est loin, je fais appel à toi.

— Il est presque un enfant, murmura Draupadi.

— Tout enfant que je suis, s'écria Abhimanyu, je vais m'attaquer à l'armée de Drona, oui, et je l'enfoncerai, mais...

Son assurance, un instant, le quitta. Le brouillard de l'enfance réapparut sur son visage. Il dit avec sincérité :

— ... mais dans le ventre de ma mère, je n'ai pas entendu le secret tout entier.

— Qu'as-tu entendu exactement ?

— J'ai appris comment forcer l'entrée dans le disque, mais je ne sais pas, si le disque se referme, comment en sortir.

— Ouvre une brèche ! s'écria Yudishsthira. Une brèche, c'est tout ce qu'il nous faut, et nous te suivrons !

Bhima, sa large massue levée, ajouta :

— Ouvre une brèche, je me tiendrai derrière toi !

L'énorme machine de guerre faisait trembler la terre comme sous les coups d'un cataclysme. A la hâte, on apporta les armes d'Abhimanyu, on prépara son char et les armées se réunirent derrière lui. Sa mère Subhadra accourut, le vit tout armé, s'écria :

— Mais où vas-tu, mon fils ? Pourquoi ces armes ?

— La victoire n'attend que moi. Je vais me battre.

— Toi, te battre ? Pourquoi ? Tous les hommes sont morts ?

— Les hommes vivants ont besoin de moi, répondit l'adolescent en fixant son costume de guerre. Ma famille, la terre tout entière aujourd'hui a besoin de moi ! Yudishsthira a cherché mon appui !

— Qui est ton ennemi ?

— Tu entends cette armée qui roule ? Voici mon ennemi !

— Le disque de guerre, formé par Drona ? Abhimanyu, tu parles hors de toi-même, tu aperçois la gloire et tu oublies ta mère. Ta mort est là !

— Sans moi, c'est une mort pour tous, mais je connais le bon secret et j'aurai des forces miraculeuses.

Enivré, emporté par la guerre, Abhimanyu, ses armes à la main, se mit alors à parader d'un pas ferme devant sa mère en lui disant :

— Ma mère, n'aie pas peur, sois fière et attentive, regarde-moi marcher ! Je conduirai les troupes comme une flamme, toutes les armées me suivront ! Arjuna est mon père et cette pensée vient à mon secours ! Embrasse-moi...

Elle l'embrassa en tremblant et il prit la tête des troupes. Ses yeux jeunes fixés sur le disque tournoyant, dont le métal lançait des milliers d'éclairs au premier soleil, il s'élança. Derrière lui, Yudishsthira, Bhima, les jumeaux et tous les autres chefs se mirent en mouvement, entraînés par leurs troupes, enveloppés par leurs tambours.

Abhimanyu n'avait pas menti. Il connaissait en effet la manière, la seule manière de forcer le disque de guerre. Il y fallait à la fois de l'habileté et de la magie. Animé par l'amour de la victoire, possédé par l'image de son père, Abhimanyu prononça les paroles indispensables, accomplit les gestes nécessaires, et le disque de fer s'ouvrit devant lui.

Il s'y jeta, les armes hautes, et il y fit d'abord un carnage. Le jeune homme semblait agité par une force surnaturelle. Le disque disloqué, il faisait rouler les têtes des hommes. Voyant toute son armée brisée par un enfant, Duryodhana en vint à soupçonner Drona :

— Où est ta promesse ? lui criait-il. Es-tu pris d'amour, toi aussi, pour nos ennemis ? Tue cette jeunesse arrogante ! Ce souriant porteur de mort qui nous méprise ! Tue-le !

Mais impossible d'arrêter le bras meurtrier d'Abhimanyu. Il décapita un des fils de Duryodhana, un des fils de Karna, il repoussa Dushassana et faillit le percer à mort. Ivre de joie et de gloire, il s'écriait, brillant de sang :

— Qui veut maintenant mourir? J'éclate de force! Je vole au milieu des armées!

Il se retourna vers les siens :

— Suivez-moi! J'ai ouvert le disque! Précipitez-vous dans la brèche.

A cet instant précis, le vieux Drona, qui conservait son esprit froid au milieu du soudain massacre, appela Jayadratha et lui commanda simplement de barrer la route aux Pandavas.

Jayadratha s'immobilisa au milieu du champ de bataille, ferma les yeux et dit une phrase à voix basse.

On vit alors très clairement un spectacle extraordinaire : Bhima, Yudishsthira et les autres, à la tête de leurs armées, se ruaient dans la brèche ouverte, mais ils paraissaient se heurter soudain à un fort obstacle invisible, à une muraille d'air durci, et ils tombaient sur le sol en désordre. Ils se relevaient, ils se relançaient à l'attaque et ils retombaient, désarticulés, haletants.

Impossible de s'enfoncer dans la brèche, de suivre Abhimanyu. Celui-ci perdait son assurance et sa force. Il appelait Bhima, il appelait Yudishsthira, mais ses cris restaient sans effet contre la magie de Jayadratha, qui ce jour-là exerçait par une simple phrase toute la puissance de sa haine.

Et le disque se refermait autour de l'adolescent couvert de sang — ce disque dont il ne savait pas comment sortir. Il apercevait autour de lui, l'arme tendue, tous les chefs ennemis, Drona, Duryodhana, Aswatthaman, Karna lui-même. Tous contre lui. Ils tournaient au même rythme, les yeux fixés sur lui, comme pour une dernière parade. Et Drona paraissait fasciné par sa force extraordinaire.

Ils brisèrent d'abord son char, puis son arc, puis son épée. Abhimanyu, qui mettait toute l'énergie, toute la fureur de sa jeunesse dans ce combat, saisit alors une énorme massue, qu'il réussit à brandir au-dessus de sa tête. Ils brisèrent sa massue. Il saisit une roue de son char et la souleva, menaçant de les écraser. Ils brisèrent cette roue.

Abhimanyu aperçut alors la fin de sa vie. Il vit sa mort dans les yeux des hommes qui tournoyaient autour de lui. Epuisé, blessé, il tomba sur les genoux et cria le nom de son père. Au même instant, il eut le corps percé par une dizaine d'armes, et il mourut.

Les guerriers qui venaient de le tuer cessèrent de tourbillonner. Ils regardèrent ce jeune corps encore chaud auquel ils venaient d'enlever la vie. Le premier, Drona laissa tomber son arme sur le sol. Karna, Aswatthaman et tous les autres l'imitèrent. Ils restèrent un moment les yeux fixés sur cette créature qui s'appelait un instant plus tôt Abhimanyu. Puis ils se retirèrent en silence. Il était clair que la bataille, pour ce jour-là, venait de s'achever.

Un peu plus tard, le roi aveugle et Gandhari se firent conduire jusqu'au cadavre. Gandhari voulait toucher ce jeune homme dont on disait qu'il était une des merveilles de la terre. L'enfant, qui les accompagnait, regarda le visage d'Abhimanyu et dit :

— Il a l'air étonné.

Gandhari laissa ses mains passer sur le corps inanimé.

— Il est là comme un vent apaisé, dit-elle. Ceux

qui l'ont tué ont laissé tomber leurs armes, ils ont regagné leur camp, ils pleurent en silence et ils disent : ce n'est qu'un adolescent couché sur la terre. Avons-nous fait notre devoir?

Lorsque la nuit tomba, on ramena le corps d'Abhimanyu dans le camp. L'enfant, qui suivait à distance, demanda à Vyasa :

— D'où vient ce mot, la mort? Qui est le maître de la mort? D'où vient-elle?

Vyasa lui raconta l'histoire de la mort :

— A l'origine, l'univers n'était pas soumis à la destruction. Mais le créateur, attentif aux plaintes de la terre, décida que toutes les choses vivantes devaient avoir une fin, et un nouveau commencement. Il créa une femme noire et rouge. Elle regarda le créateur en souriant, heureuse d'être vivante, et le créateur lui dit : va et extermine les créatures, le vieux comme le jeune, l'idiot comme le sage. La femme se mit à pleurer. Comment pourrais-je tuer, dit-elle, moi qui suis une femme? Je crains les larmes et les malédictions des malheureux. Délivre-moi de ce fardeau, je ne peux pas enlever la vie!

— Que fit le créateur? demanda l'enfant.

— Il ne fit rien. Il ne lui accorda rien de ce qu'elle lui demandait. Alors la femme se retira dans un lieu désert, elle se purifia dans des sources d'eau claire.

— Pendant longtemps?

— Pendant plusieurs millions d'années. Elle souffrit, elle pria, elle supplia. Le créateur vint de nouveau près d'elle et se montra. Ne m'oblige pas à tuer! lui dit-elle. Fais que les hommes meurent à cause d'eux-mêmes et non pas à cause de moi! Alors le créateur lui dit : j'ai entendu tes prières et je te rassure. Les gouttes de toutes les larmes versées tombent dans ma main. Tu ne commets aucune faute en immolant les créatures, et ta gloire sera sans pareille, car j'ai créé les maladies, les vices, les crimes, les guerres, va, la faute n'est pas tienne, dépouille-toi de tout amour, de toute haine, frappe les vivants sans aucune crainte. La mort ne tue personne.

Vyasa ajouta, à l'entrée du camp :

— Les créatures se tuent elles-mêmes et les dieux, eux aussi, meurent...

Lorsque Arjuna, vainqueur des Trigarttains, regagna le camp ce soir-là, il fut surpris de n'entendre aucune musique de bienvenue, aucun chant de joie. Quelques hommes, à sa vue, se retiraient la tête basse.

— Pourquoi cet accueil silencieux? Krishna, je sens dans mon cœur une faiblesse étrangère à la fatigue.

Mon fils Abhimanyu, qui d'ordinaire accourt joyeux à ma rencontre, je ne le vois pas...

Et tout à coup il dit :

— Je le vois.

Veillé par sa mère, par sa jeune épouse, par Draupadi, par Yudishsthira, Bhima et les jumeaux, Abhimanyu reposait sur le sol. Quelques lampes brûlaient autour de lui. Des guerriers, à tour de rôle, venaient s'incliner en silence.

Arjuna sauta de son char, accourut, prit le corps de son fils entre ses bras. Il vit qu'il était mort, et troué de blessures. Il serra le jeune cadavre contre lui, puis il dit à Subhadra :

— Qui l'a tué? Qui l'a envoyé vers la mort?

— Moi, dit Yudishsthira.

Arjuna regardait ses frères sans comprendre.

— Lui seul savait comment forcer le disque de guerre, dit Bhima.

— Oui, dit Nakula, il nous a sauvés par sa mort.

— Ces héros ont tué un enfant, dit Arjuna. Et vous n'avez pas défendu mon fils !

— Si, dit Yudishsthira, nous étions tous derrière lui, il nous entraînait à la victoire, mais Jayadratha nous a barré la route.

— Jayadratha ?

Ils lui dirent alors en détail leur échec devant la muraille invisible, dressée devant eux par Jayadratha. Partagé entre la douleur et la colère, Arjuna accusait ses frères et pleurait son fils, lui que les femmes regardaient, lui que les poètes chantaient, maintenant abattu sur la terre.

— La guerre l'a ensorcelé, dit Subhadra.

Et Yudishsthira ajouta :

— Je me suis montré avide et craintif. Je n'ai plus un moment de calme devant le corps de cet enfant.

Arjuna se tourna vers Krishna et lui dit :

— Tu le savais et tu ne m'as rien dit.

— Ils te disent la vérité, répondit Krishna.

Alors Arjuna lâcha le corps d'Abhimanyu, se leva et regarda le ciel de la nuit pour dire :

— Je fais un serment ce soir. Demain je tuerai Jayadratha, je le tuerai avant le coucher du soleil. Si je ne tiens pas cette promesse, je me jetterai dans le feu et j'entrerai moi-même dans le monde des morts. Que les dieux et les hommes m'écoutent. Ce que je dis est vrai, aussi vrai que l'eau ne peut pas être séparée de la mer. Jayadratha est déjà mort.

On emporta le corps d'Abhimanyu à l'intérieur d'une tente, pour préparer les funérailles. Les guerriers lentement se retirèrent. Arjuna resta seul avec Krishna, sous les étoiles.

Krishna lui dit :

— Tu as fait une terrible promesse.

— Oui, je sais.

— Demain, Jayadratha sera solidement gardé.

— Il aura onze armées autour de lui.

— Si tu ne tiens pas ta parole, tu dois mourir. Et grâce à leurs espions, ils le savent déjà. Demain ta vie sera le seul bruit de la plaine.

— Krishna, demanda Arjuna, posant la seule question qui ce soir-là lui importait, as-tu laissé mourir mon fils pour me lancer totalement dans la bataille ?

A son habitude, Krishna fit une réponse plus large :

— Je traverse avec vous la grande époque noire. Ce combat est total. Tes frères et toi, vous devez le gagner, car vous êtes la seule lumière des mondes. Rappelle-toi à chaque instant ce que je t'ai dit : si ton cœur se brise ou se ferme, s'il devient amer, sombre ou dur, la lumière est perdue. Ce soir, tu as parlé dans la douleur et dans l'orgueil. Ta promesse t'ouvre la mort.

Il ajouta à voix plus basse :

— Personne ne m'est plus cher que toi. Je suis angoissé.

— Conseille-moi.

— Je vais rentrer sous ma tente et réfléchir. Aucun de nous, cette nuit, ne pourra dormir.

Krishna et le soleil

Comme le supposait Krishna, Duryodhana fut tout aussitôt informé de la promesse d'Arjuna. Il y vit une occasion inespérée. Méprisant les effrois de Jayadratha, qui voulait quitter le champ, tremblant à l'idée qu'Arjuna avait juré sa mort, Duryodhana lui ordonna de rester et lui promit que tous les guerriers seraient autour de lui, comme une immense armure vivante.

– J'ai tout préparé, tout. Personne ne pourra même t'approcher. Chasse ta peur et réjouis-toi comme moi, car Arjuna s'est donné la mort. Demain soir il entrera dans le feu et la victoire sera nôtre.

Le lendemain, Jayadratha fut installé dans une solide tour de bois, entouré de milliers d'éléphants, de milliers de chars, de millions d'hommes. Comme Arjuna se trouvait en face de lui, connaissant le secret du disque de guerre, Drona changea sa disposition de combat et adopta la formation dite « de l'aiguille ». Il se plaça lui-même à la pointe de l'aiguille. Rien ne semblait pouvoir atteindre l'homme menacé. Duryodhana donnait déjà des ordres pour organiser la fête de la victoire, le soir même.

De l'autre côté, Arjuna attaqua avec toutes ses

forces, dès le lever du jour, animé de la plus totale fureur. Certains de ses hommes affirmèrent que ce matin-là même le singe de son étendard criait de colère. Il tuait des hommes par milliers, aidé par Bhima et ses autres frères. Jamais les Pandavas, depuis le début de la guerre, n'avaient lancé pareille offensive, qui dévastait les Kauravas.

Vers le milieu de la journée, le roi aveugle, qui se tenait informé, sentit l'abandonner l'assurance de la victoire. Bhima venait le narguer jusque sur le sommet de la colline et lui dire qu'il tuait ses fils, l'un après l'autre.

— D'heure en heure mon espérance s'éteint, disait le roi aveugle. Arjuna triomphera. Mon fils va détruire mon peuple.

A quoi Gandhari répondait :

— Ne jette pas la faute sur ton fils. Tu ne connais pas la justice, ton cœur t'a échappé et ta science politique est vague !

Un peu plus tard, au hasard des combats, Duryodhana et Drona se trouvèrent face à face, alors que le vieux maître prenait un moment de repos. Fatigué, déjà découragé par les avancées d'Arjuna, Duryodhana reporta sur Drona toute son amertume et toutes ses alarmes. Laissant jaillir les mauvais soupçons qui l'empoisonnaient, il accusa Drona d'être de cœur avec les Pandavas, de les aimer, de mener ses troupes à la mort.

Sans perdre un instant son calme, Drona lui répondit :

— Je ne peux pas changer mon ordre de bataille. Nous jouons ici un peu sans pitié. L'enjeu de la bataille est aujourd'hui Jayadratha. Je ne pense qu'à lui, je ne défends que lui.

— Et l'arme qui vaut toutes les armes et dont tu connais le secret ?

— Je n'ai pas le droit de la délivrer, dit Drona, et Arjuna possède une arme supérieure, qui lui fut donnée par Shiva.

— Et si tu frappes le premier?

Drona refusa de répondre à cette question. Duryodhana porta sa colère sur Karna, qui passait auprès d'eux, cherchant lui aussi quelque repos. Duryodhana parut scandalisé de voir son ami se reposer au lieu d'affronter Arjuna jusqu'à en mourir. Il lui reprocha même sa peur, sa faiblesse.

— C'est le dernier moment avant la victoire, lui répondit Karna. Arjuna se bat aujourd'hui avec une force démesurée, possédé par la mort de son fils. Mais si nous tenons jusqu'à la fin du jour, à coup sûr il entrera dans les flammes.

Ils tinrent jusqu'à la fin du jour. Lorsque le soleil baissa sur l'horizon, des milliers de guerriers valides entouraient encore la tour de bois où s'abritait Jayadratha.

Arjuna perdait le sang et le souffle. A chaque homme qu'il abattait, un autre se dressait. Toute une longue journée de combat le laissait épuisé, meurtri, découragé.

— Je n'ai pas pu vaincre Drona, dit-il à Krishna, regarde, le soleil descend, le jour perd sa lumière, Jayadratha est toujours vivant et moi je vais mourir.

Il se laissa glisser au bas de son char. Krishna le conjura de retrouver une dernière force, mais Arjuna ne pouvait plus se relever. Il lâcha son arc et ses flèches.

— Et l'arme que Shiva t'a donnée?

— Non, je ne veux pas brûler la terre, je mourrai seul.

Krishna, à son tour, abandonnant les rênes des chevaux, sauta au bas du char. Il s'approcha de son ami et lui dit :

— Je vais te venir en aide, reprends ton arc.

— Que peux-tu faire ?

— Je vais obscurcir le soleil, c'est le moment, je vais le faire disparaître.

Krishna tendit une main vers le ciel. Arjuna regarda cette main et toutes choses, autour de lui, furent enveloppées par une ombre soudaine. On ne voyait plus le soleil.

Du côté des Pandavas, ils entendirent éclater des cris de victoire.

— Ce n'est pas la vraie nuit ? demanda Arjuna.

— Non, pas encore, mais ils le croient. Tu entends leur triomphe ? Ils croient que tu n'as pas tenu ta promesse et ils chantent déjà ta mort.

Au loin, ils virent en effet se défaire l'armure vivante qui entourait la tour. Krishna et Arjuna se rapprochèrent silencieusement, gravirent un rocher. Ils virent les portes de la tour s'ouvrir et Jayadratha apparaître sous les cris de tous. En souriant, il releva la tête, il regarda le ciel.

— Personne ne songe à le défendre, dit Krishna, saisis ton arc, choisis ta flèche, toi qui peux tirer dans le noir.

Arjuna choisit une flèche à l'extrémité large et tranchante, minutieusement aiguisée.

— Il s'avance à découvert, lui dit Krishna, il sourit, il se croit sauvé, tranche-lui la tête !

Arjuna banda son arc, visa la gorge rieuse soulevée vers le ciel, et lâcha sa flèche meurtrière. La tête de Jayadratha, coupée net, tomba sur le sol.

Un silence brutal s'abattit sur le champ de bataille.

Duryodhana, reconnaissant la flèche d'Arjuna, s'avança et s'écria :

— Mais la nuit était déjà tombée sur la terre ! Tu n'avais pas le droit de tirer !

— Tu te trompes, lui dit Krishna, car ce n'était pas encore la nuit. Sors de ton illusion, Duryodhana. J'enlève maintenant l'obscurité du ciel.

Il fit un autre geste. Apparut le soleil couchant, comme s'il sortait d'un épais nuage. On vit de nouveau toutes choses.

Duryodhana tomba sur le sol auprès du corps séparé de Jayadratha. La victoire lui échappait par une illusion venue du ciel, et ses larmes tombaient sur la terre mouillée de sang. Bhima vint aider Arjuna à se relever et à remonter sur son char.

L'ombre naturelle enveloppait maintenant le champ de bataille. Les oiseaux de nuit commençaient leur chant. Avant de reprendre les rênes et de ramener Arjuna vers leur camp, où Yudishsthira les attendait, Krishna s'adressa une dernière fois à Duryodhana :

— Lève la tête et regarde ce que tu ne verras jamais plus : le soleil qui se couche pour la seconde fois.

Le jeune homme éternel

Cette nuit-là, bouleversé à la vue de toutes ces morts, incapable de s'abandonner au sommeil, Yudishsthira quitta le camp pour marcher seul dans la nuit. Il ne pouvait pas oublier qu'il avait accordé à Abhimanyu le droit de se battre, abrégeant ainsi sa vie, et plaçant en conséquence Arjuna devant le plus grave péril.

En regardant autour de lui, à la clarté indifférente de la lune, le champ de bataille lui apparaissait comme un immense fleuve de sang. En lui tournait un étrange poème, malgré lui, et les mots se mêlaient ainsi aux images.

Un fleuve coule sur le champs de bataille
et s'engloutit dans le monde des morts.
Les éléphants tués sont les îles,
les cuirasses les crocodiles,
le flot le sang, les troncs d'arbres les corps
et les intestins les anguilles.
Les ossements broyés des guerriers sont le sable,
la vase de la chair, les remous les drapeaux,
les casques les tortues, les flèches les roseaux
et les mains tranchées les crapauds.
Le fleuve creuse un lit où dorment embrassés
des amants qui sont des cadavres,
où les boucliers sont les barques dorées

les algues les cheveux, les têtes les rochers,
les bulles les anneaux, les javelots les joncs,
les roues des chars les tourbillons
et les doigts coupés les petits poissons.
Les galets sont des bracelets,
Les coquilles sont des cymbales,
et les pêcheurs sont des chacals.
Les vagues sont des arcs sur l'écume de pleurs,
le bruit du fleuve est un gémissement.
Les trompes tranchées des éléphants
palpitent comme des serpents.
Le fleuve roule nuit et jour
sous l'ombre courbe des vautours.

Yudishsthira parvint auprès de Bhishma. Vêtu de blanc, toujours allongé sur son lit de flèches, le vieillard attendait le jour où il devrait définitivement quitter ce monde. Yudishsthira s'assit auprès de lui et lui parla de ses angoisses, de ses doutes. Il ne pouvait admettre que la mort ne fût qu'un passage, un accomplissement. Tuer lui faisait horreur. A chaque homme qui tombait sur la terre, à quelque camp qu'il appartînt, il ressentait une douleur particulière. Chaque jour s'affirmait son désir de tout arrêter, de capituler devant la violence, devant ceux qui foulaient aux pieds le Dharma.

Il dit à Bhishma :

— J'ai entendu parler, au cours de mes voyages, d'un jeune homme éternel qui aurait dit ceci : la mort n'existe pas. Qu'est-ce qu'il voulait dire ?

— Pose-lui la question, répondit Bhishma. Il est ici.

Yudishsthira, surpris, se retourna et vit en effet un jeune homme qui se tenait debout près de lui, le visage calme et beau.

— C'est toi le jeune homme éternel ?

— C'est moi.

— D'où viens-tu ?

— Je ne viens de nulle part. Je suis là.

— Tu as dit : la mort n'existe pas ?

— Je l'ai dit.

— Pourtant, même les dieux pratiquent des pénitences pour obtenir de ne pas mourir.

— Les deux choses sont vraies, répondit le jeune homme. Les poètes estiment la mort, ils la chantent, mais moi je dis que la mort est la négligence, qu'elle est l'ignorance, et que la vigilance est l'immortalité.

Il se mit à marcher lentement tout autour du lit de flèches. Bhishma ferma les yeux pour l'écouter.

Il disait ceci :

— La mort est comme un tigre caché dans les herbes. Nous créons des enfants pour la mort. Mais la mort ne dévore pas l'homme qui a secoué sa poussière, elle ne peut rien contre l'éternité. Le vent, la vie viennent de l'infini, la lune boit le souffle de vie, le soleil boit la lune et l'infini boit le soleil. Le sage prend son vol au milieu des mondes. Quand son corps est détruit, quand il n'en reste plus trace, c'est la mort elle-même qui est détruite, et il contemple l'infini. Je me suis dit adieu à moi-même et je me vois dans tous les êtres, je suis tout ce qui n'est pas encore, je suis l'ancêtre, je suis l'espace, la cause de ma naissance c'est moi, je suis la limite de tout, infatigable, impérissable.

Le jeune homme se tut et s'éloigna lentement dans la plaine au clair de lune.

Yudishsthira se rapprocha de Bhishma, qui gardait les yeux fermés, et lui dit à mi-voix :

— Toute ma vie, j'ai entendu les sages dire : le Dharma, quand il est protégé, protège. Quand il est détruit, il détruit.

Bhishma hocha faiblement la tête. Avec cette

phrase, Yudishsthira touchait au vrai secret des mondes, à cette mystérieuse et tenace solidarité entre toutes choses vivantes, entre le cosmos et la créature, entre la lune et un brin d'herbe, à cet ordre qui, s'il est perdu, s'il est abattu, peut se déchaîner en désordre et précipiter la vie dans la mort.

— Nos ennemis seront-ils détruits ? demanda Yudishsthira.

Il entendit alors la voix de Krishna lui dire :

— Pour maintenir le Dharma, Yudishsthira, il faut peut-être quelquefois l'oublier.

Krishna se tenait debout non loin de là, seul et immobile, à l'endroit même où le jeune homme éternel était apparu un instant plus tôt.

— Il faut oublier le Dharma ? dit Yudishsthira.

— Oui, pour le maintenir. Parfois.

Troublé, Yudishsthira regarda Bhishma, qui pendant toute son existence avait élevé le Dharma au-dessus de tout, au-dessus même de son bonheur et de sa vie.

Bhishma, percé des flèches, respirait faiblement. Il gardait ses yeux fermés. La lune jouait sur ses cheveux blancs.

Yudishsthira regarda Krishna et vit que celui-ci souriait avec bienveillance.

Le grand combat de Ghatotkatcha

Pendant la journée qui suivit la mort de Jayadratha, les deux armées ne lancèrent que des escarmouches. Drona d'un côté et Arjuna de l'autre réorganisaient leurs troupes meurtries.

Vers la fin de la journée, Duryodhana réunit un important conseil de guerre qui se prolongea jusqu'à la nuit. Il commença par parler de lui-même, car il avait cette faiblesse de ramener toutes choses vers lui. Il dit en particulier, en regardant tous les chefs groupés autour de lui :

— Je vois les rois tomber autour de moi et je sens naître le mépris. Je me sens détesté, vicieux et hypocrite, je suis cupide jusqu'au délire, même mes amis le disent. Mon ambition les conduit à la mort.

Il pouvait ainsi parler longtemps sur lui-même, comme s'il cherchait à se rabaisser, à se noircir, et personne ne demandait la parole pour le contredire.

Puis il attaqua vivement Drona. Il l'accusa d'avoir épargné Arjuna parce qu'il l'aimait.

— Une fois de plus tu m'attaques en présence de tes frères, en présence de Karna et de mon fils Aswatthaman. Je te réponds.

Drona parla. Ceux qui le connaissaient depuis longtemps ne l'avaient jamais entendu parler aussi longuement. Il accusa Duryodhana d'aveuglement. Il lui dit que les dés que faisait rouler Shakuni n'étaient pas de véritables dés, mais les flèches de leurs adversaires.

— Mais tu n'as pas compris ce langage. Comment peux-tu encore espérer la victoire ? Oui, nous mourons, nous mourons à cause de toi. Moi-même, je le sais, j'approche de ma fin.

En entendant cette phrase, Aswatthaman regarda son père avec une sorte de stupeur, comme s'il pensait : ainsi, tu pourrais donc mourir, toi aussi ?

Cependant, Duryodhana s'adressait à Karna, le seul, disait-il, à ne pas le haïr. Sans lui offrir le commandement suprême — ce que Karna désirait sans doute par-dessus tout —, il le supplia de se battre avec toute sa force et de vaincre. Il plaça sa vie entre ses mains.

— J'ai ma lance de fer, lui dit Karna, qui me fut donnée par un dieu, et qui porte la mort certaine d'Arjuna. Demain, je la produirai, si tu le désires.

Drona haussa les épaules à ce qu'il affectait de prendre pour une vantardise.

— Tu te glorifies sans cesse, dit-il à Karna. Va te battre !

Karna lui répondit avec violence :

— Drona, tu es vieux et affaibli. Les vieillards ne voient plus le monde tel qu'il est, et tu es un vieillard. Tout ton amour est là-bas, de l'autre côté, et ton cœur profond souhaite la défaite.

A ces insultes lancées à son père, Aswatthaman se dressa, prêt à se ruer sur Karna et à lui arracher la tête. Karna était déjà sur ses gardes. Drona immobilisa son fils par un geste rapide et lui ordonna de jeter son arme, tandis que Duryodhana, saisi d'angoisse à la vue de ses meilleurs hommes qui se déchiraient, disait :

— Karna, Aswatthaman, pourquoi cette folie ? Si vous devez vous désunir et m'abandonner, je ne suis plus digne que les poètes parlent de moi ! Sans vos promesses de triomphe, jamais je n'aurais lancé cette guerre !

— Tu nous soupçonnes d'être autres que nous sommes, lui dit Aswatthaman, nous qui acceptons de mourir pour toi.

Duryodhana leva soudain son épée et ordonna à voix très haute :

— Au combat ! Tous !

Ils se regardèrent avec étonnement. Cet ordre allait contre toutes les règles de la guerre. Aswatthaman demanda :

— Au combat ? Dans la nuit ?

— Prenez des lampes, répondit Duryodhana.

Une heure plus tard, les deux armées s'affrontaient dans la nuit. Chaque éléphant portait trois torches et chaque char cinq lanternes. La plaine se couvrait de milliers de lumières. La clarté s'élevait même au-delà de la terre. On eût dit les arbres d'une forêt sans limites, couverts de mouches étincelantes.

Cependant, malgré les lumières multiples, les hommes se frappaient le plus souvent dans le noir, sur la terre couverte d'une boue de sang. Les amis ne se reconnaissaient plus et se tuaient, on massacrait aussi les fuyards, les blessés. Les guerriers se prenaient aux cheveux, avec les ongles, avec les dents, ils s'achevaient même à coups de pierre.

Dhritarashtra voulut envoyer des émissaires pour qu'on arrêtât ce combat nocturne, qu'aucune tradition n'autorisait. Mais les émissaires furent massacrés. Il régnait sur la plaine une odeur de tuerie maladive, et la terre semblait brûler comme dans la nuit de la fin du monde.

Karna s'avançait comme le maître du massacre. Jamais on ne l'avait vu se battre avec une telle passion, comme s'il voulait prouver à Drona qu'il était capable de le dominer, et par conséquent de prendre sa place. A plusieurs reprises, il repoussa les troupes d'Arjuna, mal remises de leurs durs efforts du jour précédent.

Les Pandavas, attaqués par surprise, ne parvenaient pas à organiser leur défense. Bhima courait d'un point à l'autre du champ de bataille, entassant les cadavres, mais sans arrêter l'avance des lumières ennemies. Yudishsthira, qui toujours avait particulièrement redouté la puissance de Karna, se croyait près de l'anéantissement. Envahi par une obsession véritable, il voyait Karna partout, même dans un seul tremblement des herbes.

— Karna ce soir s'avance avec sauvagerie, il se promène au milieu de la guerre, disait-il. Toute une armée devient folle. Arjuna, comment le vaincre ?

— Je vais aller le combattre moi-même, dit Arjuna en reprenant ses armes.

Mais Krishna s'y opposa. Il connaissait le pouvoir magique attaché à la lance de fer. Il savait aussi que cette lance, Karna la gardait en réserve pour Arjuna, depuis longtemps, et qu'elle tuerait nécessairement celui contre qui il la lancerait.

Krishna entra dans une sorte de rêverie et dit à voix basse :

— C'est une ruse supérieure que doit nous apporter la nuit. Personne ce soir ne peut arrêter le fils du cocher, si ce n'est...

— Qui ? demanda Yudishsthira.

— Je pense à Ghatotkatcha, le démon, le fils de Bhima et de la Rakshashi, vous vous rappelez ? Il a juré qu'un jour il se lèverait pour sauver son père.

Krishna fit un feu et poussa trois cris particuliers

en appelant Ghatotkatcha. On sentit un frémissement dans les profondeurs de la terre, puis une crevasse s'ouvrit, et dans une fumée sombre et jaune le démon jaillit en disant :

— Me voici. Où est mon père ?

— Il se bat, dit Krishna, mais il est blessé et menacé.

— Qui le menace ?

— Karna.

Ghatotkatcha se tenait devant eux, énorme, avec des yeux de sang, une barbe verte, une bouche fendue comme la porte de la mort, des yeux divergents, un ventre profond, des dents aiguës.

Krishna lui dit :

— Ecoute bien, Ghatotkatcha, voici l'heure de ton courage. Tu connais des armes de magicien. Personne d'autre que toi ne peut arrêter le fils du cocher. Sois digne de ton père et de tes oncles. La force de Karna est effrayante mais elle n'égale pas la tienne. Démon de l'éclipse et de l'illusion, tu es le dernier rivage de ta famille. Sous les ombres de la nuit, ton royaume, immole Karna.

— Moi, dit Yudishsthira, je défendrai tes arrières.

— Non, je suffis pour Karna, répondit le démon. Je sauverai mon père et ma famille humaine. Le combat que je vais livrer, la terre en parlera aussi longtemps qu'elle portera des êtres vivants.

Il leur demanda de s'abriter, car il devait se préparer. Il appela son souffle et l'exhala à plusieurs reprises en criant, et ce fut comme un vent d'été soulevant la plaine.

Puis il s'avança sur un énorme char en fer noir, à huit roues, recouvert de peaux d'ours, tiré par d'étranges chevaux dont la couleur changeait sans cesse, des chevaux-monstres. Son drapeau était mouillé de sang, décoré de bouquets d'entrailles, surmonté d'un vautour dont les ailes semblaient toucher le ciel. La nuit accroissait son pouvoir. Il s'avançait dans des odeurs irrespirables. A son approche, les hommes s'enfuyaient, les éléphants pissaient de peur.

Karna fit face calmement. Le premier disque que lança le démon, Karna le brisa d'une volée de flèches.

— Tu ne sortiras pas vivant de mes mains! s'écria Ghatotkatcha.

S'élançant de son char, il s'envola en hurlant dans les airs et, par la puissance de sa magie, il se mit à faire pleuvoir des arbres et des pierres. Karna les dispersa avec des flèches particulières, des flèches-serpents.

Alors Ghatotkatcha se métamorphosa, il eut cent ventres, il eut cent têtes. Il se fit petit comme un doigt, et presque invisible, évitant en riant les flèches de Karna. Soudainement, il tomba comme mort, et les Kauravas crièrent de joie. Mais de nouveau il sauta en l'air, il éclata de rire, il grandit, il devint hors de toute mesure.

Ouvrant sa gueule gigantesque, il avalait en riant les nuées de flèches. Brusquement, il se transforma en montagne, une montagne noire qui soudain se dressait dans la plaine, et de cette montagne coulait une cataracte, une énorme cascade d'armes. Toutes les armes de la terre semblaient surgir de la montagne comme d'un volcan malfaisant, et ruisseler rapidement vers Karna, brillantes, animées, menaçantes.

Karna choisit alors une arme particulière, un astra, il la lança, et la montagne éclata.

La montagne, en riant, devint un nuage de sang. Karna le dissipa avec l'astra du vent, une de ces armes célestes qu'il était un des rares à pouvoir maîtriser.

Le combat devenait surnaturel, cosmique. Ghatotkatcha piqua vers la terre comme un grand oiseau blessé, la terre s'ouvrit pour l'accueillir, il y plongea, il disparut aux yeux mêmes des dieux. Puis, de la terre, il fit surgir des animaux féroces, des serpents à la tête de feu, des oiseaux à la tête de fer, des hyènes à la gueule difforme.

Karna les extermina. Il s'efforçait de résister à une fantastique invasion de monstres. Ses yeux et ses mains commençaient à se fatiguer contre le tourbillon magique où se complaisait le démon. Ghatotkatcha se trouvait partout à la fois, sous la terre et dans l'air, devant et derrière, ici et là, et sous toutes les formes, même les formes impossibles. L'espace était tout retentissant de son rire. On l'entendait même crier :

— Celui qui te parle a juré ta mort ! A juré ta mort !

Des milliers d'échos répétaient : a juré ta mort !

Il faisait pleuvoir un torrent de sang, avec des éclairs et des météores, un orage de haches et des arbres déracinés. Au plus profond de la rage, il ruisselait de sang et de sueur, il écrasait les armées de Duryodhana. On ne voyait que têtes fracassées, chevaux déchirés, éléphants désarticulés.

Il était clair que Karna ne pourrait pas venir à bout de Ghatotkatcha. Duryodhana et Dushassana se précipitèrent vers lui, en apportant sa lance de fer, et le supplièrent de tuer le démon avec cette lance. Mais il ne pouvait pas s'en débarrasser, il la gardait pour Arjuna et pour lui seul.

— Cette pluie affreuse ravage tout ! lui dit Duryodhana. Mes hommes meurent par millions. Dépêche-toi ! Si tu hésites un moment de plus, nous sommes perdus !

Drona lui-même — mais peut-être obéissait-il à quelque autre raison cachée — demanda à Karna de se séparer de sa lance, de viser à mort le démon.

Karna saisit sa lance, leva son bras. La lance brilla dans la nuit. Il l'envoya comme un serpent de feu.

Lorsque Ghatotkatcha aperçut la lance, il la reconnut, il sut qu'il était perdu. Il voulut s'enfuir, se transformer, se protéger, s'évanouir une fois de plus dans l'espace, mais il ne pouvait plus bouger. La lance lui perça le cœur, comme le dieu jadis l'avait promis, puis elle s'éloigna de lui pour aller se perdre au fond du ciel parmi les étoiles.

Forcé d'abandonner la vie, Ghatotkatcha poussa son dernier cri, qui fit trembler la terre entière. On vit son corps s'élargir, se gonfler, devenir gigantesque, puis il s'écroula lourdement sur la plaine, en écrasant encore des milliers de guerriers.

Cette victoire, chez les Kauravas, fut accueillie par des cris, par des chants de joie. Karna regagna le camp porté en triomphe.

Bhima, au milieu de la nuit, s'approcha du corps de son fils fidèle et le pleura. On dit que la Rakshashi, sa mère, vola hors de la forêt pour venir pleurer, elle aussi. Après Abhimanyu, un autre fils des Pandavas gisait sur la terre, privé de vie.

La tristesse couvrait le camp de Yudishsthira. On pleurait le démon fidèle. Et pourtant, on vit soudain Krishna saisir deux torches enflammées et se mettre à danser, avec son habituel sourire.

— Pourquoi te montrer joyeux? lui demanda Yudishsthira. Bhima pleure son fils, nous sommes tous dans le chagrin, toi tu danses et tu ris. Pourquoi?

— Ghatotkatcha vient d'immoler Karna, dit Krishna en arrêtant sa danse.

— Que dis-tu ?

— Personne ne pouvait tenir tête à Karna tant que cette lance était dans sa main. Maintenant, Arjuna, tu peux le jeter dans l'autre monde. Tu peux le tuer.

Arjuna lui demanda :

— As-tu poussé Ghatotkatcha dans la bataille en sachant qu'il allait mourir ?

Krishna lui répondit sérieusement, écouté par tous :

— Karna est comme le soleil. On ne peut pas le fixer des yeux et ses flèches sont ses rayons. Mais il est à présent réduit à la pure condition d'un homme. Oui, Ghatotkatcha t'a sauvé. Pour préserver ta vie, je l'ai envoyé à la mort. Ce soir je suis animé par la joie et je ne veux pas le cacher. C'est pour donner la mort aux destructeurs que je suis né, et je suis devenu ton ami pour l'amour des mondes.

L'histoire de Drona

Cette nuit-là, après la mort immense de Ghatotkatcha, Duryodhana voulut poursuivre l'offensive et finir la guerre à son avantage. Mais les deux armées venaient d'atteindre la frontière de l'épuisement. Les guerriers dormaient debout, enlacés les uns aux autres. Ils dormaient, ils rêvaient en marchant, en frappant. Ils mouraient endormis, sans même voir venir leur mort.

Devant ces deux armées vaincues par le sommeil, Drona, avec l'accord de Yudishsthira et d'Arjuna, ordonna deux heures de repos. Les guerriers s'allongèrent sur la terre, à l'endroit même où ils se trouvaient. Drona lui-même se coucha et s'endormit, près de son fils Aswatthaman.

Dans la grande plaine sombre, où tous dormaient, trois personnages s'avançaient. Vyasa et l'enfant marchaient les premiers, suivis à quelque distance par Ganesha, qui jetait de tous les côtés des regards inquiets.

Depuis longtemps l'enfant s'était habitué à la présence réelle des personnages de Vyasa. Il vivait avec émotion chaque péripétie de la guerre, ne doutant pas un instant qu'il s'agît de coups véritables, de vraies blessures, de vraies morts. Il se demandait quelquefois si le poète conservait le pouvoir d'arrêter la calamité, mais cette question même s'effaçait vite, devant les cris, les tambours, la poussière et l'odeur du sang.

Ils parvinrent à l'endroit où Drona prenait son repos. En entendant des pas, Aswatthaman se dressa et saisit son épée pour défendre son père. Quand il reconnut Vyasa, il lui demanda :

— Que veux-tu ?

— Je suis venu regarder ton père dans son dernier sommeil, répondit Vyasa.

Aswatthaman resta sans parler, comme si quelque chose fermait sa gorge. Vyasa regardait en effet le visage endormi de Drona, couché à même le sol, sa tête posée sur son bouclier.

— Personne ne peut tuer mon père, dit Aswatthaman d'une voix faible.

— Tu vois cette ombre rouge ? dit Vyasa en tendant la main. Regarde. Voici l'homme qui le tuera.

Un guerrier vêtu de rouge, le visage et les mains rouges, marchait en cercle autour de Drona. On l'apercevait à peine dans la nuit et ses pas ne faisaient aucun bruit. Aswatthaman saisit ses armes et se précipita vers lui. L'homme rouge l'évita avec un mouvement simple et presque gracieux. Les armes d'Aswatthaman parurent transpercer son corps à plusieurs reprises, sans le blesser, sans même l'ébranler.

— Tu t'épuises à frapper une ombre, lui dit Vyasa.

— Une ombre ? demanda Aswatthaman, le souffle rapide. Il n'existe pas ?

— Il existe, mais il n'est pas ici ce soir. Il est là-bas, dans le camp de tes ennemis. Il attend son heure. Ce que tu vois, c'est le rêve de ton père. Dans chaque sommeil, Drona rêve de cet homme, sa peur l'appelle auprès de lui, lui donne sa forme et ses gestes.

— Mon père n'a pas peur, même en secret. Il est la science suprême, il n'a jamais commis la moindre erreur.

— Il a commis l'erreur qui détruit une vie, dit Vyasa.

— Je ne te crois pas.

— Quelle erreur ? demanda l'enfant.

Alors, près du corps endormi du maître d'armes, et tandis que l'ombre rouge tournait lentement autour d'eux, Vyasa leur raconta l'histoire de Drona, et pourquoi il devait mourir.

Dans son enfance, Drona fut élevé avec un enfant de son âge, qui s'appelait Droupada. Les deux amis partageaient tout. Aussi décidèrent-ils de ne faire qu'un, pour le reste de leur vie.

Quand ils eurent vingt ans, Droupada hérita d'un royaume. Il quitta son ami Drona en l'assurant qu'il posséderait toujours la moitié de ses propres biens. Drona, de son côté, devint brahme, un brahme très pauvre, si pauvre qu'il n'avait même pas assez de ressources pour acheter du lait à son fils, le jeune Aswatthaman. Celui-ci jouait un jour avec des enfants de son âge qui lui firent boire de l'eau mélangée avec un peu de plâtre, en l'assurant qu'il s'agissait de lait. Tout joyeux, Aswatthaman courut dans le village en criant : « J'ai bu du lait ! J'ai bu du lait ! » Les enfants le suivaient avec des moqueries cruelles.

Humilié, ne voyant aucune manière d'améliorer sa vie, Drona se rendit auprès de Droupada, son ami, et lui demanda une part de sa prospérité. Alors, devant toute sa cour, Droupada repoussa très sèchement Drona, qui venait au nom de l'amitié, et lui dit :

– L'amitié n'existe pas, Drona. Elle n'existe pas entre un riche et un pauvre, elle n'existe pas entre un roi et un mendiant. L'amitié est une illusion parmi d'autres, Drona. Retourne à ton village, je ne te connais plus.

Meurtri, et ne vivant que de colère, Drona quitta le royaume de Droupada et décida de changer d'existence. Par des sacrifices extraordinaires, que seul il pouvait accomplir, il obtint des dieux la science complète des armes, il devint un guerrier terrible, le plus dur des hommes. Par passion de la vengeance, il choisit la guerre.

Quand il se présenta comme maître d'armes à la cour d'Hastinapura, sa réputation couvrait déjà la terre. Il avait alors près de quarante ans. Quand il eut dressé les cinq Pandavas, il leur demanda leur aide, qu'ils ne pouvaient pas lui refuser. Ensemble, ils attaquèrent Droupada, ils le vainquirent et le firent prisonnier.

Drona pouvait se débarrasser de Droupada, il pouvait le tuer ou le condamner à l'exil. Il choisit une certaine indulgence, une certaine générosité, et ce geste a parfois passé pour une erreur de jugement. Drona, fidèle aux engagements de leur enfance, ne prit que la moitié du royaume et laissa à Droupada l'autre moitié.

Droupada se sentit méprisé, outragé. Cet acte condescendant, ce partage lui semblait indigne de lui. A son tour, il jura de prendre sa vengeance, il invoqua les dieux au secours de sa propre colère.

Et les dieux lui donnèrent deux enfants à la fois, qui tous les deux naquirent dans un feu.

– L'un de ces enfants s'appelle Dhryshtadyumna, dit Vyasa en s'adressant à l'enfant. Tu vois son image rêvée qui tourne autour de nous, les armes à la main. Il est né dans un feu et c'est pourquoi tu le vois rouge. Et il est né pour tuer Drona. Et Drona le sait.

— Et l'autre enfant ?

— L'autre, tu la connais déjà, tu la connais bien. Elle n'a cessé de pousser à cette guerre, avec toutes ses armes, qui sont des armes de femme. Elle aussi, depuis longtemps, secrètement, elle veut la mort de Drona. Elle s'appelle Draupadi.

Le silence revint. L'homme rouge s'éloignait dans la nuit.

Aswatthaman, qui le suivait des yeux, et qui semblait avoir quelque peine à accepter le récit de Vyasa, lui demanda :

— Mais quelle fut l'erreur de mon père ?

— Je te l'ai dit, d'avoir choisi la guerre. Et il va mourir de ce choix.

A ce moment, Drona s'éveilla. Vyasa et l'enfant se retirèrent dans l'ombre, tandis qu'Aswatthaman demandait à son père :

— Pourquoi devant tous les chefs as-tu annoncé ta mort ? N'es-tu pas celui que personne ne peut vaincre ?

Drona regardait autour de lui, comme s'il cherchait quelqu'un dans la plaine. Mais l'ombre de Dhryshtadyumna avait disparu.

— Aswatthaman, dit-il à son fils, je suis à la pointe de l'aiguille, et l'œil de la mort est sur moi.

Duryodhana surgit un peu plus tard, très irrité par cette trêve. Une fois de plus, affirmant qu'il se sentait trahi, il reprocha à Drona de ne pas accomplir sa victoire. Il lui ordonna de relancer l'attaque. Il désigna Aswatthaman pour le commandement de l'armée du nord et lui enjoignit de partir à l'instant même, car une ligne rose bordait déjà l'horizon, vers l'est.

Aswatthaman prépara ses armes, étreignit son père et partit.

Le jour se levait.

– Drona, dit Duryodhana, à toi la lutte. Voici le jour de ton destin. Ecoute et regarde. Arjuna ce matin s'avance contre toi.

Ils entendirent à ce moment-là, quelque part dans la plaine, le son de l'arc Gandiva. Arjuna, déjà prêt, s'avançait.

– J'ai reconnu le bruit de son arc, dit Drona. Je l'attends.

Quand le maître et le disciple se trouvèrent face à face, tous les guerriers firent halte, pour assister au grand combat. Bhima lui-même reposa sa massue et avoua qu'il rêvait, depuis longtemps, de voir cet affrontement. Draupadi, qui s'était avancée elle aussi, disait qu'elle craignait qu'Arjuna n'épargnât celui qui lui avait tout appris.

Autrefois, lors de leur première rencontre à la demande même de Drona, Arjuna avait juré à son maître de le combattre à mort, si l'occasion venait. Et l'occasion était venue. Ils tournaient l'un en face de l'autre sur leurs chars, se défiant d'abord du regard et de la voix, au milieu du cercle attentif des armées.

Arjuna attaqua le premier, et Drona para ses premières flèches, avant de lancer les siennes. De mémoire de guerrier, on n'avait jamais vu pareille adresse, des deux côtés, pareille maîtrise de l'arc et de l'épée, au point que par moments les deux hommes, cessant pour un instant de se battre, se complimentaient hautement pour tel ou tel coup, et même s'embrassaient en riant sur le champ de bataille, avant de se remettre à leur œuvre de mort.

Après deux heures de combat, on vit se réaliser

les craintes de Draupadi. Arjuna était-il simplement dominé par son vieux maître ? Ou bien quelque partie secrète de lui-même refusait-elle de donner la mort à Drona ?

Arjuna faiblissait, il reculait. Le disciple cédait devant le maître. L'armée des Kauravas, pleine de cris de joie, s'apprêtait à l'attaque finale. Drona lui-même l'avait annoncé à plusieurs reprises : personne ne peut me vaincre tant que j'aurai les armes à la main. Il avait dit vrai.

Dans le camp des Pandavas, on soignait Arjuna blessé et fatigué. Tous sentaient venir la panique, à l'idée de la grande attaque.

— Il faut que Drona dépose les armes ! disait Yudishsthira. Rien ne peut tenir contre ce vieil orage, il va tout massacrer, il est totalement emporté par la guerre ! Comment l'obliger à déposer les armes ?

Alors Krishna prit la parole :

— Je vois un seul moyen, dit-il. Drona n'a qu'un fils, Aswatthaman, qui est toute sa vie. Ce matin, il est loin, il commande l'armée du nord. Annonçons à Drona qu'Aswatthaman est mort. Découragé, désespéré, il laissera tomber ses armes, et nous pourrons le tuer.

Arjuna se redressa, regarda Krishna avec surprise et lui dit :

— Mais Aswatthaman n'est pas mort ! Ce serait un mensonge.

— Je sais, dit simplement Krishna.

Yudishsthira refusa ce mensonge. Il demanda à Krishna de chercher un autre moyen. Krishna n'en connaissait pas d'autre.

Soudain Bhima saisit sa massue et déclara :

— Attendez-moi.

Il s'éloigna rapidement en direction du parc des

éléphants. Tous le suivaient des yeux. On entendit un coup très lourd, suivi d'un barrissement de douleur, qui se tut. Un instant plus tard Bhima réapparut et dit :

— Voilà, c'est fait, j'ai tué Aswatthaman.

— Qui ? demanda Arjuna.

Bhima expliqua :

— Notre éléphant, qui s'appelle Aswatthaman, je l'ai tué.

— Nous avons un éléphant qui s'appelle Aswatthaman ? dit Yudishsthira.

— Oui, et je l'ai tué.

Aussitôt, mettant ses mains en porte-voix, Bhima gravit un monticule, se tourna vers l'armée adverse et s'écria, de toute la force de sa poitrine :

— Drona ! Est-ce que tu m'entends ? Drona !

On entendit la voix de Drona dans le lointain :

— Que veux-tu, Bhima ?

— J'ai tué Aswatthaman !

Un assez long silence couvrit la plaine. Puis Drona demanda, d'une voix qui semblait moins forte :

— Qui as-tu tué ?

— J'ai tué Aswatthaman ! Aswatthaman est mort !

Bhima redescendit du monticule et rejoignit ses frères. Un moment plus tard, comme ils s'y attendaient tous, Drona apparut, seul. Bhima lui répéta :

— J'ai tué Aswatthaman.

Drona regarda fixement les cinq frères, l'un après l'autre, et il dit :

— Je ne peux pas croire à la mort de mon fils. Je soupçonne un mensonge... Yudishsthira, toi qui ne peux dire que la vérité, je te la demande : Aswatthaman a été tué ?

Directement interrogé, Yudishsthira ne savait que répondre. Il haïssait par-dessus tout le mensonge, qu'il appelait quelquefois le premier des crimes.

Bhima dit à son frère :

— Il doute de moi. Réponds-lui.

A ce moment, le visage et les mains rouges Dhryshtadyumna apparut, une large épée à la main. A sa vue, Drona sursauta et se mit en garde. La mort elle-même venait d'apparaître. Drona savait que cet homme était le seul qui pût le tuer.

S'adressant à lui, il dit, en le maintenant à distance :

— Dhryshtadyumna, pourquoi t'avances-tu vers moi ? Le jour de ma mort s'est-il levé ce matin ?

Et revenant à Yudishsthira, le visage animé, les yeux brillants :

— Aswatthaman a été tué, oui ou non ?

Tout le sort de la guerre, tout le sort du monde reposait peut-être à ce moment-là sur les lèvres de Yudishsthira. Drona ne pourrait baisser les armes qu'à l'annonce de la mort de son fils. Sinon, il était assez fort pour dominer même Dhryshtadyumna.

Yudishsthira dit à haute voix :

— Aswatthaman...

Puis entre ses lèvres, en détournant le visage, il murmura :

— ... l'éléphant...

Et il haussa de nouveau la voix pour achever :

— ... a été tué...

Drona fut soudain frappé d'immobilité. Ses mains s'ouvrirent et lâchèrent les armes qu'elles tenaient. Bhima, qui le regardait avec avidité, lui dit brutalement :

— Drona, je te vois soudain en toute clarté. Tu n'as aimé que tuer, enfoncer du fer dans la chair des hommes. Ta vie est un long cortège de morts.

Mais il semblait que Drona n'entendît déjà plus les voix humaines. Selon des rites qui lui étaient particuliers, il se préparait à la mort, il enlevait une partie de ses vêtements, il s'asseyait les jambes croisées sur le sol. Krishna encourageait Dhryshtadyumna à frapper le plus tôt possible, mais l'homme rouge hésitait encore, comme pris de peur au dernier moment.

— Sa mort est inconcevable, dit Arjuna.

— Sa mort est naturelle, lui dit Krishna. Regarde-le : ses yeux sont déjà fermés, sa respiration se calme, s'arrête. Il atteint la frontière même de la vie.

Une lumière entourait Drona, dont le corps ne bougeait plus. Il mourait de lui-même avant d'être tué. Son souffle le quittait et montait visible dans l'air.

Sur un signe de Krishna, Dhryshtadyumna s'avança et trancha une tête déjà morte.

Aussitôt le cri « Drona est mort ! », lancé d'abord par Bhima, vola de bouche en bouche sur le champ de bataille. Les Kauravas désagrégés, découragés, affolés, s'enfuyaient de tous les côtés. Duryodhana s'efforçait en vain de les retenir.

Cependant, auprès du corps décapité de Drona, Arjuna et Yudishsthira ne pouvaient admettre qu'ils devaient leur victoire à un simple mensonge. Ils s'accusaient d'avoir commis, à l'égard de leur maître, un crime véritable, si bien que Draupadi leur dit avec sévérité :

— J'entends parler de la mort de nos ennemis comme d'un crime. Je ne comprends plus. Drona s'est-il levé pour interdire à Shakuni de tricher ? Et à Dushassana de me traîner par les cheveux ? Yudishsthira, j'ai supporté la honte de l'exil avec toi, mais tu répétais : je les détruirai, je les détruirai !

— Et maintenant, ajouta Bhima, tu nous méprises, tu sèmes du verre dans nos blessures.

— Relève-toi ! s'écria Draupadi en s'adressant à Yudishsthira, qui s'était effondré sur le sol, tandis qu'Arjuna recouvrait d'un voile le corps de son maître.

— Non, dit Yudishsthira, je ne peux plus me relever. Je vais arrêter la bataille.

— Arrêter la bataille alors que notre ennemi le plus dur vient de mourir ?

— Je veux retourner dans les bois, vivre de rien, oublier tout royaume...

Draupadi se penchait pour tenter de réconforter Yudishsthira, quand tout à coup le bruit de la plaine changea. On entendit des clameurs nouvelles, des cris de combat. Des guetteurs accoururent et annoncèrent le retour d'Aswatthaman.

— Il remonte le cours des fuyards, il les arrête, il les rassemble ! Les armées réunies viennent vers nous !

Arjuna préféra céder du terrain. Troublé et blessé, il ne se sentait pas de force à résister à la fureur d'Aswatthaman, d'autant que son frère aîné parlait d'arrêter la bataille.

Les Pandavas se retirèrent sur des positions qu'ils jugeaient solides, dans un autre point de la plaine.

Aswatthaman surgit en pleine fureur, à la tête des troupes, avec Duryodhana et Karna. Ils s'arrêtèrent devant le corps sanglant de Drona. Aswatthaman mit un genou à terre.

— Ils ont assassiné ton père, lui dit Duryodhana.

— La mort était toujours devant ses yeux, dit Aswatthaman à voix basse. Je n'ai pas le droit de le pleurer, mais tout mon corps est traversé par la colère.

— Tu dois le venger, dit Duryodhana, toi qui n'as pas pu le défendre.

Aswatthaman gardait le silence. Il regardait le sang de son père qui se mélangeait à la terre.

Duryodhana lui dit alors :

— Aswatthaman, je te demande la vérité : ton père possédait le secret d'une arme d'extermination. Ce secret, te l'a-t-il donné ?

Aswatthaman attendit quelques instants avant de répondre à voix basse :

— Oui…

— Cette arme divine, tu en es le possesseur ?

— Mon père m'a ordonné de la laisser dormir pour l'éternité. Même à la limite de sa vie, il n'a pas voulu la lancer.

— Mais ton père est mort, mort d'un mensonge.

Aswatthaman dit alors :

— Arjuna possède une arme plus terrible encore, Pasupata. Si je lance mon arme, il déchaînera la sienne.

— A moins qu'il ne soit mort.

— C'est une arme inconnaissable, dit Aswatthaman, qui tremblait un peu. Elle perce le cœur du monde, elle peut tuer même les dieux.

Duryodhana se contenta de dire encore :

— Ils ont tranché la tête de ton père.

Alors Aswatthaman prit la décision de lancer son arme effrayante. Il demanda à tous les Kauravas de se protéger, il monta seul au sommet d'une colline, avec une seule image en tête, celle du corps sectionné de son père.

Il prononça les paroles qu'il connaissait. Il fit les gestes.

Le roi aveugle, informé des intentions d'Aswatthaman, et tandis qu'on l'emmenait avec Gandhari se protéger dans une grotte, voulut interdire l'acte fatal.

— Il ne doit pas lancer cette arme ! criait-il. Nous allons tous périr !

Il était trop tard. L'arme était lancée.

Les Pandavas virent une énorme flamme s'élever dans l'air et voler vers eux. Les éléphants hurlaient de peur, les serpents bondissaient dans la plaine. La haute flamme saccageait les arbres et brûlait les hommes. L'air devenait si chaud qu'on ne pouvait plus respirer.

Bhima dit à son frère Arjuna :

— Vite ! Tu possèdes Pasupata ! Lance-la contre nos ennemis !

— Ecrase-les ! ajouta Draupadi. Qu'aucun d'eux ne reste vivant pour se réjouir de notre mort !

Arjuna ne savait quelle décision prendre. L'arme d'Aswatthaman embrasait l'espace. Arjuna regarda Krishna et celui-ci, brusquement, leur dit :

— Déposez les armes, vite, couchez-vous sur le sol sans bouger ! L'esprit vide, totalement vide !

Ils lui obéirent aussitôt, et toute l'armée des Pandavas, à l'image de ses chefs, se coucha face contre terre. Krishna ajouta qu'il ne fallait en aucune manière résister à cette arme, même par la pensée, au risque de la voir s'acharner, s'intensifier et devenir encore plus féroce.

Bhima fut le seul à se lever, la massue brandie, en criant qu'à lui seul il allait combattre cette arme. Krishna lui ordonna de se coucher comme les autres et dit :

— Bhima, jette ton arme ! Allonge-toi, ne regarde rien, vide ton esprit, oublie la flamme et pense au temps où tu n'existais pas...

Nombreux et appliqués sont les commentateurs qui ont disserté sur cette parade suprême, œuvre de Krishna, démonstration de la toute-puissance du vide. Mais sans doute vaut-il mieux ne rien dire et ne rien écrire sur la force du penser-rien. Vyasa lui-même s'est montré discret sur ce point, laissant la porte libre à toute rêverie particulière.

Les Pandavas sentirent le souffle très chaud passer au-dessus de leurs corps, d'où toute pensée venait d'être chassée. Réfugiés dans le néant d'avant leur naissance, n'existant pas encore, ils ne pouvaient pas être détruits.

Quelques instants plus tard, Krishna releva la tête et dit :

— C'est fini, la flamme s'apaise. Des vents calmes se lèvent.

Ils se redressèrent tous. Le ciel redevenait clair. Ils entendirent un oiseau chanter.

Krishna dit :

— Nous sommes vivants.

Karna prend le commandement

Devant l'échec de l'arme divine, qu'il voyait se dissoudre inutilement dans le grand espace, Duryodhana s'estima trahi par Drona même dans sa mort. Interrogé, Aswatthaman lui affirma qu'il ne possédait à présent que des armes ordinaires. Contemplant à la fois le ciel et le champ de bataille, encore égaré dans sa douleur, dans sa colère, le fils de Drona disait :

— Je ne comprends pas. En un moment j'ai vu la terre brûlée et sauvée, les guerriers morts et vivants. La ruine du monde, est-ce beaucoup ou n'est-ce rien ?

Personne ne se hasardait à lui répondre.

Duryodhana, devant tous les chefs, dit à Karna :

— Voici ton jour. Bhishma et Drona sont tombés, deux vieillards qui ont épargné Arjuna. Toi, ta haine est pure, ta force intacte. Chasse l'obscurité qui nous entoure.

— Tu me proposes clairement le commandement ? demanda Karna.

— Oui.

— De toutes tes armées ?

— Tu hésites ?

— Je te dis merci, répondit Karna. Ce sera demain ou jamais. Arjuna contre moi et moi contre Arjuna. Je ne reviendrai que vainqueur.

Cependant, à peine avait-il affirmé sa détermination totale, qu'on voyait Karna hésiter. Il pensait à Krishna, le cocher d'Arjuna, un cocher hors de l'ordinaire. Où trouver quelqu'un de sa force ?

Un homme alors s'avança, le roi Salya, un de leurs alliés. Il offrit de mener les chevaux de Karna.

— Je n'ai pas besoin d'un roi, lui dit celui-ci. Je cherche un cocher.

Mais le roi Salya répondit avec une étrange assurance :

— Tous les chevaux du monde m'obéissent. Tu ne trouveras pas meilleur cocher que moi. Je t'ai entendu dire : je suis supérieur à Arjuna. Moi, je suis supérieur à Krishna.

A cette phrase surprenante, tous les yeux se fixèrent sur Salya. Il souriait, les bras croisés, un fouet à la main.

Karna lui dit :

— Krishna est animé quelquefois par une force qui dépasse l'homme. Il est peut-être une des formes de Vishnu. Beaucoup le pensent.

— Mais les dieux se partagent, comme les hommes, répondit en riant Salya. Certains ont vu Shiva lui-même se battre, à la pointe du jour. Il jetait les armées les unes sur les autres.

— Shiva ne désire que détruire, dit alors Karna. Il a donné à Arjuna l'arme suprême, dans les montagnes.

Devinant un certain découragement qui se glissait dans le cœur de Karna, Duryodhana lui dit alors, en le prenant à deux mains par les épaules :

— Mais cette arme, Karna, tu en connais toi aussi le secret. Personne ne peut percer les désirs de Shiva, personne ne peut saisir ses formes. Oppose au subtil plus subtil que lui et, au sombre, plus sombre encore.

Plus sombre encore : Karna regarda longuement le roi Salya, qui lui souriait toujours et qui lui disait :

— Si tu me confies tes chevaux, je peux te faire gagner la bataille.

Qui se cachait sous la forme de Salya? Qui parlait? Qui voulait à tout prix ce combat?

Duryodhana donna des ordres pour que les armées soient prêtes au lever du jour. Puis il se retira, avec ses frères.

Karna resta seul avec ce roi Salya qu'il connaissait peu. Il leur fallait préparer le char et les armes.

— Tu n'as pas peur? demanda Salya.

— Personne ne peut dire : je verrai le soleil se lever demain, répondit Karna. Rien n'est stable dans ce monde et tu vas m'emporter vers mon destin. Mais personne, à part moi, ne peut vaincre Arjuna.

Alors Salya lui dit, étrangement moqueur :

— Tu n'es qu'un fanfaron, tu te trompes toi-même. Personne ne peut vaincre Arjuna, tu le sais.

— Celui qui placera Arjuna devant moi, je lui donnerai de l'or, des villages, des danseuses.

— Tu le verras bientôt. Pourquoi gaspiller ta fortune? Karna, ton temps est accompli, tu ne le sens pas?

— Tu viens de dire : je peux te faire gagner la bataille.

Salya s'écria, rieur et menaçant :

— A quelle bataille trompeuse crois-tu participer? Contre qui crois-tu te battre? Fils de rien, n'as-tu donc aucun ami pour t'ouvrir les yeux? Tu es un pauvre chacal qui crie en face d'un lion, une grenouille qui s'égosille sous un lourd nuage de pluie.

Alors Karna, subitement dressé, se laissa prendre par la colère :

— Pourquoi m'irriter? Me désespérer? Es-tu mon ennemi? Je connais Arjuna mieux que toi, je sais qui il est, je n'agis pas comme un insecte misérable qui va se jeter dans le feu! Je sais ce que je fais!

Saisissant une arme brillante, il la pointa vers Salya en disant :

— Regarde cette lance en forme de serpent, vénéneuse... Elle percerait même une montagne. Avec cette lame je tuerai Arjuna, après quoi je t'ouvrirai le ventre, idiot mal disposé qui veux me faire peur.

Salya sourit et ne dit rien. Les deux hommes se séparèrent et Karna s'assit à l'écart, son visage tourné vers la terre. Salya, qui préparait les harnais, lui demanda soudain :

— A quoi penses-tu?

— A une malédiction, répondit Karna.

— Celle de Parashurama, l'homme à la hache?

— Comment la connais-tu?

Salya sourit, mais sans répondre. Il connaissait ce secret de Karna. Il lui dit même :

— Ce ver qui transperçait ta cuisse, et toi qui résistais à la douleur... A son réveil, il éclata de colère et te dit : tu m'as trompé sur ton identité. Au moment de ta mort tu perdras la mémoire et le secret de l'arme que je t'ai enseigné, subitement tu l'oublieras. Tu l'as oublié?

En silence, les lèvres de Karna frissonnèrent.

— Non, dit-il, pas encore.

— Ce ver dans ta cuisse était sans doute quelque dieu, Indra peut-être, qui voulait protéger Arjuna.

— Arjuna l'irrésistible, chuchota Karna, Arjuna l'incomparable... Il s'approcha de moi demain avec ses armes extraordinaires, avec ses mains surhumaines, mais je le tuerai, je séparerai sa tête de son corps, je suis né avant lui et je le tuerai...

Salya demanda :

— Si tu es sûr de le tuer, pourquoi cette peur ?

Karna se releva et se dirigea vers Salya, qui s'occupait du char. Il regarda cet étrange personnage, qui se proposait à le conduire et qui aussitôt le décourageait, qui se moquait de lui, qui le provoquait, qui le troublait, qui le connaissait bien. Etait-ce un homme ? Ou bien Shiva lui-même sous la forme d'un roi ? Shiva, qui se mesurait à Krishna ?

Karna lui dit avec un calme retrouvé :

— Salya, ou qui que tu sois, je suis enveloppé de signes secrets, menacé par l'obscurité. Un autre jour, marchant dans la campagne, je tuai par mégarde la vache d'un brahme.

— Il t'a maudit, lui aussi ?

— Oui, il m'a crié : au moment où la peur pénétrera ta chair, la roue de ton char s'enfoncera dans la terre. Cette phrase ambiguë revient sans cesse dans ma tête. Oui, Salya, tu as vu juste, et je crois que j'ai peur.

Au grand soleil du jour suivant, Karna retrouva sa force intacte. Il s'avança comme un fer brûlant dans les rangs des Pandavas. Il s'entourait de morts comme un vent puissant qui casse les blés. Vers le milieu de la journée, alors qu'Arjuna, un peu plus au nord, prenait le dessus sur Aswatthaman, Karna se trouva soudainement en face de Yudishsthira. Dominant sa crainte, celui-ci s'élança vers Karna, les armes hautes. Mais Karna dévia ses coups, le frappa, le renversa même sur la terre. Il tenait à sa merci la chair de Yudishsthira, il appuyait une lame sur sa gorge sans défense, il voyait la terreur grise de la mort envahir les yeux de son frère, quand il se souvint de la promesse faite à Kunti, quelques jours plus tôt.

— N'aie pas peur, dit-il à Yudishsthira, j'ai promis à ta mère de ne pas te tuer. Va te mettre à l'abri et ne reviens plus au combat. Fais recoudre ta robe et ne te frotte plus à de vrais guerriers.

Karna écarta dédaigneusement son arme et chercha d'autres adversaires. A demi évanoui, l'esprit perdu, le corps épuisé et blessé, Yudishsthira fut recueilli par quelques hommes qui le ramenèrent au camp. Draupadi et les autres femmes voulurent prendre soin de lui, mais il les repoussait, il ne cessait de s'agiter, de parler confusément de Karna, de Karna, et de Karna encore.

Saisissant le bras de Draupadi, qui voulait vainement le calmer, il lui dit :

— Il faut dire partout que je ne suis pas mort. Quelle heure est-il?

— Le milieu du jour.

— J'ai vécu dans le froid de l'ignorance et la vérité n'est qu'une ombre. Karna caresse ma vie dans sa main.

— Ne parle pas, lui disait Draupadi.

Mais le délire l'emportait dans l'incohérence.

— Je perds mes forces dans cette forêt, disait-il. Il faut confisquer toutes les semences de la guerre et les détruire. Va donner l'ordre.

Il entendit à ce moment-là un bruit de pas. S'écartant pour un moment du combat, Arjuna blessé revenait.

Yudishsthira pensa : si Arjuna quitte la bataille, Karna est mort.

Il appela son frère sous sa tente, auprès de lui et dit, à voix pressée :

— Arjuna, viens, raconte-moi en détail la mort de Karna. Maintenant je te le dis : pendant quatorze ans, chaque nuit j'ai pensé à Karna, je suais de peur et je le haïssais, éveillé, endormi, partout je ne voyais que Karna, dans les jardins, dans ma chambre, près des fleuves, je ne pouvais aller nulle part sans le voir, l'univers était plein de Karna. Aujourd'hui il m'a saisi, il m'a effrayé et j'ai fui. Dis-moi en détail comment tu l'as tué.

Arjuna, qui reprenait quelques forces et buvait de l'eau, dit à son frère :

— Karna n'est pas mort. Personne ne peut le tuer. Il est comme un feu déchaîné et du soleil de midi il semble tirer des forces nouvelles. Je n'ai pas tué Karna et Bhima est en danger quelque part.

— Tu n'as pas tué Karna et tu reviens? Et tu abandonnes ton frère?

Yudishsthira se mit à crier, les yeux fous, la bouche tordue. La folie même le tenait.

— Mais toujours tu m'as dit, rappelle-toi, toujours : je mènerai la guerre et je tuerai Karna, je le jure, je suis né pour le tuer! Moi, je t'ai cru, et à la fin tu me trahis! Le plus grand archer du monde, le combattant magique, insurpassable! Des chevaux, des armes de prodige! Et Krishna lui-même comme cocher! Que te faut-il de plus? Si tu fléchis devant Karna, si tu es un lâche, donne ton arc à un autre! Et va-t'en! Il aurait mieux valu ne jamais te voir naître, ou alors te voir naître au cinquième mois, que Kunti avorte, plutôt que de te voir fuyard, pitoyable, haletant de peur!

D'un élan, Arjuna saisit une arme et se jeta sur Yudishsthira en criant :

— Je vais te tuer!

Krishna, qui venait de surgir, et Draupadi se précipitèrent pour arrêter le crime d'Arjuna.

— Celui que tu dois tuer, je ne le vois pas ici! lui disait Krishna. Tais-toi, calme-toi!

Mais Arjuna ne se calmait pas.

— Celui qui m'appelle un lâche, celui qui me dit

de donner mon arc à un autre, je le tue ! Je dis que je le tue !

— Tu ne sais plus ce que tu fais, comment peux-tu dire : je vais tuer mon frère ?

— Il a souhaité ma mort avant de naître, il n'est plus mon frère !

— Il a de la peine, il délire, tu le vois bien.

Et Draupadi dit à Arjuna :

— Il sait que Karna ne peut être éliminé que par toi. Si Karna était tué, la bataille s'apaiserait.

Toujours maintenu par Krishna, le corps tendu par la colère, Arjuna dit alors à son frère :

— Ne me reproche rien, toi qui te tiens toujours bien à l'abri des coups. Bhima, oui, pourrait me faire des reproches. Il est là-bas, sur une montagne de cadavres. Mais toi tu es froid, tu es peureux, tu as le cœur dur, je te donne tout et tu m'insultes, couché entre les bras de Draupadi ! Tu es cruel, tu es déguisé, rien de bon ne m'est jamais venu de toi, mais c'est toi qui as joué aux dés, c'est toi qui as tout perdu, l'origine de la calamité, c'est toi ! Tu le caches, mais tu es mangé par l'ambition de la perfection, tu es prêt à tout sacrifier pour être l'homme le plus pur, oui, toutes nos vies, et toute vie autour de toi !

Comme dans toutes les paroles excessives, comme dans les insultes que Sisupala lançait autrefois à Bhishma, il y avait des mouvements de vérité dans la colère d'Arjuna.

Quand il se tut, Krishna lui fit remarquer qu'il tenait toujours son épée à la main. Qui désirait-il tuer ?

— Je sens le désir de me tuer moi-même, dit Arjuna.

Krishna lui dit alors :

— Sais-tu qui tu es ? Sais-tu qui tu vas tuer ?

Arjuna resta quelques instants avec ses pensées avant de répondre :

— Oui, je sais qui je suis.

— En ce moment, ce n'est pas seulement ta vie qui se décide. La terre entière regarde ton épée.

Calmé, Arjuna mit un genou au sol devant Yudishsthira.

Ils sortaient d'une crise mortelle.

— Pardonne-moi, dit Arjuna. Je vais rejoindre Bhima. Aujourd'hui je tuerai Karna.

Yudishsthira, qui revenait peu à peu de sa stupeur, voulut, cette fois encore, renoncer à la royauté.

— Il faut maintenant me refuser l'obéissance, dit-il, et me laisser abandonné. Bhima fera un très bon roi.

Arjuna renouvela sa promesse de tuer Karna ce jour même, et Yudishsthira lui dit :

— Si aujourd'hui tu ne le tues pas, c'est toute ma vie que tu détruis.

Laissant Draupadi et les femmes s'occuper de Yudishsthira, Arjuna et Krishna sortirent de la tente et se dirigèrent vers leur char. On venait de changer leurs chevaux et leurs armes. Tout était prêt pour la reprise du combat.

— Que serais-tu maintenant si tu avais tué ton frère et ton roi ?

— Un instant, dit Arjuna à voix basse, j'ai senti que je pouvais le tuer.

— Je l'ai vu.

Au moment de monter dans le char, Krishna dit encore à son ami :

— Le jour est venu, auquel tu penses depuis ta jeunesse. Karna va surgir devant toi, tout chaud de sang, exaspéré par le combat.

— Suis-je vraiment plus fort que lui ? demanda Arjuna à voix basse.

— Si tu as peur de lui, répondit Krishna, ne le méprise pas, vois-le tel qu'il est.

— Je ne le méprise pas. Je te l'avoue : tout mon corps est trempé de sueur. Krishna, qui est Karna ? Tu dois me le dire.

A son habitude, Krishna fit une réponse vraie, mais habile, car il ne montrait qu'un des côtés de la vérité :

— Je te le dis maintenant : Karna est le fils du Soleil.

Arjuna vacilla. Il essaya de lever les yeux vers l'astre qui écrasait de sa lumière le champ de bataille.

Puis il dit, ébloui, égaré :

— Je suis perdu. Rien n'est au-dessus du soleil.

Alors Krishna se rapprocha de son ami et lui dit ceci :

— Tu m'as demandé : suis-je plus fort que lui ? C'était une mauvaise question. Ce n'est pas aujourd'hui ta force contre la sienne. C'est une force immense contre une autre, car nous avons, je crois, des alliés secrets. Ne va pas vers le désespoir. Tu n'es pas seul.

Arjuna saisit son arc. Krishna prit les rênes des chevaux et leur parla.

Ils se mirent en mouvement, suivis par des milliers d'hommes.

Les tripes de Dushassana

Ce même jour, Vyasa et l'enfant s'abritaient de la bataille, derrière une colline. Depuis le grand combat de nuit, toutes les règles semblaient anéanties. La guerre n'était que boue, désordre et sang. Vêtements déchirés et salis, armes brisées : les guerriers se battaient sans loi et sans clarté. Des odeurs atroces planaient sur la terre, déplacées çà et là par des vents lourds. Ganesha suivait toujours Vyasa, mais il préférait le plus souvent user de son don d'invisibilité. Quant à l'enfant, il s'effrayait à chaque instant, il désirait la fin des morts.

— J'ai peur, disait-il à Vyasa, j'ai cru que j'allais mourir quand Aswatthaman a lancé son arme.

— Moi aussi, je l'ai craint, lui dit Vyasa.

— Tu es l'auteur de ce poème et ce poème pourrait te tuer?

Avant que Vyasa n'eût le temps de répondre, la terre trembla tout près d'eux. Un corps massif s'effondra sur le sol, se releva et retomba encore.

C'était Bhima, les yeux brouillés par le sang et tout le corps troué. Il n'était qu'une structure confuse de terre rouge. On ne distinguait plus les traits de son visage. Depuis trois jours, sans dormir, il n'avait pas cessé de se battre.

Vyasa s'approcha de lui, le prit dans ses bras.

— Je suis exténué, dit Bhima. Vyasa, je voudrais me baigner dans l'eau fraîche d'un fleuve et que le courant lave tout mon sang...

Vyasa le réconforta, essuya ses yeux, lui parla d'Arjuna, qui venait de se lancer contre Karna.

— Vyasa, demanda Bhima d'une voix rauque, si tu es encore le maître, pourquoi nous forcer à la mort?

A quoi Vyasa répondit :

— Bhima, si j'arrête ici la guerre, où est la victoire?

Bhima ferma les yeux. Vyasa disait vrai : un arrêt de la guerre, à ce moment-là, ne pouvait se concevoir que par une décision de Yudishsthira. Cela signifiait clairement la défaite des Pandavas.

A ce moment, ils entendirent des pas qui s'approchaient craintivement. Vyasa et l'enfant s'écartèrent aussitôt pour se dissimuler dans les rochers.

Dushassana lui-même venait, une double hache à la main. Comme un chacal, il avait suivi Bhima à la trace. Il venait prudemment l'achever.

Les yeux collés par la terre et le sang, Bhima ne pouvait pas le voir. Mais il reconnaissait son pas, son odeur, sa respiration.

— C'est toi, Dushassana?

En se tenant encore à quelque distance, Dushassana demanda :

— Tu ne me vois pas?

— Non...

— Tu ne peux plus te lever?

— Je suis détruit par la fatigue et je suis aveugle...

D'autres guerriers s'approchaient et formaient un cercle autour des deux hommes. L'un semblait abattu, l'autre vif et armé. On entendit au loin la voix de Gandhari qui criait à son fils :

— Dushassana ! Ne t'approche pas de lui !

Mais Dushassana se voyait vainqueur, sans doute possible. Aux yeux de tous, il allait enfin l'écraser, cette grosse bête brutale qui avait juré de l'éventrer un jour.

Il fit deux ou trois pas vers Bhima en disant :

— Tu es lourd et lent, tu ne me fais pas peur.

— Je suis alourdi par le sang des morts, dit Bhima. Epargne-moi, je n'ai pas de défense...

Dushassana leva sa hache de guerre et frappa. Bhima évita le premier coup. Pour le deuxième coup, Dushassana fit un pas de plus en avant et dit :

— Je vais me sauver et sauver mon frère !

— Epargne-moi... disait Bhima.

Dushassana frappa une deuxième fois. Bhima, touché à l'avant-bras, poussa un cri. Il se tordait sur le sol. Enhardi, Dushassana se mit à danser de joie autour de lui, ignorant les appels lointains de sa mère et criant :

— Tu sues comme un vieil éléphant et tu ne peux plus te remuer ! Pense à ta vie qui va s'arrêter là !...

Dushassana leva sa double hache pour assener le coup final. Alors, comme il avait fait lors de son combat contre le démon, dans la forêt, Bhima se souvint d'une esquive, jadis enseignée par Drona. Il roula vivement sur le côté au moment même où s'abattit la hache, il saisit le genou gauche de Dushassana, le poussa en avant.

La hache frappa la terre, Dushassana tomba. En un instant Bhima le dominait. Assis sur lui, l'écrasant de sa masse, il lui dit :

— Pauvre avorton stupide, que voulais-tu abattre ?

Dushassana se tordait et gigotait comme un insecte dans du miel. Il hurlait au secours, appelant Karna, appelant ses frères. Tous étaient loin. Autour d'eux ne se tenait qu'un cercle de guerriers hagards, épuisés, qui regardaient le combat brutal des deux hommes.

— Fini de crier, disait Bhima. Ta mauvaise heure est venue, Dushassana. Pour toi tout se termine ici et maintenant. Draupadi m'entend? Qu'elle vienne! Draupadi!

Bhima criait le nom de Draupadi. Un moment plus tard elle accourut, elle fendit le cercle des guerriers et comprit qu'une promesse allait maintenant s'accomplir.

— Regarde, lui dit Bhima, regarde bien. Je vais boire son sang comme je l'ai promis.

Puis il dit à Dushassana :

— Toi, il te reste une respiration ou deux. Rappelle-toi ta pauvre vie, et Draupadi tirée par les cheveux. Regarde-la. Qu'elle soit ta dernière image.

Saisissant Dushassana par les cheveux, il l'obligea à tourner son visage hurlant vers Draupadi, puis il lui dit :

— Maintenant je t'arrache la vie. Allez, meurs.

Des deux mains, de toutes ses forces, il frappa la poitrine de Dushassana. Parmi les halètements de douleur, on entendit les os des côtes se briser. Bhima leva les mains et frappa une deuxième fois, une troisième fois. Les guerriers détournaient leurs visages.

Dushassana hurla jusqu'à la fin. Bhima se pencha vers son corps et de ses deux mains lui déchira le ventre. On vit jaillir des bouillons de sang. Puis Bhima saisit les entrailles et les arracha. Il porta ces entrailles à sa bouche, il plongea son visage dans le ventre chaud.

L'enfant se détourna vivement. Il ne pouvait pas regarder.

Dushassana mourait.

Bhima se redressa et dit à ceux qui le regardaient :

— Le sang de cet ennemi a un goût plus délicieux que le lait de ma mère, il est meilleur que le miel, que le vin, il est plus doux que la plus douce boisson de la terre...

Il fit alors signe à Draupadi de s'approcher. Elle s'agenouilla auprès du cadavre, elle défit ses cheveux, elle les plongea dans le ventre sanglant. Après quoi, sans un mot, elle les coiffa, elle les noua sur sa tête.

On entendit des phrases chuchotées parmi les guerriers. Bhima, à qui le sang semblait avoir redonné sa pleine force, se dressa, le visage rougi, s'approcha d'eux et leur cria :

— Ne me regardez pas avec horreur en fermant à demi vos paupières, ne dites pas entre vos dents : celui-ci n'est pas un être humain... Je bois le sang de la vie à sa gorge ! Et il m'a supplié de le boire ! Il a mendié sa mort ! Il a humilié notre femme ! Il s'est moqué de moi, il a dansé autour de moi en criant : Le gros bœuf ! Le gros bœuf ! La bête ! A moi la danse, maintenant !

Il se mit en effet à danser autour du cadavre, faisant bouger la terre à chacun de ses sauts.

Quand il s'arrêta, il se pencha une dernière fois sur le corps grimaçant et éventré de son ennemi. Sa vengeance était satisfaite, mais Bhima ne semblait en retirer aucune joie.

On l'entendit dire à Dushassana :

— Autrefois, maintenant, nous n'avons jamais connu le bonheur. Adieu.

Puis il s'en alla vers son camp, avec Draupadi qui le soutenait.

La roue de Karna

Après la mort affreuse de Dushassana, Dhritarashtra et Gandhari se firent conduire auprès de Duryodhana pour le supplier d'arrêter la guerre. Aswatthaman, le fils de Drona, insista dans le même sens, lui aussi, ce qui poussa jusqu'à une certaine folie la colère et la détermination de Duryodhana.

— Bhima a éventré mon frère et tu voudrais que j'arrête la guerre ? Tous mes espions me disent que leurs hommes sont chancelants et qu'Arjuna lui-même titube de fatigue. Karna, lui, s'est reposé. Le malheur a retourné sa marche, il s'avance maintenant vers nos ennemis ! Je le sais !

De bonne foi, Duryodhana semblait encore croire la victoire possible. Il plaçait en Karna tous ses espoirs de vie. Lorsque celui-ci s'avança sur le champ de bataille à la rencontre d'Arjuna, pour disputer un combat que tous attendaient depuis si longtemps, Duryodhana et ses frères survivants montèrent sur le flanc d'une colline proche. Vyasa et l'enfant se tenaient auprès d'eux.

— Me voici, Arjuna ! criait Karna en s'avançant. Moi le bâtard, l'obscur, toi le prince, l'inattaquable... Mais le ciel s'illumine pour moi et le soleil me fortifie ! Tu ne finiras pas ce jour vivant !

Kunti voulut courir et se placer entre les deux frères, mais on la saisit, on l'arrêta. Karna et Arjuna, conduits par l'étrange Salya et par Krishna, firent d'abord dessiner des cercles à leurs chars, dans la plaine dégagée. Ils s'insultèrent de la voix et du geste avant de lancer leurs premières flèches. Puis ils combattirent pendant plusieurs heures, soulevant des vagues d'admiration dans les deux armées immobilisées. Des rangs serrés de flèches traversaient l'air, allant — comme on le dit plus tard — jusqu'à obscurcir le soleil. Ils combattirent à l'épée, ils combattirent à la lance et à la hache, sans qu'aucun des deux l'emportât.

Tous les insectes de la plaine, tous les animaux du vent suivaient attentivement le combat, toutes les herbes couchées, tous les arbres arrosés de rouge, toutes les forces cachées dans la poussière.

Blessées, brillants de sueur et de sang, hautement encouragés par leurs hommes, Karna et Arjuna mettaient en pratique ce jour-là, au plus haut niveau concevable, aussi bien leur qualité première que tout ce qu'une vie d'exercices leur avait appris. Et si Krishna conduisait Arjuna avec sa maîtrise habituelle, lui qui savait parler même aux chevaux, on admirait chez le roi Salya un talent de cocher exceptionnel qu'on ne lui connaissait pas jusqu'alors.

Soudain, alors que Karna venait de prendre un mince avantage, son char s'arrêta. L'une des roues venait de s'enfoncer dans la terre humide.

Karna cria, s'adressant à Arjuna :

— Attends un moment, que je dégage ma roue ! Tu n'as pas le droit de me frapper, tu le sais.

Respectueux des règles, Arjuna fit arrêter son char et abaissa ses armes. Il attendait. Ses chevaux soufflaient.

Karna sauta sur le sol et, avec l'aide de Salya, il voulut dégager sa roue. Mais cela paraissait étrangement difficile, presque impossible. Ils s'arc-boutèrent, ils s'acharnèrent, le souffle rauque, comme Bhima lorsqu'il tentait de soulever la queue du grand singe Hanuman.

La roue du char resta prisonnière de la boue.

Krishna, qui observait avec attention toutes choses, dit alors à Arjuna, comme s'il s'agissait d'un geste urgent et nécessaire :

— Frappe ! C'est le moment ! N'attends pas !

Arjuna refusa. Il ne pouvait décider de frapper un ennemi à terre. Karna le regarda et lui dit :

— Je suis désarmé, menacé, faible devant toi. Tu connais le droit et la vertu, laisse-moi dégager ma roue.

A quoi Krishna répondit lui-même, la voix haute :

— Tu parles maintenant de vertu, mais quand Shakuni jetait les dés, où était ta vertu ? Dans quel trou s'était-elle cachée ? Ne t'écorche pas la bouche avec ce mot, tu n'en sortiras pas vivant.

Karna, ses mains agrippées à la roue, pleurait de colère. Avec ses doigts, avec ses ongles, il essaya d'ébranler le bois, aidé par Salya. Les deux hommes se meurtrirent les mains, la roue resta paralysée.

— La roue d'un char ne se bloque pas sans raison, dit alors Salya. Qui a saisi cette roue ? D'où vient cette dernière ruse ?

Abandonnant les rênes, Krishna sauta hors du char d'Arjuna. Il s'avança vers Salya et Karna.

Tous entendirent ses paroles :

— Je vais te dire ce qui bloque sa roue. C'est la terre elle-même avec ses mains boueuses. Subitement elle prend part à la bataille, elle se défend, elle a décidé de nous aider. C'est elle qui vient de happer la roue de ce char et qui ne la relâchera plus.

Tous les yeux se fixèrent sur la roue enfoncée, sur la terre humide. Yudishsthira songeait : le voici donc, notre allié secret.

Krishna se retourna vers Arjuna pour lui dire :

— Frappe ! Oui, achève la guerre !

Arjuna leva son arc Gandiva. Alors Salya saisit les mains de Karna et lui dit avec des paroles précipitées :

— Karna, ne te laisse pas tuer comme un cocher ! Relève-toi ! Appelle ton arme suprême et lance-la ! C'est le moment ! Fais vite !

Duryodhana, descendu de la colline, dit de son côté :

— Refuse de mourir, Karna ! Je te l'ordonne, lance l'arme totale !

Alors, tandis que les bras d'Arjuna semblaient paralysés par une force invisible, par quelque arrêt dans la course du temps, Karna se rappela l'homme à la hache. Voyant sa mort devant lui, il choisit la mort générale, que de toute manière il annonçait depuis longtemps. Il connaissait la formule secrète. Il savait que, s'il la prononçait, une créature céleste viendrait déposer l'arme dans sa main.

— Lance ton appel ! disait Salya. Dis les mots !

Karna leva une main vers le soleil.

— Oui, dit-il, je l'appelle, je l'appelle cette créature lointaine...

Il ouvrit sa main, comme pour y recevoir l'arme.

— Et je lui dis...

Tous les yeux regardaient le ciel.

Karna, les lèvres entrouvertes, ne disait rien.

— Que t'arrive-t-il ? s'écria Duryodhana. Parle !

Les yeux ouverts, la main tendue, Karna voulait

parler, mais il ne pouvait pas trouver les mots qu'il connaissait.

Salya et Duryodhana, qui se tenaient auprès de lui, l'entendirent murmurer, en plein désarroi :

— Qu'est-ce que je dois dire ?

Son esprit cherchait des mots oubliés.

— C'était une phrase simple, subitement je ne m'en souviens plus...

Un nuage noir se glissa devant le soleil, obscurcissant la plaine entière. Karna, jusqu'à la fin, devait ignorer qui était son père. Il demanda :

— Pourquoi le soleil s'est-il enfui ? D'où vient cette ombre ?

Personne ne put lui répondre. Il toucha une dernière fois la roue embourbée. Il regarda la terre sombre et muette, qu'un moment plus tôt il parcourait encore avec arrogance. Toute sa tête était noire, et un vieux mystère le tuait.

— Qu'est-ce que je dois dire ? demanda-t-il encore.

Krishna, le visage soudain bienveillant, et même marqué d'émotion, vint alors auprès de Karna, qui se tenait le dos contre la roue. Krishna prit Karna dans ses bras et le tint un moment contre lui. Il lui posa même une main sur le front.

Kunti, qui se tenait à quelque distance, leva les yeux vers le soleil, mais le soleil ne se montrait pas. Rien ne repoussait le nuage.

Krishna se sépara de Karna, revint vers Arjuna et lui dit d'une voix presque douce :

— Tous les signes sont contre lui. Achève-le.

Arjuna lâcha sa flèche, qui perça le cœur de Karna. Son grand corps tomba sur la terre.

La fin de la bataille

Duryodhana s'abattit auprès du corps de Karna et l'embrassa. Il se lamenta sur cet homme splendide et mort. Lorsque sa mère voulut le convaincre encore une fois d'arrêter cette guerre qui paraissait inévitablement perdue, il refusa.

— Je ne vivrai pas comme un roi vaincu, dit-il. Il me faut parcourir la dernière partie de ma route, la plus dure.

— Tes frères sont froids, lui dit Gandhari, tes troupes disloquées, la débâcle a vidé ton camp, on te croit déjà mort !

Abandonnant sa mère, Duryodhana appela ses derniers guerriers. Plusieurs milliers d'entre eux se relevèrent de la terre, blessés, sanglants, ils ramassèrent leurs armes brisées, ils se tinrent derrière leur roi. Comme à la fin de chaque guerre, les soldats perdus se rassemblaient, décidés à combattre encore, et ne voyant pourtant que la mort devant eux.

Le roi aveugle voulut aider à porter le corps de Karna vers le bûcher des funérailles. On le chargea sur ses épaules, et sur celles de deux de ses fils. Son demi-frère Vidura, qui toujours s'était opposé à la guerre, le guidait.

— Mon cœur doit être fait de pierre, disait le vieux roi, pour ne pas s'être encore brisé.

Pendant deux jours, Duryodhana parcourut la plaine à la tête de ses hordes, frappant ici, s'échappant aussitôt. Il ne restait aucune trace d'organisation dans la bataille. Arjuna et Bhima tentaient de réparer leurs blessures, de retrouver leurs forces. Nakula et Sahadeva, les jumeaux, aidaient Yudishsthira à traquer ses derniers ennemis.

A la fin de la deuxième journée, presque cerné, à bout de résistance, Duryodhana réussit à s'échapper par un artifice magique. Il entra dans l'eau d'un lac et la solidifia tout autour de lui. Parfaitement abrité des regards et des coups, car personne ne pouvait briser la carapace glacée du lac, il s'endormit, sa massue serrée contre lui comme une femme. Endormi, il rêva, il vit des royaumes magnifiques, des peuples prospères. En rêvant, il se mit à chanter.

Sa voix parvint à des chasseurs qui cherchaient, tout autour du lac, des canards sauvages. Ils s'approchèrent et l'aperçurent, à travers l'eau gelée, dure comme roche. Tout aussitôt, ils reportèrent leur trouvaille à Yudishsthira, lequel accourut près du lac avec Krishna, Draupadi et ses quatre frères.

Il appela Duryodhana. Celui-ci, à demi réveillé, lui dit :

— Ne dérange pas ma tranquillité, je me repose.

— Lève-toi ! cria Yudishsthira. Abandonne tes sortilèges et viens combattre ! C'est le moment !

— Mon corps est épuisé. J'ai besoin de repos.

— Tu trouveras un long repos après le combat.

— Demain, Yudishsthira. Je combattrai demain, je te le promets. J'ai envie de rester ici toute une nuit et de chanter.

— Tu as peur ?

Cette question de Yudishsthira fit naître le rire de Duryodhana. Il répondit :

— Que la peur puisse pénétrer le cœur de toute

créature, est-ce une surprise pour toi ? Mais ce n'est pas la peur qui m'a jeté dans ce lac, c'est la fatigue. Ici je me sens bien, dans l'eau fraîche et claire. Cette terre dévastée, couverte d'un vêtement de morts, je te la donne. Je ne veux que m'envelopper d'une peau de bête et disparaître seul dans les bois.

— La terre que tu me donnes ne t'appartient pas, dit Yudishsthira avec dureté. Les corps qui la recouvrent ont été abattus par ton avidité. Tu as préféré ton désir à toutes ces vies. Maintenant, c'est ta vie que je veux !

Duryodhana, grisé par la glace et la nuit, se laissa convaincre. Il accepta de sortir et de se battre, mais à la condition de ne se battre qu'à un contre un, en choisissant son arme. Sans réflexion, Yudishsthira accepta. Krishna lui rappela que Duryodhana, grand maître à la massue, s'était entraîné chaque jour pendant treize ans, contre une statue de fer. Pourquoi lui donner cette chance ?

Il était trop tard. Déchiquetant la masse de glace qui l'enveloppait, Duryodhana jaillissait en hurlant, sa massue brandie, défiguré par sa dernière rage.

Ils reculèrent tous de quelques pas. Seul Bhima s'avança, présentant sa propre massue, et accepta le combat singulier, selon les règles des Kshatryas.

La violence aussitôt les opposa. Ils se frappèrent à toutes forces. Mais Bhima, blessé, sentait dans ses jambes la lourdeur de la guerre. Au contraire, comme régénéré par l'eau du lac, Duryodhana virevoltait légèrement autour de lui, touchant précisément. Il parvint même à renverser Bhima, il lui posa son pied sur la gorge, il leva sa massue pour l'achever.

Puis il la laissa retomber, refusant de frapper un adversaire à terre. Il accorda à Bhima quelques instants de repos, tandis qu'il s'écartait lui-même pour boire, agenouillé au bord du lac.

Krishna se précipita vers Bhima, vit qu'il était blessé, lui conseilla de rester debout, de ne pas montrer sa faiblesse.

Il ajouta :

— Attaque et frappe bas, vise les jambes...

— Les jambes ? s'écria Bhima. Je ne peux pas ! Je n'ai pas le droit !

— Je te dis de frapper les jambes !

Draupadi, qui s'était avancée elle aussi, rappela son ancienne promesse, émise après la partie de dés, et dit à voix basse à Bhima :

— Brise sa cuisse...

Duryodhana revint à la charge. Au mépris de toutes les lois du combat, Bhima le frappa dans les jambes. D'un seul coup, il brisa l'une de ses cuisses. Duryodhana s'écroula, pleurant de douleur et de honte.

Yudishsthira dut calmer Bhima, et lui interdire d'écraser avec son pied le visage de son adversaire accablé. Il se pencha vers lui.

Duryodhana lui dit :

— J'ai été frappé honteusement, aux jambes, hors de toute règle.

L'esprit troublé — après un mensonge, un coup interdit —, Yudishsthira ne savait que répondre. Etait-ce donc cela, l'oubli passager du Dharma ? Mais comment décider ? Comment choisir l'occasion juste ? Comment ne pas faire, de cet oubli, la règle triomphante ?

Sentant les hésitations et les remords de Yudishsthira, Krishna lui dit, en montrant le blessé :

— Viens, il n'est plus un ami, ni un ennemi. On ne se lamente pas sur un morceau de bois. Viens.

Yudishsthira se laissait entraîner. Alors Duryodhana, qui perdait un fleuve de sang par sa cuisse ouverte, se releva sur un coude et cria :

— Krishna ! Tu as conseillé à Bhima de me frapper aux jambes, tu crois que je n'ai pas entendu ? C'est toi, la racine du mal ! Sikhandin, l'idée venait de toi ! Et c'est toi qui as porté sa flèche ! Et qui a trompé le soleil ? Et le mensonge : Aswatthaman a été tué ? Et qui a lancé Ghatotkatcha contre nous pour obliger Karna à se démunir de sa lance ? Et quand la roue de Karna s'est embourbée, tu as dit à Arjuna : achève-le ! Toi ! Toujours toi ! Sournois, mauvais porteur de mort !

Krishna écoutait toujours avec calme, sans interrompre les insultes qui le frappaient. Lorsque Duryodhana se tut, la bouche largement ouverte, essayant de reprendre souffle, Krishna lui dit :

— Tu parles faussement et ton seul assassin, c'est toi.

Prenant alors le bras de Yudishsthira, il ajouta :

— Ta victoire est parfaite. Allons la célébrer.

Au moment de s'en aller, de retourner vers leur camp, ils entendirent une dernière fois Duryodhana. Ils se retournèrent et le virent, vautré dans une boue sanglante, le corps déchiré.

— Oui, partez, disait-il, restez dans ce monde sans bonheur, moi je m'en vais dans l'autre monde. Qui est plus heureux que moi ? J'ai régné sur la terre, j'ai été juste, j'ai ri, j'ai chanté, j'ai aimé mes amis et mes femmes, j'ai protégé mes serviteurs... A tous ceux qui vivaient avec la détresse j'ai tendu la main... J'ai eu toutes les joies humaines... Allez manger et danser, allez-vous-en...

Krishna fit quelques pas vers lui et dit encore :

— Aucun homme bon n'est tout à fait bon. Aucun homme mauvais n'est tout à fait mauvais. Je te salue, Duryodhana. Je ne trouve dans ta souffrance aucun plaisir. Mais ta défaite est une joie.

Duryodhana resta seul dans la nuit menaçante.

Trois de ses hommes vinrent allumer des feux autour de lui. Le sachant perdu, ils le veillaient, et pour accompagner ses derniers moments sur la terre ils lui chantaient à mi-voix, lentement, leurs souvenirs et leurs regrets.

Vyasa a conservé des traces de ce chant :

Grand roi, où est maintenant ton ombrelle blanche ? Et ton chasse-mouches au manche d'ivoire et ton palanquin aux rideaux de soie ? Où sont le marbre de tes bassins et les grelots de tes danseuses ?

Tu te traînes sur la terre les cuisses brisées, tu es seul dans la nuit qui tombe, tes mains glissent dans la boue rouge et noire, tu n'as plus qu'un instant de vie, tu as le hoquet, tu vomis du sang.

Où sont tes chars incrustés d'émeraudes ? Où sont tes villes, tes palais, tes harems ? Où sont tes trois cent mille cavaliers, tes quatre-vingt mille éléphants ?

Des animaux carnivores affamés s'approchent pour dévorer ton corps, des troupes de hyènes et de loups. Tu secoues les bras inutilement pour les éloigner. Tu entends les battements d'ailes des vautours qui cette nuit vivront de toi.

Grand roi, toi qui commandais la terre, toi qui marchais avec ta massue d'or à la tête de tant de rois, il est très difficile d'apprendre les chemins de la mort puisque toi-même tu meurs... Le sang t'empêche de parler, tes yeux sont agités par la rage, ton souffle saccadé va s'éteindre, le temps est au-dessus de tout.

Malheur à toi, malheur à ta mère Gandhari qui, vieille, s'en ira mendier sur les chemins. Malheur à ton vieux père aveugle et fou, malheur à nous tes amis, les plus bas des hommes, à qui tu as tant donné, maintenant vagabonds démunis sur une terre sans plaisir.

Au début de la nuit, on entendait au loin la

musique et les bruits de la fête, dans le camp des vainqueurs. Plus tard s'établit le silence. On vit alors apparaître un homme qui paraissait tout plongé dans le sang. Il avançait en tenant à la main une épée de forme étrange, elle aussi sanglante.

Quand l'homme s'approcha, on put reconnaître Aswatthaman, le fils de Drona. Il dit à Duryodhana :

— Si tu respires encore, écoute-moi...

Duryodhana lui indiqua d'un geste qu'il l'écoutait. Aswatthaman lui fit alors ce récit :

— A la fin du jour, seul et blessé, je me suis réfugié dans la forêt et là, dans un arbre immense, j'ai vu un hibou qui exterminait de jeunes corbeaux endormis. J'ai pensé : mon heure est venue. Je me suis approché du camp des Pandavas et là, brutalement, devant la porte, j'ai vu se dresser un être énorme, horrible, crachant du feu, un géant ruisselant de sang qui me criait : tu n'entreras pas ! Tu n'entreras pas dans le camp ! J'essayai de lutter contre le colosse, il avait mille bras, mille gueules, des flammes, des armes tourbillonnantes, et je compris que ce géant fantôme, c'était ma peur, ma peur qui se dressait devant moi, infranchissable. Je m'écartai, j'offris un sacrifice, le dieu me donna cette épée qui est comme soudée à ma main et pénétra mon corps de toute sa force.

— Oui, bien... disait Duryodhana, qui respirait à peine.

— Je me retournai, et je vis ma nouvelle armée. Toutes les créatures de la nuit s'agglutinaient autour de moi, difformes, terrifiantes, sortant du sol et de l'eau, des êtres à têtes d'ours, de chameaux, de tortues, avec des panses comme des marmites, sombres, tordus, visqueux, verdâtres, toute une armée de monstres sous mes ordres. J'entrai dans le camp. Je m'avançai d'abord doucement vers la tente de Dhryshtadyumna, l'assassin de mon père, qui dormait sur des tapis rares. Je le réveillai d'un coup de pied, il voulut crier mais je le jetai sur le sol, je lui écrasai la gorge avec mes genoux, il me déchirait avec ses ongles, je l'ai tué comme on tue le bétail.

— Bien, c'est bien... murmurait Duryodhana.

— Puis je me précipitai dans le camp, avec une force surhumaine. Les cinq frères et leur femme étaient déjà partis, mais j'ai massacré tous les autres hommes, avec mon armée de la nuit, j'ai tué le fils de Bhima, le fils d'Arjuna, le fils de Yudishsthira, j'ai tué les fils des jumeaux. Draupadi n'a plus un seul fils...

— Oui, bien, très bien...

— J'ai tué Sikhandin, je l'ai coupé en deux avec mon épée! Je frappais à la gorge, dans le dos, je coupais les têtes, les bras, les nez, les oreilles. Les bêtes de la nuit, les ventres gonflés, joyeuses, croquaient la chair, engloutissaient le sang en répétant : c'est délicieux, c'est succulent, c'est une merveille. Puis je suis sorti, accompagné par le silence. J'ai rencontré la jeune veuve d'Abhimanyu, enceinte. Par un charme que je connais, j'ai tué le fœtus dans son ventre. Les Pandavas n'ont plus de descendants. Voilà. J'ai fait ce que j'avais à faire. Je suis calme.

Aswatthaman baissa la tête et rentra dans le silence. De son front, de son nez, des gouttes de sang tombaient sur le sol. Comme il arrive souvent, à la fin des guerres perdues, il venait d'ajouter une horreur inutile à l'horreur.

Duryodhana lui dit encore :

— C'est bien, c'est très bien... Nous nous reverrons... Maintenant je meurs.

Puis il se détourna et mourut.

Le soleil du jour suivant se leva sur dix-huit millions de cadavres. Les chacals et les vautours se disputaient la chair, et la terre elle-même dégageait une odeur de mort. La beauté des héros disparaissait dans la gueule des bêtes.

Les femmes s'avancèrent d'abord, par milliers, à la recherche de leurs époux, de leurs enfants. Draupadi et Gandhari se rencontrèrent. Aucun fils ne leur était laissé par la tuerie. Elles savaient qu'elles vieilliraient sans enfant.

Yudishsthira et ses frères réapparurent sur le champ de bataille, pleurant leurs fils assassinés par Aswatthaman. Vyasa les rejoignit. Personne ne songea à lui faire reproche du massacre. Ils sentaient bien — comme Vyasa lui-même l'avait dit — qu'ils auraient pu paralyser la guerre, qu'il n'y avait là aucun destin dicté, irrésistible.

Les voyant dans la douleur, Vyasa leur parla du mystère de la mort. Il leur dit ceci :

Deux morceaux de bois qui flottent se rencontrent
sur l'océan et l'instant d'après se séparent.
De même ta mère et toi, ton frère et toi, ta femme
et toi, ton fils et toi.
Tu l'appelles ta femme, ton père, ton ami,
mais ce n'est qu'une rencontre sur le chemin.
Ce monde est une roue qui tourne,
un passage dans le grand océan du temps où nagent
deux requins, la vieillesse et la mort.
Rien ne dure, pas même ton corps.
Aucun lien ne résiste au temps.
En ce moment, tu ne vois pas tes ancêtres,
et tes ancêtres ne te voient pas.
Tu ne vois ni le ciel, ni l'enfer.
Qui font le vent, le feu, la lune, le soleil,
le jour, la nuit, les rivières, les étoiles ?
Tout est fixé dans cette création diverse,

dont la cause n'est pas comprise.
Nul ne reste, nul ne revient.
Plaisir, douleur, tout est fixé par le destin.
Ce que tu désires, tu l'as.
Ce que tu ne désires pas, tu l'as.
Personne ne comprend pourquoi.
Rien ne garantit le bonheur de l'homme.
Où suis-je ? Où irai-je ? Qui suis-je ? Pourquoi ?
Et sur quoi devrais-je pleurer ?

S'adressant plus intimement à Yudishsthira, dont il voyait la détresse, Vyasa lui dit encore :

— Paye ta dette sans murmurer, chasse ton chagrin, lève-toi dans la joie et ne dédaigne plus la terre.

Mais Yudishsthira ne pouvait pas se lever. Il restait prostré sur le champ de bataille, où il reconnaissait son œuvre. Quand il vit apparaître Kunti, sa mère, le visage épuisé, les cheveux défaits, il la suivit des yeux. A sa surprise, et à la surprise de tous, elle s'arrêta devant le corps de Karna. Arjuna lui en demanda la raison. Elle le lui dit :

— Karna, que vous avez tué, Karna était votre frère aîné, mon premier fils. J'avais quinze ans…

A cette révélation, les Pandavas cessèrent pour un moment de respirer. En un instant, ils eurent toute leur vie devant les yeux.

Arjuna dit à Kunti :

— Karna était notre frère ?

— Oui, Arjuna.

— Il le savait ?

— Oui, il le savait.

— Pourquoi nous l'avoir caché ?

— Continuellement haï de vous, écarté, méprisé, il m'avait juré de ne pas vous tuer, de vous épargner tous, sauf toi Arjuna, pour qu'après la bataille j'aie le même nombre de fils.

Arjuna demanda à Krishna :

— Tu le savais?

— Le secret de Kunti, répondit Krishna, Karna m'a interdit de te le révéler. Il a tenu sa promesse totalement.

— Il a préféré sa parole à ses frères?

— Et tu dois respecter son choix.

Le silence revint sur la plaine. Tous regardaient le grand corps immobile, que le soleil éclairait dans la mort. Bhima dit à voix basse à Kunti :

— Il avait les mêmes pieds que toi, je me demandais pourquoi.

Après quoi, Yudishsthira se leva. Assuré d'avoir porté la mort à son frère, il annonça sa décision de partir enfin dans les bois. Il renonçait à son royaume si longuement, si durement conquis.

A tous ceux qui le regardaient, lui le vainqueur, il dit :

— Je mangerai des fruits et des racines, je me baignerai deux fois par jour, seul, sans pleurer, sans me réjouir, passant pour un idiot, un aveugle ou un sourd, le visage calme, errant au hasard, ne voulant ni mourir ni vivre.

— La pauvreté n'a aucune gloire, lui dit Draupadi, ni la tristesse. Moi, maintenant, même coupée de mes fils, je désire vivre. Que faut-il te dire, Yudishsthira? Faudra-t-il t'attacher sur le trône, comme un roi fou?

— Oui, Draupadi, je suis fou, personne n'est plus fou que moi, j'ai tué tes fils, j'ai tué des millions d'hommes.

— Maintenant je te vois clairement, lui dit-elle tandis qu'il s'écartait, abandonnant ses insignes royaux. Oui, je te vois : tu étais heureux dans la forêt, tu savourais l'exil. Cette partie de dés, tu savais que tu allais la perdre, secrètement tu voulais perdre, tu voulais tout perdre. Quand nous quittions la ville les pieds nus, tous malheureux derrière toi, tu rayonnais, tu avais gagné!

On entendit alors la voix de Bhishma :

— Yudishsthira, ne t'en va pas!

Le vieil homme, toujours étendu sur son lit de flèches, tendait de loin les mains vers Yudishsthira. Celui-ci ne pouvait pas s'en aller sans un dernier contact avec cet homme qu'il aimait tant. Il s'approcha de lui. Auprès du lit de flèches se tenaient aussi le roi aveugle et son épouse. Chacun savait que le dernier souffle de Bhishma s'approchait, car le soleil venait près du zénith.

Il prit les mains de Yudishsthira et lui dit :

— Tu es l'homme le plus droit et le plus véritable. Que tu le veuilles ou non, tu dois être le roi. C'est clair. Il a fallu l'exil, ta longue peine, et cette guerre désolée, et cette bataille très dure en toi-même, et ton mensonge, et ta colère, et ton délire, et jusqu'à l'amour du sang de ton frère, pour être enfin celui que la ville attend, ornée de guirlandes.

Yudishsthira fléchit les genoux près du vieux Bhishma et ne dit rien.

— Pourquoi suis-je encore vivant? demanda le roi aveugle.

— Je ne peux pas te répondre, dit Bhishma.

— Je n'ai plus de royaume, je n'ai plus de fils, pourquoi marcher sans but sur cette terre?

— Je ne sais pas.

— Bhishma, ce monde est sauvage. Comment connaître la sauvagerie de ce monde?

— Elle est autour de toi.

— Comment lui échapper?

Lentement, avec des mouvements de douleur, Bhishma se souleva sur les coudes. Yudishsthira le soutenait d'un côté, et le roi aveugle de l'autre. Voici ce que fut son dernier récit, dont on garda très longtemps la mémoire :

— Un homme s'avance dans une forêt obscure et peuplée de bêtes féroces. La forêt est entourée par un immense filet. L'homme est touché par la peur, il court pour échapper aux fauves, il tombe dans un puits noir. Par un prodige, il reste accroché à des herbes, à des racines enchevêtrées. Il sent le souffle chaud d'un immense serpent qui ouvre sa gueule au fond du puits, il va tomber dans cette gueule, au bord du trou un éléphant gigantesque va l'écraser, des souris blanches et noires grignotent les racines auxquelles l'homme est pendu, des abeilles dangereuses volent au-dessus du trou, et laissent tomber des gouttes de miel...

Bhishma tendit l'une de ses mains en avant. Ses doigts tremblaient un peu.

— Alors l'homme tend le doigt, dit-il, doucement, avec précaution, il tend le doigt pour recueillir les gouttes de miel. Menacé par tant de dangers, au bord de tant de morts, il ne peut pas atteindre l'indifférence, le goût du miel l'anime encore.

— Et toi? lui demanda le roi aveugle. As-tu encore envie de miel?

La main de Bhishma cessa de trembler. Il retomba doucement en arrière. Le souffle venait enfin de le quitter.

Dhritarashtra prit Yudishsthira dans ses bras et le supplia lui aussi de relever ce royaume abattu.

Yudishsthira ne disait toujours rien. Le roi aveugle appela Bhima, celui qu'il redoutait depuis longtemps, et voulut le prendre dans ses bras.

— Viens, Bhima, lui disait-il, viens, laisse-moi t'embrasser.

— Je suis là, devant toi, répondit Bhima.

Alors, très vivement, Krishna s'interposa. Il sentait au fond de Dhritarashtra une très violente rancœur, cachée mais active, et il savait que cette colère pouvait multiplier ses forces. Aussi releva-t-il rapidement le corps d'un homme mort pour le placer entre les bras du roi aveugle.

— Ah, Bhima ! disait celui-ci en serrant contre lui le cadavre, que tu es dur, tu m'as si longtemps effrayé... Ah, Bhima !...

Il se mit à serrer, à serrer de toutes ses forces. Malgré lui, sa violence profonde l'emportait, le dominait et son étreinte devenait meurtre. Il souleva le corps, le fit tournoyer entre ses bras, on entendit des os se rompre. Quand il le laissa retomber, un moment plus tard, ses lèvres s'ouvrirent et il dit en haletant, le visage écarlate :

— Je l'ai tué... Je l'ai tué...

— Non, tu ne l'as pas tué, rassure-toi, lui dit Krishna. Quand je t'ai vu pris par cette colère, je l'ai écarté. C'était un homme déjà mort que tu serrais entre tes bras.

Aussitôt, Krishna se tourna vers Gandhari, dont il sentait aussi la douleur aiguë, et le désir fou de blesser. Elle se mit à accuser Bhima d'avoir tué son fils déloyalement. Et le sang de Dushassana ? Comment avait-il osé le boire ? Pourquoi la mort de tous ses fils ?

Bhima tenta de dire que le sang n'avait pas dépassé ses lèvres et ses dents. Cette réponse n'apporta aucun calme à la reine au bandeau noir. Elle appela Yudishsthira, elle exigea qu'il vînt auprès d'elle.

— N'accuse pas Bhima de la mort de tes fils, dit-il en s'approchant. C'est moi qui suis coupable.

Il cria soudain de douleur. Il se baissa et prit l'un de ses pieds dans ses mains. De ses orteils, on voyait s'élever une mince fumée. Mais qui l'avait frappé ? Comment ?

— C'est le regard de Gandhari, dit alors Krishna. Il est passé sous le bandeau, il est tombé sur son pied et il était si chargé de douleur qu'il l'a brûlé !

Alors Gandhari, dont tout le corps frissonnait de colère, tourna son visage voilé dans la direction de Krishna, tendit une main vers lui et prononça ces paroles menaçantes :

— Krishna, tu as méprisé ta parole, tu as pris part à cette bataille avec des armes plus dures que toutes les armes, tu t'es réjoui de notre malheur, tu as regardé la mort de mes fils comme un spectacle... Krishna, je te maudis. Un jour, tout ce que tu as bâti s'écroulera, tes amis seront massacrés par tes amis, le sang séchera sur les murs de ta ville morte, où régnera le peuple des vautours, tu seras brisé et bouleversé, tu partiras seul et un inconnu, en passant, te tuera !

Krishna l'avait écoutée sans même vouloir l'interrompre. Quand elle acheva, il lui dit avec calme :

— Oui, Gandhari, ce que tu as vu est vrai. Je le sais. Et tout cela s'accomplira. Mais une lumière a été sauvée, même si tu ne la vois pas.

A ce moment, Yudishsthira se releva, s'écarta du corps de Bhishma, et dit avec une fermeté retrouvée :

— Venez tous avec moi.

Les nuages d'Utanka

Quelques jours après la bataille, alors que Krishna regagnait sa ville avec son escorte et traversait un long désert, il se souvint d'un ermite fameux, nommé Utanka, qui faisait retraite dans les parages, et à qui des exercices particulièrement difficiles donnaient une puissance réputée prodigieuse.

Krishna décida de faire un détour pour saluer dignement l'ermite. Celui-ci, qui connaissait les efforts d'ambassadeur de Krishna, lui demanda :

— Eh bien ? As-tu réussi dans ton ambassade ? les Pandavas et leurs cousins vivent-ils, grâce à toi, en paix ?

— N'es-tu pas au courant ? lui dit Krishna, étonné.

— Au courant de quoi ?

— Mais nous avons connu la guerre !

— La guerre ?

— Une guerre terrible, épouvantable, qui fit plus de dix-huit millions de morts. Des armes dévastatrices ont été lancées, des centaines de rois sont étendus sur la terre, l'univers tout entier a été pris dans un filet de mort, toi-même tu as failli mourir !

— Et tu n'as pas empêché ce massacre ? s'écria Utanka.

— Ni l'intelligence, ni le travail, ni la puissance de l'esprit ne peuvent changer le destin. Tu dois bien le savoir, Utanka.

Le visage de l'ermite fut envahi par la colère. Il dit :

— Tu n'as rien fait pour éviter toutes ces morts ?

— J'ai fait tout ce que j'ai pu, dit Krishna.

— Toi ! Toi qui pouvais empêcher cette guerre, tu as laissé couler ce grand fleuve de sang ! Je suis possédé par une rage totale, qui domine tout, et je vais maintenant te maudire ! Car tu aurais pu les sauver ! Mais dans ton cœur tu avais condamné les Kauravas, et tu travaillais à leur mort !

— Oui, dit Krishna, j'ai souhaité la victoire des Pandavas et j'ai tout fait pour l'obtenir. Je n'ai reculé devant rien, j'ai effacé mes sentiments humains, car je plaçais ce que je défendais au-dessus de tout. Mais je n'ai jamais désiré la guerre !

— Tu mens ! cria Utanka. Une fois de plus, tu mens ! Je vais te maudire !

Krishna fit rapidement quelques pas en arrière et dit à Utanka :

— Arrête-toi ! Ecoute-moi ! Tu vas commettre la plus grave erreur de ta vie !

L'ermite réussit à suspendre un instant sa colère.

— Je connais ce pouvoir irrésistible que tu construis dans la solitude depuis ta jeunesse, lui dit Krishna. Et je ne veux pas que tu le perdes par une malédiction mal placée, qui se retournerait aussitôt contre toi. Je vais faire pour toi ce que je fais rarement. Je vais te montrer qui je suis. Regarde.

Alors Krishna, se tenant immobile dans le désert, les yeux mi-clos et la bouche entrouverte, montra à Utanka sa forme universelle. Utanka — comme Arjuna au début de la bataille — vit toutes les créatures en une créature, il vit le silence et la lumière, la mort et la vie, il vit les enroulements incompréhensibles du temps, il vit tous les mondes en un point.

— Je suis ébloui, dit l'ermite en tombant à genoux sur la terre desséchée. Je suis ébloui et calmé. Je te remercie.

— Maintenant je veux t'accorder une faveur, lui dit Krishna en reprenant sa forme particulière. Que désires-tu ?

— Je ne désire rien. Te voir me suffit.

— Je te l'ai dit, reprit Krishna (non sans une étrange insistance), je veux t'accorder une faveur. Dis-moi ton désir. Tu dois en avoir un.

L'ermite, qui devinait une sorte de piège, réfléchit un instant avant de dire simplement :

— Je vis comme tu vois dans ces territoires stériles et il m'arrive de manquer d'eau. Fais que je trouve toujours de l'eau quand j'aurai soif.

— C'est accordé, lui dit Krishna en s'en allant.

Quelques années plus tard, marchant dans le désert la gorge desséchée par la soif, Utanka se rappela la promesse de Krishna et il l'appela.

Aussitôt, il entendit un bruit terrible et il vit surgir devant lui un personnage effrayant, une sorte de chasseur qu'il reconnut aussitôt pour un homme de la plus basse classe, entièrement nu, velu, chevelu, férocement armé, très sale, couvert de sueur et de bave, les yeux percés de lueurs rouges, entouré d'une meute de chiens hurlants.

Cet homme tenait à la main son énorme verge, d'où l'urine sortait en abondance.

Il regarda Utanka et lui dit en riant :

— Tu as soif? Tiens, bois.

— Quoi? s'écria l'ermite, tout frémissant.

— J'ai beaucoup de pitié pour toi. Accepte cette eau.

Utanka se sentit emporté par une colère inconnue, à laquelle se mêlait le sentiment d'une très grande honte.

— Tu me proposes ton urine ? dit-il d'une voix tremblante.

— Oui, puisque tu as soif.

Alors Utanka céda à son caractère irascible. Animé par la plus totale fureur, il proféra des insultes inouïes, en trépignant sur place. Mais le chasseur éclata de rire et disparut avec ses chiens hurlants.

Incapable de rappeler son calme, l'ermite reprit sa route, la gorge pleine de braise. Un peu plus loin, au détour d'une dune, il rencontra soudain Krishna, qui s'avançait vers lui en souriant, et lui lança les plus durs reproches.

— Comment as-tu pu briser ta promesse ? Comment as-tu pu te moquer de moi, m'offrir l'urine d'un vulgaire chasseur ?

— Le chasseur, c'était moi, lui répondit Krishna, mais tu ne m'as pas reconnu. Et cette boisson que je t'offrais, c'était le nectar d'immortalité. Mais tu es un mortel, Utanka. Et un mortel ne peut pas devenir immortel. C'est pourquoi tu ne pouvais pas me comprendre. Tu m'as rejeté, et avec moi le nectar. Adieu, Utanka. Tu n'auras plus jamais soif, car je te l'ai promis, mais tu restera soumis à la mort.

Krishna s'éloigna.

Utanka ne devait plus jamais le revoir. Il vécut encore de longues années, il traversa de singulières aventures. Mais au fond de son cœur il gardait une tristesse ineffaçable, car il savait que l'occasion était perdue. Et pourtant, en tous lieux, il était constamment suivi par une masse de lourds nuages noirs, qui lui apportaient la pluie quand il le désirait. On les appelait « les nuages d'Utanka », et les habitants criaient de joie quand ils apparaissaient dans le ciel du désert.

La mort de Krishna

Sous la direction intelligente et réfléchie de Yudishsthira, le grand royaume connut trente-six années paisibles, qui furent comme une retenue de bonheur dans le déclin irrésistible des choses. Les cinq frères et Draupadi vieillirent ensemble, dans l'amour de tous. Ils passèrent les quatre fois vingt ans et reçurent des hommages venus de terres très lointaines. Des artistes écrivirent leur vie dans la pierre des temples et sur les parois des palais.

A la fin de ces trente-six années, Krishna mourut, comme il était prévu. Lorsque Vyasa annonça à l'enfant — auquel il continuait à raconter l'histoire — qu'il allait maintenant devoir lui dire les circonstances de la mort de Krishna, l'enfant, qui n'avait pas oublié le massacre d'Aswatthaman, demanda au vieux poète :

— Mais tu m'as dit : ce poème raconte l'histoire de ta race. Est-ce que je suis né d'une race morte ?

Vyasa lui montra la jeune femme d'Abhimanyu.

— Tu te souviens ? lui dit-il. Elle portait l'enfant du fils d'Arjuna. Aswatthaman, la nuit du vaste carnage, a tué le fœtus dans son ventre. Cet enfant naîtra mort. Mais Krishna lui redonnera vie, car il est le sang de son ami. Des siècles et des siècles passeront et tu viendras de cette femme.

— Et Krishna mourra?

— Comme toute vie. Le temps a fixé sa limite.

L'enfant laissa son regard rencontrer celui de la jeune femme d'Abhimanyu, qui s'éloignait. Elle était à peine plus âgée que lui. Dans son ventre déjà rond, sur lequel reposait l'une de ses mains, se tenait caché son propre destin sous la forme encore imprécise d'un être déjà vivant, et déjà mort.

— Le royaume de Krishna se brisera dans les convulsions annoncées, dit Vyasa. Rien ne pourra freiner, à Dvaraka, la folie noire d'une guerre civile. Alors Krishna se souviendra des mots de Gandhari et se dira : le moment est venu, je dois m'en aller seul dans la forêt et mourir à l'endroit où je tomberai de fatigue. Regarde.

Ils se trouvaient de nouveau dans une forêt touffue. Vyasa tendit la main et l'enfant vit en effet Krishna, vieilli, les cheveux blancs, qui marchait seul et fatigué parmi les arbres. A un certain endroit, il se coucha et s'endormit. Un chasseur surgit aussitôt, qui ne pouvait apercevoir que les deux pieds de Krishna. Dans la pénombre de la forêt, il prit ces pieds pour les deux oreilles d'une gazelle. Il lança une flèche, qui perça les pieds de Krishna, le frappant à mort.

L'enfant courut vers Krishna, que le chasseur venait de reconnaître, et devant qui il se prosternait. Mais Krishna lui disait d'une voix affaiblie :

— N'aie pas d'inquiétude inutile. Je meurs, c'est bien.

— Krishna! s'écria l'enfant. J'avais tant de choses à te demander!

— Dis-moi, vite...

— Pourquoi toutes ces ruses? Et ces mauvais conseils?

— Je me suis battu contre des puissances terribles et j'ai agi comme j'ai pu...

— Qu'est-ce que tu as dit à Arjuna avant la bataille ?

— Je l'ai conduit sur le chemin de la délivrance, de l'action droite et vraie, mais il a tout oublié.

— Quelle délivrance ? Quel chemin ?

La voix de Krishna faiblissait à chaque mot. Mais il eut encore la force de dire, avant de fermer ses paupières sur ce monde :

— Ce sont des questions très difficiles, et je ne peux rien dire deux fois.

— Je t'en supplie ! Krishna !

La tête silencieuse de Krishna s'allongea doucement parmi les fougères. Un léger, très léger sourire semblait détendre ses lèvres. La forêt tout entière, pour un moment, fut pénétrée par le silence.

L'enfant qui pleurait sentit alors sur son épaule se poser la main de Vyasa, et il entendit la voix du poète qui, devant ce cadavre sans pareil, le ramenait au cours des choses, à la nécessité d'une vie ordinaire après le passage du prodige.

Vyasa lui disait simplement :

— Krishna n'est plus avec nous. Viens.

Au bord du dernier fleuve

Quelques jours plus tard, trois personnages très âgés, qui avaient laissé derrière eux leur centième année, quittèrent à pied la ville de Hastinapura pour achever leur existence dans la forêt. Dhritarashtra, le roi aveugle, emmenait avec lui Gandhari son épouse, et Kunti, qui les guidait. Quelques serviteurs discrets les accompagnaient, pour veiller à leur sauvegarde, à leur nourriture.

Ils parvinrent au bord d'un fleuve et décidèrent d'y terminer leurs jours, sans aucune peur de la mort. Il est bon que les rois finissent leur vie dans la solitude, disait parfois Dhritarashtra. Les serviteurs déposèrent quelque nourriture et se retirèrent. Ils devaient revenir, à dates fixées.

Le roi aveugle et les deux très vieilles femmes ne pouvaient parler que du passé, de la force surnaturelle de Bhishma, des exploits de Droma et surtout de l'atroce guerre. Gandhari, dans sa tête, entendait chaque jour le bruit des armes et des chairs frappées, la chair de ses propres enfants.

Ils apprirent la mort de Krishna et Kunti leur décrivit des cercles de lumière qu'elle apercevait autour de la lune. On parlait aussi d'éclairs de métal, de fleuves qui changeaient de cours. Les vents devenaient chaque jour plus forts. Les rats pullulaient, ils mangeaient les cheveux des endormis. Une fois de plus, tous les tristes présages revenaient à la charge. On voyait des couches de vers sur la nourriture dans les cuisines. Les flammes se courbaient du côté gauche.

Un jour, Gandhari eut un long soupir. Le roi entendit ce soupir et dit à sa femme :

— Tu es triste ?

— Ce n'était pas un soupir de tristesse, répondit-elle. Toutes les odeurs ici me rappellent mon enfance.

— Chaque jour, dit le roi, tu as dû regretter le beau pays de ton enfance.

— Non. Le jour où je t'ai épousé, j'ai tué toute autre pensée.

— Je ne te crois pas. Car on t'a trompée. On t'a mariée sans te dire que j'étais aveugle. J'ai détruit ta vie.

Gandhari lui dit alors, avec un sourire d'amertume :

— Au début tu pensais que je ne persisterais pas, que j'enlèverais mon bandeau. Tu pouvais m'ordonner de l'enlever, tu étais le roi, tu pouvais me dire : regarde au moins tes enfants. Mais tu ne l'as jamais dit.

— Je sentais ta colère, dit Dhritarashtra. Je l'ai toujours sentie près de moi. Je la sens encore.

Après un silence, avec brusquerie, il ordonna :

— Notre vie est presque finie, enlève ton bandeau.

— Non, dit-elle.

— Tu ne peux pas mourir les yeux fermés. Enlève ton bandeau ! Je te l'ordonne !

Gandhari éleva ses deux mains vers son visage. Kunti se rapprocha pour la regarder.

Mais Gandhari resta secrètement fidèle à son

vœu, à sa décision personnelle. Elle garda le bandeau sur les yeux.

— L'as-tu enlevé ? demanda le roi.

— Oui, dit-elle.

— Que vois-tu ?

— Je ne peux rien voir clairement. Mes yeux doivent s'accoutumer à la lumière.

Kunti regardait avec étonnement.

— Et maintenant ? dit le roi aveugle.

— Oui, répondit Gandhari en levant son visage voilé, oui je commence à distinguer des formes, les arbres, le ciel, deux oiseaux qui passent. C'est toi, Kunti ?

— C'est moi, répondit Kunti, qui entrait dans le même jeu.

— Je ne t'ai jamais vue.

— Et moi, dit Kunti, je ne connaissais pas ton regard.

Soudain Gandhari cria, comme de surprise ou d'effroi.

— Qu'y a-t-il ? demanda le roi.

Elle lui répondit :

— Je viens de voir toute une armée qui se levait de la rivière, tous mes fils souriants, sans blessure, réconciliés, comme une immense vague d'hommes qui montait toute blanche dans l'air... Je ne les vois plus. La rivière s'est refermée calmement...

— Il y a un feu de forêt quelque part, dit soudain le roi.

— Oui, dit Gandhari sans s'effrayer. Depuis ce matin je sens la fumée, j'entends les cris de peur des animaux qui fuient.

— Le feu vient vers nous, dit Kunti.

Ils entendaient en effet les craquements des arbres et la fuite précipitée des bêtes.

— Je sens le souffle du feu, dit Gandhari. Ce

sera plus facile que je ne pensais de tenir ta main jusqu'au bout.

Le roi lui demanda, lui ordonna de se sauver, de se jeter dans le fleuve. Mais Gandhari savait qu'elle n'avait plus envie de vivre sur cette terre oubliée.

— Viens, dit-elle au roi, marchons tous les deux vers la flamme, pose ta main sur mon épaule...

Dhritarashtra posa sa main sur l'épaule de la reine et la suivit sans parler. Gandhari dit encore :

— Et toi, Kunti, si tu le désires, viens avec nous.

Kunti regarda le fleuve tranquille, le ciel et les arbres verts, de l'autre côté. Elle eut une pensée pour la jeune Madri, l'autre épouse de Pandu, qui s'était autrefois jetée dans les flammes. Elle eut une autre pensée pour Karna. Elle regarda enfin le soleil.

Puis elle se détourna et rejoignit les deux autres. Ils entrèrent tous les trois dans les hautes flammes.

La dernière illusion

Quand le temps fut venu, quand Yudishsthira, ses frères et leur épouse, courbés par l'âge, sentirent que leur temps, à son tour, s'était accompli, ils quittèrent la ville à pied, comme autrefois. Ils gagnèrent la forêt et revirent quelques-uns des lieux saints de jadis, sources d'histoires profitables. Mais ils ne s'arrêtèrent pas dans la forêt, ils continuèrent vers le nord, vers les montagnes qui dominent le monde. Décidés à quitter la terre au rythme fatigué de leurs pas, ils se mirent à gravir les montagnes à la recherche de la porte du Paradis. Arjuna se souvenait de son ascèse et de sa rencontre avec Shiva. Cette arme terrifiante, Pasupata, gagnée ce jour-là, Arjuna l'emportait dans l'autre monde sans jamais l'avoir libérée.

En escaladant les pentes glissantes, soudain Draupadi trébucha et disparut avec un grand cri dans les abîmes. Un peu plus haut, les jumeaux firent un faux pas et furent engloutis à leur tour dans les glaces. Arjuna lui-même glissa, tomba, disparut. Bhima ne put éviter le gouffre et fut précipité dans une très large crevasse.

Yudishsthira continua seul. Depuis sa sortie de la ville, un chien le suivait patiemment, affectueusement, un chien qu'il ne connaissait pas. Lorsqu'il arriva près du sommet de la plus haute montagne, frappé par une brume glacée que le vent chassait en rafales, Yudishsthira entendit une voix forte qui demandait :

— Qui s'est avancé jusqu'ici? Qui es-tu?

Il dit qui il était, ce qu'il cherchait.

— Ton royaume a connu trente-six ans de bonheur, lui dit la voix sans visage. Tu t'es affirmé le meilleur des rois, ta place est parmi nous. Laisse ce chien et entre.

— Je ne peux pas laisser ce chien, dit Yudishsthira.

— Les chiens n'entrent pas ici, laisse-le.

— Non. Il a fait tout le chemin avec moi, il entrera avec moi.

— Ce paradis n'est pas ouvert aux chiens! Abandonne-le, ce n'est pas un geste cruel. Tes frères et ton épouse déjà sont ici, viens les rejoindre, laisse ce chien.

Yudishsthira fut heureux d'apprendre que ses frères et Draupadi l'attendaient au paradis. Puis son regard s'abaissa sur le chien, qui tremblait sur la glace dure.

— Abandonner une créature qui m'aime, dit-il, qui est seule et sans défense, je ne peux pas.

— Tu as renoncé à tout, renonce à ce chien, sinon tu ne passeras pas cette porte.

— Je reste dehors, dans le vent glacial, avec ce chien.

Yudishsthira s'assit dans la neige, tout près de l'animal. Alors il lui sembla que la brume froide se dissipait, qu'un vent chaud lui couvrait les épaules, qu'une lumière nouvelle envahissait le ciel, transformant toutes choses. Une forme bienveillante apparut en face de lui, disant :

— Entre. Ce chien, reconnais-le, c'est Dharma,

ton père. Jadis il prit l'apparence d'un étang, tu te rappelles ? Il t'a toujours suivi et observé. Entre avec lui dans la région inconcevable.

— J'entre avec mon corps ?

— Oui, viens...

Yudishsthira se leva. Il chercha des yeux le chien, mais il ne le voyait plus. Un immense territoire lumineux paraissait s'ouvrir devant lui, d'où lui venaient des odeurs de miel et de fleurs amicales. Il s'avança en souriant, guidé par le gardien qui lui montrait la voie.

Il vit alors deux hommes qui s'avançaient à sa rencontre. Croyant reconnaître ses frères, il leur tendit les bras. Puis il baissa les bras, car il avait en face de lui Duryodhana et Dushassana, comme au moment de leur jeunesse, splendidement vêtus, souriants, sans blessure. A la main, ils tenaient chacun une coupe de vin léger, et ils invitaient Yudishsthira à boire avec eux.

Yudishsthira se retourna vers le gardien et lui demanda :

— C'est Duryodhana ?

— Oui.

— Il est ici ?

— Il est ici avec tous ses frères, avec toute sa famille.

— Des millions d'hommes sont morts à cause de lui et il est ici ? Il boit ? Il sourit ? Il a l'air heureux ?

— Il est heureux, lui dit le gardien, il est calme. Ici toutes les haines disparaissent. Embrasse-le !

Yudishsthira vit qu'en effet Duryodhana lui tendait les bras. Il essaya de faire un mouvement vers lui. Il y renonça.

— Ne me demande pas de l'embrasser, dit-il au gardien, je ne peux pas. Si ce massacreur est ici, où sont mes frères ? Où est notre femme ? Qu'est-ce que le ciel si je suis séparé de ma famille ? Je veux les voir !

Le gardien lui dit alors :

— Je vais te les montrer. Suis-moi.

Le gardien saisit une torche allumée et aussitôt toute la lumière disparut. Des vents froids, de nouveau, se levèrent en hurlant. Ils se trouvaient dans une galerie suintante qui s'enfonçait en profondeur dans la terre.

— Où m'entraînes-tu ? demanda Yudishsthira.

— Là où sont tes frères. Viens.

— Mais où va ce chemin ? Ça pue, c'est noir, c'est plein d'une fumée fétide...

— Suis-moi.

Non sans peine, Yudishsthira suivit la forme qui s'enfonçait dans la terre. Sur les rochers où il s'agrippait, il sentait du sang, des lambeaux de chair. Son guide à chaque instant lui recommandait la prudence, lui parlant d'ours énormes, qu'on rencontrait dans cette région-là, de loups affamés, d'oiseaux munis de becs de fer.

— On dirait des jambes coupées, des entrailles qui coulent sur les pierres. D'où vient cette fumée suffocante ? Mes yeux pleurent. Où sommes-nous ? Où sont mes frères ?

— Plus loin. Ils sont plus loin. Moi, je m'arrête ici. Descends encore un peu. Fais attention, car ces arbustes ont des feuilles coupantes. Si cette odeur t'écœure, tu peux faire demi-tour avec moi.

Le guide s'arrêta, la torche levée. En se penchant, Yudishsthira distinguait les contours d'un puits énorme, visqueux, nauséabond, d'où montaient des gémissements étranglés, des hurlements, des cris de bêtes inhabituelles. Parmi ces cris, il reconnut tout à coup la voix de Karna qui disait :

— Yudishsthira ! Ne t'en vas pas !

— Reste avec nous ! disait une autre voix, qui semblait être celle de Draupadi.

— Reste ! criait Bhima. Tu nous as apporté une brise rafraîchissante !

— Reste ! disait Arjuna.

— Reste ! Reste ! criaient les jumeaux.

Aveuglé, étouffé, incapable de voir et de comprendre, Yudishsthira demanda :

— Mais qui êtes-vous ? Qui parle ?

Alors ils lui répondirent, l'un après l'autre, dans le tumulte de l'enfer :

— Tu ne me reconnais pas ? Je suis Karna, ton frère...

— Je suis Arjuna...

— Je suis Bhima...

— Je suis Nakula...

— Je suis Sahadeva...

— Je suis Draupadi... Nous sommes tous là...

Yudishsthira tomba sur les genoux, au bord du puits affreux. Il pouvait maintenant les apercevoir, enchaînés et déchiquetés, livrés aux oiseaux féroces et à tous les reptiles de l'autre monde.

Il s'écria :

— Vous ! Ici ! Suppliciés ! Dans cette odeur de corps pourris !

Il releva la tête et demanda, criant de toutes ses forces dans le brouillard puant :

— Qui a décidé ça ? Suis-je éveillé ? Est-ce un cauchemar dans ma tête ? A quoi bon ma vie ? Mes scrupules ? Tous mes efforts ? Toute ma pensée ? Tous les secours que j'ai donnés ? Pourquoi suis-je si cruellement déçu ?

Aucune voix ne lui répondit. Alors, au sommet de la colère, Yudishsthira s'adressa à la forme qui tenait la torche et lui cria :

— Je ne retournerai jamais là-haut ! Puisque ma

présence apporte un réconfort à ma famille, je resterai ici, avec ma femme, avec mes frères ! Va dire aux dieux que je suis enragé ! Que je les méprise ! Que je les nie !

Pour la dernière fois, les lumières changèrent. Elles s'adoucirent. Le brouillard se dissipa, les mauvaises odeurs disparurent. A la place du puits coulait un large fleuve calme, semblable à celui près duquel cette même histoire avait commencé.

Yudishsthira voyait des arbres, des prairies, des animaux tranquilles, il voyait aussi, sur les bords du fleuve, des personnages qu'il reconnaissait, et qui bavardaient en mangeant des fruits. Il vit Bhishma, il vit Drona, il vit tous ses frères avec Draupadi, il vit aussi ses adversaires, et sa mère Kunti, et le roi aveugle, et Gandhari sans son bandeau. Il vit Sisupala, sa tête sur les épaules, il vit Shakuni le tricheur, il vit Abhimanyu, Aswatthaman, Ekalavya avec sa main intacte, Amba. Il les vit tous. Et dans le gardien de l'éternel séjour, qui ne tenait plus aucune torche, il reconnut Vyasa lui-même qui s'avançait en souriant vers lui, suivi par l'enfant, suivi par Ganesha qui portait son gros livre et qui marchait en dodelinant de la tête.

Immobilisé par l'étonnement, incapable de respirer, trompé par l'espace et le temps, devinant confusément qu'il se trouvait au cœur d'un vrai mystère, et qu'il aurait peut-être toute l'éternité pour en approfondir le sens, Yudishsthira cessa d'interroger.

Vyasa mit une main sur son épaule et lui dit :

— Cesse de crier. Tu n'as connu ni le ciel, ni l'enfer. Il n'y a ici ni bonheur, ni supplices, ni famille, ni ennemis. Relève-toi et apaise-toi. Ici s'arrêtent les mots, comme la pensée. C'était la dernière illusion.

Ganesha répéta la dernière phrase, tout en l'écrivant :

— C'était la dernière illusion.

Après quoi, avec un soupir satisfait, il referma le livre.

L'histoire venait de se terminer. Yudishsthira, qui se sentait presque apaisé, se leva pour rejoindre les autres, auprès du fleuve. Ils lui firent place et lui offrirent des fruits. Un peu plus loin, sous les arbres, on entendait de la musique.

Vyasa et Ganesha firent un signe à l'enfant. Celui-ci comprit qu'il perdait à cet instant même leur compagnie, et que bientôt il ne les verrait plus. Son cœur en souffrit, comme s'il disait un adieu brutal à l'enfance. Tout son passé, toute sa mémoire allait inévitablement disparaître. Sa vie l'attendait. Avant de le quitter, Ganesha lui remit le grand livre.

Le poète et le dieu s'en allèrent alors côte à côte vers le fleuve, pour rejoindre les autres.

L'enfant, qui tenait le gros livre serré contre lui, les regardait partir. Ils semblaient bavarder de ceci, de cela, sans dispute. Ils ne firent aucun autre geste en direction de l'enfant. Peut-être l'avaient-ils déjà oublié.

L'enfant se détourna, se mit en marche vers la ville. Il n'était pas sûr d'avoir tout retenu, d'avoir tout compris. Un temps très long lui serait sans doute nécessaire, toute une vie peut-être.

Un peu plus loin, il se retourna pour un dernier regard. Les rives du fleuve étaient désertes.

Table

Imprimé en France sur Presse Offset par

BRODARD & TAUPIN

GROUPE CPI

10438 – La Flèche (Sarthe), le 21-11-2001
Dépôt légal : janvier 1992

POCKET – 12, avenue d'Italie - 75627 Paris cedex 13
Tél. : 01.44.16.05.00